Go through the door of faith

아빠, 믿음이 뭐예요?

| 최명일 지음 |

쿰란출판사

서 문

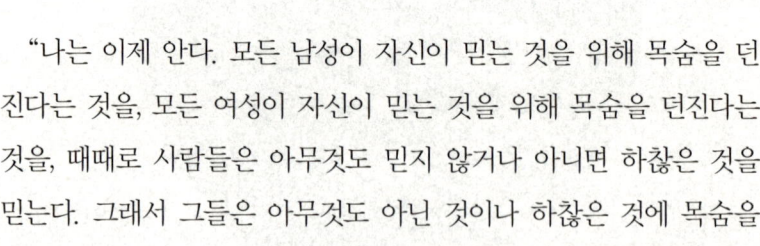

"나는 이제 안다. 모든 남성이 자신이 믿는 것을 위해 목숨을 던진다는 것을, 모든 여성이 자신이 믿는 것을 위해 목숨을 던진다는 것을, 때때로 사람들은 아무것도 믿지 않거나 아니면 하찮은 것을 믿는다. 그래서 그들은 아무것도 아닌 것이나 하찮은 것에 목숨을 던진다."

이 말은 15세기 백년전쟁 시 프랑스를 위기에서 구해낸 잔 다르크(Joan of Arc)의 말이다. 그가 꽃다운 십대의 나이에도 불구하고 참혹한 전쟁터를 누빌 수 있었던 것은 하나님을 향한 놀라운 믿음이 있었기 때문이다.

이처럼 믿음은 한 사람의 인생뿐만 아니라, 그가 처한 환경마저도 놀랍게 변화시키는 능력이 있다. 따라서 "무엇을 믿느냐? 정말 믿고 있느냐?"라는 질문은 우리 스스로가 놓치지 말아야 할 중요한 질문이다.

히브리서 11장은 믿음의 본질에 대해 밝히면서 구약을 대표하는 믿음의 거장들을 등장시킨다. 그들을 통해 믿음의 문을 통과하는 길을 소개하고 있다.

믿음장이라고 부르는 히브리서 11장에는 아무나 기록되어 있는 것이 아니다. 그곳에 기록된 인물들은 한결같이 하나의 문을 통과했는데, 그것은 바로 믿음의 문이었다. 그들은 믿음으로 그 문으로 들어갔다. 다른 어떤 것이 아니었다. 믿음이 그들을 믿음의 산지인 히브리서 11장에 기록되도록 한 것이다.

그런데 놀라운 것은 믿음의 거장들 가운데 이름 없는 무명의 사람들이 등장한다는 것이다. 특히 기생 라합과 같은 여인을 믿음의 사람으로 언급한 것은 참으로 놀라운 일이다. 이 믿음의 사람들은 세상의 기준으로 보면 매우 보잘것없는 인생들이다. 하지만 이들이 믿음의 반열에 선 것은 그들의 시선이 오직 하나님께만 고정되었기 때문이다. 비록 보이지 않고 붙잡을 수 없지만, 자신이 누구인지를 알려주신 하나님을 끝까지 붙잡은 것이다.

우리는 종종 자신의 목표나 소원 성취를 믿음이라 오해하는 경우가 있다. 때론 자신의 만족을 위해 믿음을 활용하는 경우도 있다. 하지만 진정한 믿음은 하나님을 향한 전적인 신뢰이다. 현실이 아무리 불안정하고 힘겹다 할지라도 오직 하나님만을 바라보고 인내하

며 나아가는 것이 믿음이다. 그래서 하나님을 알고, 사랑으로 찾아오신 하나님과 인격적으로 관계 맺는 것이 믿음의 근본인 것이다.

히브리서 11장은 믿음의 선배들이 우리 각자에게 들려주고 보여주는 믿음의 증거들이다. 우리는 믿음의 선배들이 보여주는 증거를 통해 다시 한 번 믿음을 굳게 붙잡아야 한다. 끊임없이 펼쳐지는 인생의 도전 앞에서 두렵거나 포기하고 싶을 때, 다시 한 번 믿음의 한 발을 내디딜 수 있는 용기를 갖게 되기를 소망한다. 하나님은 우리 각자를 향한 놀라운 계획을 갖고 계신다. 또한 실수도, 후회도 없이 신실하게 그 계획을 이루어 나가실 것이다. 그러나 믿음이 없이는 불가능하다. 믿음은 축복의 통로요, 하나님의 능력과 섭리의 주춧돌이다.

아무쪼록 이 책을 통해 다시 한 번 믿음의 본질을 굳게 붙잡게 되기를 소망한다. 믿음을 깨닫고, 믿음의 반석 위에 우리를 굳게 세워 흔들리지 않는 진짜 믿음을 소유하기를 바란다. 세상의 소리에 마음이 요동치고, 욕망이 우리를 의심하게 만들고 흔들지라도 믿음의 선배들처럼 인내하며 믿음 안에서 승리하길 바란다. 그래서 믿음의 거장들이 믿음의 산지인 히브리서 11장으로 들어갔듯이, 우리도 믿음으로 말미암아 믿음의 문을 통과하여 히브리서 11장의 믿음의 산지로 들어가는 승리의 삶을 살아야 한다.

  그 믿음을 사용하시는 하나님의 은혜로 말미암아 존귀하게 쓰임 받는 축복의 사람이 되기를 기도한다.

2015년 10월 1일
최명일 목사

contents

서문 • 2

Part 1
믿음의 능력

1. 믿음의 문으로 들어가자(히 11:1) • 12
   믿음의 본질 / 믿음의 능력 / 믿음의 말씀

2. 믿음으로 승리하는 예배(히 11:4) • 28
   가인과 아벨의 제사 / 믿음으로 드리는 예배 / 최초 순교자의 반열

3. 동행하는 믿음(히 11:5) • 45
   믿음의 삶 / 하나님과 동행 / 동행의 의미

4. 기쁘시게 하는 믿음(히 11:6) • 62
   믿음이 없이는 불가능한 일 / 믿음의 필수적인 두 가지 요소 / 믿음으로 나아갈 때 받는 상급

5. 순종하는 믿음(히 11:7) • 76
   은혜를 입음 / 말씀에 순종 / 방주 준비

6. 참된 결단의 믿음(히 11:8) • 92
결단의 믿음 / 하나님의 선한 의도 / 바라봄의 비전

7. 단산에서 잉태하는 믿음(히 11:11) • 105
불가능을 가능케 하는 믿음 / 성숙해지는 믿음 / 순종적 믿음

8. 시험을 통과한 믿음(히 11:17) • 120
순종의 믿음 / 드림의 믿음 / 부활의 믿음

9. 하나님의 뜻과 내 뜻(히 11:20) • 136
약속을 신뢰하는 믿음 / 주권적 섭리를 믿는 믿음 / 극복하는 믿음

10. 믿음의 축복(히 11:21) • 154
고백하는 믿음 / 축복하는 믿음 / 경배하는 믿음

Part 2
믿음의 순종

1. **인생 마무리를 위한 비전**(히 11:22) • 172
   말씀 안에서의 비전 / 죽음 이후의 비전 / 약속의 땅을 향한 비전

2. **극복하는 믿음의 행동**(히 11:23) • 187
   위기와 절망을 극복하는 믿음 / 행동하는 적극적인 믿음 / 인간적인 두려움을 극복하는 믿음

3. **거절과 선택 그리고 결단**(히 11:24) • 201
   거절할 줄 아는 믿음 / 선택할 줄 아는 믿음 / 결단할 줄 아는 믿음

4. **유월절의 예식**(히 11:28) • 217
   유월절의 믿음 / 유월절의 구원 / 유월절의 예표

5. **홍해 속 고속도로**(히 11:29) • 232
   하나님의 싸움 / 홍해를 마른 땅같이 / 순종하는 믿음

6. 무너지는 쌍벽(히 11:30) • 248
   철통 같은 쌍벽 / 쌍벽 성을 정복 / 전쟁의 승리는 말이 아닌 믿음

7. 목숨을 건 용기 있는 결단(히 11:31) • 265
   목숨을 건 용기 있는 믿음 / 의뢰하는 믿음 / 가족 공동체를 살리는 믿음

8. 세상이 감당하지 못할 자(히 11:38) • 280
   승리하게 하는 믿음 / 끝까지 인내하는 믿음 / 다른 가치관의 믿음

9. 내가 무슨 말을 더 하리요(히 11:32) • 296
   기도온의 믿음 / 바락의 믿음 / 삼손의 믿음

10. 내게 시간이 부족하리로다(히 11:32) • 311
    입다의 믿음 / 다윗의 믿음 / 사무엘의 믿음

Part 1.
믿음의 능력

믿음의
문으로 들어가자

"믿음은 바라는 것들의 실상이요 보이지 않는 것들의 증거니"(히 11:1).

히브리서 11장은 '믿음장'이라고 부릅니다. 믿음은 성경에서 가장 중요하게 다루어지는 핵심 주제입니다. 또한 성도의 구원을 이루는 가장 필수적인 신앙 덕목입니다. 그러나 실제로 믿음이란 단어는 매우 추상적입니다. 그리고 매우 관념적인 개념입니다. 따라서 "믿음이 과연 무엇인가?"라는 질문을 받았을 때 분명하게 답변하기란 그리 쉬운 일이 아닙니다. 히브리서 저자는 믿음의 정의를 구체적으로 내려주고 있습니다. 그러나 믿음의 본질을 정의하는 데 있어 한 가지 해결해야 할 장애물이 있습니다.

당대 최고의 신학자인 사도 바울은 우리가 지금까지 익히 알아왔듯이, 믿음이 구원을 이루는 가장 근본적인 신앙 덕목임을 가르쳤습니다. 사도 바울은 누구든지 예수 그리스도의 구속의 은총을 믿기만 하면 구원을 얻게 된다고 가르칩니다. 반면 예수님의 친동생이며 당대 예루살렘 교회의 최고 지도자였던 야고보는 다릅니다. 야고보는 행위와 구원의 상관관계를 매우 강조했습니다. 야고보 사도는 이렇게 말씀하고 있습니다.

"이와 같이 행함이 없는 믿음은 그 자체가 죽은 것이라"(약 2:17).

마치 사람이 행위로 말미암아 구원을 얻는다는 듯한 뉘앙스를 풍깁니다. 따라서 이 두 지도자의 믿음과 행위의 구원에 관한 가르침은 다소 상충되는 듯한 느낌을 줍니다. 그렇기에 이는 믿음을 정의함에 있어 뛰어넘어야 할 매우 중요한 과제입니다. "과연 우리는 믿음으로 구원을 받는가, 그렇지 않으면 행위로 구원을 받는가? 믿음으로 구원을 받는다면 그 믿음은 과연 어떤 믿음을 가리키는가?" 이런 질문은 구원을 사모하는 그리스도인들에게 매우 중요한 과제입니다. 또한 믿음의 문을 통과하기 위해서는 반드시 정립되어야만 합니다.

믿음의 본질

믿음은 비현실적인 것을 현실적이게 하는, 인간 속에 있는 능력입니다. 여기서 비현실적이란 말은 보이지 않는 것을 가리킵니다. 인간은 물질적인 것을 실재적인 것이라고 합니다. 그리고 영적인 것을 비실재적인 것이라고 합니다. 왜냐하면 영적인 것은 우리 눈에 보이지 않기 때문입니다. 우리는 그러한 인간의 입장을 받아들이고 있습니다. 그러나 인간이 이해해야 할 더욱 심오한 진리가 있습니다. 그것은 영적인 것이 실재적이고, 물질적인 것은 단지 영적인 것의 그림자로서 비실재적이라는 것입니다.

인간의 존엄성은 상상할 수 없을 정도로 큽니다. 인간은 비실재적인 것 속에서 살 수 있는 능력을 가지고 있습니다. 이것은 인간으로 하여금 동물적인 범위를 초월하게 합니다. 동물은 실재적인 것에만 의존하고 삽니다. 왜냐하면 피조물들은 위를 바라볼 수 있는 눈을 가지고 있지 않기 때문입니다. 그러나 믿음의 능력은 인간으로 하여금 동물적이며 육신적인 인간의 범위를 초월하게 해줍니다. 믿음은 인간을 여러 피조물들보다 훨씬 더 고등한 피조물이 되게 합니다. 믿음은 인간으로 하여금 영적인 세계와 관계를 맺게 해줍니다. 믿음은 인간으로 하여금 비현실적인 세계를 현실적인 세계로 경험케 합니다.

히브리서 기자는 그리스도인들에게 그들이 높임을 받았던 영적인 믿음의 삶을 지키도록 촉구합니다. 그래서 각 시대의 가장 고상한 선배들이 한 일을 하도록 촉구합니다. 믿음의 선배들은 그들 속에 있었던 믿음의 능력을 가지고 인내하였습니다. 믿음의 선배들은 보이지 않는 하나님을 봄으로써 인내하였습니다. 인간 속에 있는 능력을 의미하는 믿음은 영적인 본질과 같습니다.

몸은 눈을 통해 바깥 세계를 봅니다. 그리고 그러한 것에 의해 우리의 감정과 행위가 영향을 받습니다. 영혼도 믿음의 눈을 통해 외부 세계를 봅니다. 영혼이 실재적인 것으로 간주하는 영적인 어떤 것을 봅니다. 기독교를 고상하게 하는 것은 인간 속에 있는 이러한 믿음의 본질입니다.

"믿음은 바라는 것들의 실상이요 보이지 않는 것들의 증거"에서 제시된 두 문장은 관용적인 히브리어의 어법에 의해 반복된 하나의 사상입니다. 그리고 비실재적인 것을 현실적으로 보는 것입니다.

'바라는 것들의 실상'이란 실재적이고 적극적인 능력이 되게 하는 것을 의미합니다. 믿음은 이미 이루어진 것이 아니라, 앞으로 이루어질 것을 소망하는 것입니다. 그래서 믿음은 완성된 현재가 아니라, 미완성된 미래입니다. 믿음은 현재 내가 소유한 것이 아니라, 앞으로 소유할 것입니다. 미래를 가본 사람은 없습니다. 그러나 우리는 믿음으로 미래를 여행할 수 있습니다. 미래에 대해서 언제나 문을 여십시오. 우리가 믿음으로 가면 미래는 우리의 것입니다. 믿음으로 미래를 내 것으로 만드십시오.

'보이지 않는 것들의 증거'란 육안으로 볼 수 없는 것을 현실적으로 보는 것입니다. 우리에게 실제적인 영향을 끼칠 수 있도록 나타내는 것을 의미합니다. 믿음은 보지 않았지만 보는 것입니다. 믿음은 듣지 않았지만 듣는 것입니다. 믿음은 느끼지 않았지만 느끼는 것입니다. 나아가 보는 것, 듣는 것, 느끼는 것보다 더 확실한 증거를 갖고 있는 것입니다. 믿음은 사실상 현존하지 않는 것을 있게 하는 능력입니다. 믿음은 영적인 축복에 대한 약속들을 현재적으로 소유할 수 있게 해줍니다. 믿음은 하나님의 살아 계심을 확실히 믿게 합니다. 따라서 믿음이 있으면 하나님께서 지금 우리와 함께 계심을 알게 됩니다. 이처럼 믿음은 보이지 않는 것을 볼 수 있게 해주는 능력입니다.

믿음은 육적인 것이 아닙니다. 믿음은 영적인 것입니다. 육적인 것은 세상적인 것입니다. 그러나 영적인 것은 하늘의 것입니다. 이러한 믿음이 있으면 눈에 보이지 않는 비현실적인 것이 현실적인 것으로 보입니다. 믿음의 본질은 보이지 않는 것을 현재적이고 실재적으로 볼 수 있게 하는 능력입니다. 믿음의 문을 통과하기 위해서는 믿음의 본질을 잘 정립해야 합니다.

믿음의 능력

히브리서 11장에는 많은 성도들의 불꽃과 같은 삶이 증언되어 있습니다. 그리고 성경은 이것들을 모아 '이것이 믿음이다!'라고 우리에게 알려주고 있습니다. 이러한 '믿음에 대한 아름다운 정의'는 믿음이 얼마나 찬란한 것인가를 보여주는 보화와 같은 것입니다.

"믿음은 바라는 것들의 실상이요 보이지 않는 것들의 증거니 선진들이 이로써 증거를 얻었느니라"(히 11:1-2).

이 말씀은 믿음의 성격을 우리에게 잘 가르쳐주고 있습니다.

첫째로, 믿음의 능력은 '바랄 수 없는 것들을 바라보는 것'입니다.

믿음을 '바라는 것들의 실상'이라고 하였습니다. '실상'은 '휘포스타시스'(ὑπόστασις)로 '아래로부터 받쳐준다'는 뜻입니다. 즉 집을 지을 때 기초와 같은 것을 의미합니다. 그러므로 믿음은 감히 바랄 수 없는 것을 바랄 수 있게 해줍니다. 하지만 오해하지 말아야 할 것은 '믿음이란 자기가 소원하는 바가 이루어질 것이라고 믿는 것'이 아닙니다. 믿음이란, 보이지 않는 하나님의 말씀을 보이는 것보다 더 확실하게 믿는 것입니다. 그래서 그것이 삶으로 실체화 혹은 실증된 것을 말합니다. 즉 보이지 아니하는 것이 보이는 삶으로 입증되는 것이 믿음입니다.

믿음은 우리가 가장 극렬한 어려움 가운데 있을지라도 하나님이 함께 계신다는 것을 알기 때문에 삶에서 그것을 입증해 냅니다. 그래서 믿음은 자신이 마음속에 가지고 있는 것을 삶으로 표현해 내는 도구입니다. 하나님은 우리에게 이런 믿음을 요구하십니다. 그것은 보이지 않는 하나님에 대한 믿음을 삶에서 '표면화', '실체화', '증거화'하는 것입니다. 이것이 바로 히브리서 11장이 가르쳐주는 믿음의 능력입니다.

A. W. 토저(Tozer)는 이렇게 말하고 있습니다. "인생의 삶과 결별된 믿음이란 성경이 말하는 진리가 아니다. 그것은 다른 어떤 것이요, 그보다 못한 것이다. 하나님이 천지를 창조하셨다는 사실을 깨닫기 때문에 좋아하는 사람은 많다. 마귀도 그것을 안다. 가롯 유다도 안다. 하나님이 세상을 이처럼 사랑하사 독생자를 주셨음도 안다. 그리고 그를 믿는 자는 영생을 얻게 하셨다는 것을 아는 사람은 많다.

심지어는 지옥에도 그 사실을 아는 사람이 수백만이나 된다. 그러나 신학적 진리는 그것을 믿고 순종하지 않으면 아무 쓸모가 없다."

믿음은 진리에 대한 지식이 아닙니다. 또한 진리에 대한 감상도 아닙니다. 믿음은 막연한 바람이 아니라 사실에 대한 바람입니다. 그 사실이 진리이기에 그 진리를 바라는 믿음은 진정한 믿음이 될 수밖에 없는 것입니다. 믿음은 보이지 않는 하나님의 말씀을 보이는 것같이 확실하게 믿는 것입니다. 믿음은 바랄 수 없는 것을 바라보는 것입니다. 믿음의 문을 통과하기 위해서는 바랄 수 없는 중에서도 바랄 수 있는 믿음을 소유해야만 합니다. 믿음의 성격은 사실을 사실로 바라보지 못하는 것을 불신앙이라고 말합니다.

둘째로, 믿음의 능력은 '볼 수 없는 것을 보게' 합니다.

'믿음은 보이지 않는 것들의 증거'라고 하였습니다. '증거'라고 번역된 '엘렝코스'(ἔλεγχος)는 '확신'이라는 의미입니다. 믿음이란 보이지 않는 세계를 마치 보는 것같이 확신하는 것입니다. 지금 보이지 않는다 할지라도 그것을 믿음으로 보는 것이 바로 믿음입니다.

노아는 역사상 최장기 홍수 예보를 들었습니다. 그는 거의 1세기, 즉 100여 년의 긴 세월 후에 있을 일을 보았습니다. 그리고 방주를 예비하기 시작했습니다. 노아는 보이지 않는 하나님을 믿음으로 본 것입니다.

아브라함은 믿음의 눈으로 약속을 멀리 보고 갔습니다. 그가 육신의 눈으로 보고 가려 했다면 실패했을 것입니다. 한 걸음도 출발할 수 없었을 것입니다. 믿음은 나의 생애가 하나님의 손안에 있는 것을 보게 합니다. 우리의 삶이 여호와의 손안에서 진행되는 것을 보게 합니다.

믿음은 내적 확신 안에서 보게 합니다. 그래서 예수님은 이렇게 말씀하셨습니다. "너는 나를 본 고로 믿느냐 보지 못하고 믿는 자들은 복되도다"(요 20:29). 복된 믿음은 보지 못하는 것들의 증거를 갖는 믿음입니다. 어떤 면에서 보고 난 후에야 믿고, 알고 나서 믿는다는 것처럼 불안한 것은 없습니다. 왜냐하면 보이는 것들은 변하며, 또 지나가는 것이기 때문입니다. 표적을 구하는 유대인의 믿음은 미성숙한 신앙입니다.

하나님은 이스라엘을 양육하실 때에 시각적인 것으로 가르치시고 믿게 하셨습니다. 그것들은 이스라엘을 믿게 하는 방편에 불과했습니다. 보이는 표적은 믿는 것이 될 수 없습니다. 다만 믿게 하는 도구가 될 뿐입니다. 문장을 잘 깨우치지 못하는 어린이들은 글보다는 그림을 더 잘 이해합니다. 그러나 지식이 성숙해 가면 그림이 없어도 글로써 얼마든지 이해를 할 수가 있습니다. 이처럼 믿음은 보지 못하는 것들의 증거라고 합니다. 그것은 보고 있다는 것입니다. 또 부인할 수 없는 증거를 갖고 있다는 것입니다.

가장 확고한 믿음은 무엇입니까? 그것은 보이지 않으나 보는 것처럼 믿고 신뢰하는 것입니다. 따라서 믿음의 문을 통과하기 위해서는 보이지 않는 세계를 마치 보는 것같이 확신해야 합니다. 지금 보이지 않는다 할지라도 그것을 믿음으로 보아야만 통과할 수 있는 것입니다. 이것이 바로 믿음의 능력입니다.

셋째로, 믿음의 능력은 '확실하고 분명한 결과를 가져오게' 합니다.

히브리서 11장 2절을 보면, "선진들이 이로써 증거를 얻었느니라"고 하였습니다. 이때 말하는 증거는 1절에 나오는 증거와는 다른 단어입니다. 1절에서의 '증거'가 확신이라면, 2절에서의 '증거'는 '마르튜레오'(μαρτυρέω)로 '확실한 물증'을 뜻합니다. 선진들이 믿음으로 증거를 얻었다는 것은 저들이 믿음을 통해서 확실하고 분명한 결과를 보았다는 것입니다. 믿음으로 행한 것은 불투명하지 않습니다. 모호하지 않습니다. 분명한 증거가 따르게 되어 있습니다.

믿음의 선배들은 믿음으로 일한 것을 증거로 남겼습니다. 도무지 부인할 수 없는 명확한 증거를 남겼습니다. 믿음의 선배들이 남긴 증거는 심증이 아니라 물증입니다. 그것들은 성경 속에 남아 있습니다. 또한 우리에게 객관적인 증거가 되고 있습니다.

아벨은 하나님께 '의로운 자'라는 증거를 받았습니다. 그가 드린 '예물'도 증거를 받았습니다. 에녹 역시 '하나님을 기쁘시게 하는 자'라는 증거를 받았습니다. 노아의 방주는 하나님의 약속에 대한 '물증'입니다. 뿐만 아니라 기생 라합의 '붉은 줄'의 사연도 하나님의 구원 약속에 대한 '물증'이었습니다.

믿음에는 증거와 물증이 있습니다. 그 증거는 법적이며 하나님께서 받으시는 증거입니다. 그러므로 당신이 믿음의 문을 통과하기 위해서는 분명하고도 확실한 말씀의 증거가 있어야만 합니다. 믿음의 증거와 물증이 있어야만 합니다.

믿음의 능력은 따뜻한 봄바람 속에서 대지의 생명력을 확신하며 씨를 뿌리는 것과도 같습니다. 이와 같은 믿음의 능력은 결코 추상적인 것이나 머릿속의 생각이나 지식이 아닙니다. 믿음의 능력은 강한 실천적 삶을 수반합니다. 믿음의 능력은 행동으로 옮기는 실천적인 증거가 수반되어야 합니다. 믿음의 능력은 바랄 수 없는 것들을 바라보는 것입니다. 믿음의 능력은 보지 못하는 것들을 보는 것입니다. 믿음의 능력은 할 수 없는 것들을 하게 하는 것입니다.

믿음의 말씀

성경적인 믿음에는 독특한 특징이 하나 있습니다. 그것은 바로 믿음은 하나님의 말씀과 긴밀한 연관이 있다는 사실입니다. 사람들은 종종 신앙과 신념을 혼동할 때가 있습니다. 그러나 이 둘은 질적으로 다른 것입니다. 신념은 자기 자신을 믿는 것입니다. 반면에 신앙은 하나님을 믿는 것입니다. 하나님을 믿는다는 것이 무슨 뜻입니까? 그것은 곧 그의 말씀을 믿는다는 것입니다.

> "믿음으로 모든 세계가 하나님의 말씀으로 지어진 줄을 우리가 아나니 보이는 것은 나타난 것으로 말미암아 된 것이 아니니라"(히 11:3).

먼저 여기에 나오는 '세계'라고 하는 말은 우주나 세상을 말하는 것이 아니라 '아이온'(αἰών)이라고 해서 '세대 혹은 역사'를 의미하는 것입니다. 하나님의 말씀은 나에게 주신 말씀, 오늘 선포된 말씀을 의미합니다. 믿음이란 무엇입니까? 믿음은 모든 세대와 역사 속에 일어나는 것들이 다 하나님께서 주신 말씀으로 말미암아 지어졌음을 고백하고 인정하는 것입니다.

여기에 믿음의 아주 중요한 요소가 있습니다. 믿음은 개인의 감정이나 의지의 표현이 아니라, 하나님의 말씀에 대한 신뢰입니다. 하나님께서 말씀하신 것은 어느 시대를 막론하고 반드시 이루어진다는 확신이 바로 믿음입니다. 말씀이 없는 믿음은 자기의 소신이며, 자기 의지의 발현일 뿐입니다. 하지만 참된 믿음은 언제나 우리에게 주신 하나님의 말씀과 함께 가게 되어 있습니다. 그래서 말씀은 곧 믿음의 근거가 됩니다.

믿음은 과거에 이루어진 하나님의 역사를 확실히 깨달아 아는 능력입니다. 히브리서 기자는 믿음이 과거에 이루어진 하나님의 창조 사역을 분명히 깨달아 아는 능력이라고 가르칩니다. 그렇다면 믿음 가운데 가장 대표적인 것은 무엇일까요? 그것은 하나님의 창조사역을 믿는 믿음입니다. 그리스도인의 믿음은 창조사역에서부터 출발합니다. 우주 만물의 생성 근원이 되는 창조에 대한 믿음에서부터 출발합니다. 하나님은 말씀으로 모든 세계를 창조하셨습니다.

히브리서 기자는 이 사실을 강조하기 위해 다음과 같이 부연 설명하고 있습니다. "……보이는 것은 나타난 것으로 말미암아 된 것이 아니니라." 여기서 '보이는 것'은 창조된 우주 만물을 의미합니다. 그리고 '나타난 것'은 물, 흙, 구름 등 인간의 눈에 보이는 우주 만물을 구성하는 각종 자연물을 말합니다. 따라서 이 말씀은 천지 우주 만물이 자연계에 있던 여러 재료들에 의해 유(有)에서 유(有)로 창조되지 않았다는 것입니다. 이것은 하나님의 말씀으로 무(無)에서 유(有)

로 창조되었음을 보여주는 것입니다.

창세기 1장에서 "하나님이 이르시되"라는 표현이 무려 9회에 걸쳐 나옵니다. 이것은 하나님께서 우주 만물을 말씀으로 창조하셨음을 보여주는 것입니다. 이렇듯 온 세계와 역사는 하나님의 말씀으로 창조되고, 보존되며, 운행됩니다. 그래서 약속된 말씀의 권위는 곧 하나님의 권위입니다. 믿음은 말씀이 이룬 것을 하나님이 이루신 것으로 확신합니다. 그뿐만 아니라 그의 약속을 믿고 그 약속을 능히 이루실 하나님의 능력까지 믿습니다.

참된 믿음은 객관적인 근거가 되는 말씀에 기초해야 합니다. 왜냐하면 그것은 필연성이기 때문입니다. 사실 인간의 주관이란 것은 결코 믿음의 기초가 될 수 없습니다. 그것은 불안하며, 또 변하는 가치관이기도 합니다. 영구하고 영원한 근거는 오직 말씀뿐입니다.

믿음과 말씀은 가장 특수한 관계에 있습니다. 다음의 세 가지 논증을 주목해 보십시오. 말씀을 말씀으로 믿는 것이 믿음입니다. 반대로 말씀을 말씀으로 안 믿는 것이 불신입니다. 또 말씀이 아닌 것을 말씀으로 믿는 것이 우상숭배요, 이단적인 행동입니다. 그러므로 우리는 말씀이 함께하는 믿음이 되어야 합니다. 하나님께서 말씀으로 창조하심을 믿는 것이 믿음입니다. 따라서 믿음의 문을 통과하기 위해서는 믿음으로 말씀의 권위를 인정하고 신뢰해야만 합니다. 믿음은 말씀을 떠나서 존재할 수 없습니다. 반면에 말씀은 믿음을 떠나서 증명될 수 없습니다.

믿음은 눈에 보이지 않는 비현실적인 것을 현실적인 것으로 보게 합니다. 믿음이 있으면 하나님과 동행할 수 있습니다. 믿음의 본질은 현재적이고 실재적으로 볼 수 있는 눈을 가지는 능력입니다. 그리고 믿음의 능력은 강한 실천적 삶을 수반합니다. 믿음의 능력은 할 수 없는 것들을 하게 하는 것입니다. 말씀을 말씀으로 믿는 것이 믿음입니다. 이것이 믿음입니다.

Faith is…

믿음은 본질적으로 영적인 것이다.
믿음은 비현실적인 것을 현실적이게 하는 인간 속에 있는 능력이다.
믿음은 인간으로 하여금 동물적이며 육신적인 인간의 범위를 초월하게 한다.
믿음은 바랄 수 없는 것들을 바라보는 것이다.
믿음은 자신이 마음속에 가지고 있는 것을 삶으로 표현해 내는 도구이다.
믿음은 막연한 바람이 아니라 사실에 대한 바람이다.
믿음은 볼 수 없는 것을 보게 하는 것이다.
믿음은 나의 삶이 하나님 손안에서 진행되는 것도 보게 한다.
믿음은 내적 확신 안에서 보게 한다.
믿음은 보지 못하는 것들의 증거이다.
믿음은 완성된 현재가 아니라 미완성된 미래이다.
믿음은 확실하고 분명한 결과를 가져오게 한다.
믿음은 따뜻한 봄바람 속에서 대지의 생명력을 확신하며 씨를 뿌리는 것과도 같다.
믿음은 하나님의 말씀과 긴밀한 연관이 있다.
믿음은 개인의 감정이나 의지의 표현이 아니라 하나님의 말씀에 대한 신뢰이다.

🌱 믿음의 문으로 들어가자

1. 믿음의 본질

믿음은 영적인 것입니다. 이러한 믿음이 있으면 눈에 보이지 않는 비현실적인 것이 현실적인 것으로 보입니다. 믿음의 본질은 보이지 않는 것을 현재적이고 실재적으로 볼 수 있게 하는 능력입니다.

　📖 묵상 질문

믿음의 본질을 잘 이해하는 삶은 어떤 모습인가요?

....
....
....

2. 믿음의 능력

믿음의 능력은 바랄 수 없는 것들을 바라게 하며, 보지 못하는 것들을 보게 하며, 할 수 없는 것들을 하게 합니다. 이와 같은 믿음의 삶을 통해 구체적인 증거들을 얻으며 살아가는 삶이야말로 믿음 안에서 승리하는 삶입니다.

　📖 묵상 질문

믿음이 우리의 삶에서 나타나는 방식은 무엇입니까?

....
....

3. **믿음의 말씀**

말씀을 말씀으로 믿는 것이 믿음입니다. 말씀을 말씀으로 믿지 않는 것이 불신입니다. 그리고 말씀 아닌 것을 말씀으로 믿는 것이 우상숭배요, 이단입니다. 따라서 말씀은 믿음의 근거이기에 말씀이 함께하는 믿음이 되어야 합니다.

☐ 묵상 질문

믿음은 어디로부터 오게 되나요?

....

....

....

믿음으로 승리하는 예배

"믿음으로 아벨은 가인보다 더 나은 제사를 하나님께 드림으로 의로운 자라 하시는 증거를 얻었으니 하나님이 그 예물에 대하여 증언하심이라 그가 죽었으나 그 믿음으로써 지금도 말하느니라"(히 11:4).

아담과 하와에게는 두 아들이 있었습니다. 큰아들은 가인이고, 작은아들은 아벨이었습니다. 가인은 농사짓는 사람이었고, 아벨은 양 치는 목자였습니다. 어느 날 두 사람이 같이 하나님께 제사를 드렸습니다. 가인은 농업을 하였으므로 땅의 소산으로 제물을 삼아 여호와께 드렸습니다. 그리고 아벨은 양 치는 자였으므로 양의 첫 새끼와 그 기름으로 드렸습니다. 하나님께서는 아벨과 그 제물을 열납하셨습니다. 그런데 가인과 그 제물은 열납하지 않으셨습니다. 문제는 이처럼 아벨의 제사는 받으시고 가인의 제사는 거절하신 데서 생겨났습니다. 이에 형 가인이 격분해서 아벨을 죽이는 사건이 일어납니다.

　창세기에서는 가인과 아벨의 제사가 왜 그렇게 다른 결과를 가져왔는지에 대해서는 언급이 없습니다. 그러나 이 제사에 대한 하나님의 열납의 이유를 히브리서 기자는 '믿음으로 아벨은 가인보다 더 나은 제사를 하나님께 드렸기 때문'이라고 증거합니다. 형과 동생이 같은 제사를 드렸지만 그 결과가 다른 이유는 제물이 무엇이냐가 아닙니다. 하나님께서 아벨의 제사를 받으신 것은 그가 일상의 삶 속에서 하나님을 믿음으로 경외했기 때문입니다. 그렇다면 우리의 예배도 다시 한 번 생각해 보아야 합니다. 하나님이 진정 원하시는 예배는 어떤 예배입니까? 우리가 아무리 최선을 다해 예배해도 하나님께서 받지 않으시는 예배는 아무런 의미가 없습니다. 그렇다면 하나님께서 받으시는 예배는 무엇입니까?

가인과 아벨의 제사

　먼저 가인의 제사입니다. 아담과 하와가 범죄하자 에덴 동산에서 쫓겨났습니다. 하나님께 쫓겨난 후 그들은 가인과 아벨을 낳았습니다. 아담의 장자는 가인이었습니다. 가인은 농사짓는 사람이었습니다. 세월이 지난 후에 가인과 아벨은 하나님께 제사를 드리게 되었습니다. 이에 가인은 땅의 소산으로 제물을 삼아 하나님께 제사를 드렸습니다. 농산물을 제물로 하나님께 제사드린 것은 잘못이 아닙니다. 왜냐하면 하나님은 '토지 소산의 첫 열매는 하나님의 것'이라고 하셨기 때문입니다. 그러므로 그것들을 거두어 하나님께 드리라고 하셨습니다.

"네 토지에서 처음 거둔 열매의 가장 좋은 것을 가져다가 너의 하나님 여호와의 전에 드릴지니라"(출 23:19).

따라서 가인이 땅의 소산물로 제사를 드리는 것은 하나님이 원하시는 것이었습니다. 이처럼 가인은 농사를 짓는 사람으로서 땅의 소산물을 제물로 삼아 하나님께 드렸습니다. 그런데 가인이 하나님께 드린 제사는 열납되지 않았습니다.

왜 가인이 하나님이 원하시는 제물을 드렸는데 열납되지 않았을까요? 그 이유를 히브리서는 '믿음으로 드리지 않았기 때문'이라고 합니다. 가인의 제사가 하나님께 열납되지 않은 것은 가인의 제물이 무엇이냐의 문제가 아닙니다. 그것은 가인이 믿음 없이 제사를 드렸기 때문입니다.

우리가 제사를 드린다는 것은 무슨 의미입니까? 그것은 제물과 함께 자신이 하나님 앞에서 죽는다는 것을 의미합니다. 그러나 가인은 제사를 드리는 것을 물질에만 국한시켰습니다. 자기는 죽지 않고 단지 제물에만 국한시켰습니다. 그로 인해 그의 제사는 열납되지 않았던 것입니다.

반면에 아벨의 제사는 달랐습니다. 아벨은 아담의 둘째 아들로서 가인의 동생입니다. 아벨은 양 치는 목자였으므로 양의 첫 새끼와 그 기름을 제물로 삼아 하나님께 제사를 드렸습니다. 하나님은 번제와 화목제와 속죄제를 드릴 때는 양과 그 기름을 제물로 삼아 드리라고 하셨습니다(레 1:10-13). 특히 사람이나 짐승이나 처음 난 것은 하나님의 것입니다. 그래서 거룩히 구별하여 하나님께 드리라고 하셨습니다. 아벨이 하나님께 드린 양의 첫 새끼와 그 기름은 하나님이 원하시는 것이었습니다(출 13:2). 아벨은 말씀대로 양의 첫 새끼와 그 기름을 제물로 삼아 드렸습니다.

아벨의 제사는 형 가인의 제사와는 달리 하나님께 열납되었습니다. 왜 하나님께서는 가인의 제사가 아닌 아벨의 제사를 열납하셨습니까? 그 이유가 무엇입니까? 히브리서 저자는 말하기를, 그것은 '아벨은 믿음으로 가인보다 더 나은 제사를 드렸기 때문'이라고 말하고 있습니다.

아벨의 제사가 열납된 것은 단순하게 제물에만 국한된 문제가 아닙니다. 아벨이 드린 것은 양의 첫 새끼와 그 기름만이 아닙니다. 아벨은 믿음으로 제사를 드렸기 때문입니다. 아벨의 제사는 자신 전부를 드린 것입니다. 그리하여 아벨의 제사는 하나님이 열납하시는 제사가 되었습니다.

믿음의 문을 통과하기 위해서는 우리가 하나님께 드리는 예배가 열납되는 예배가 되어야 합니다. 하나님께 제사를 드리는 자는 먼저 믿음을 다해 준비해야 합니다. 믿음으로 드린 제사를 하나님은 기뻐하시고 열납하십니다. 하나님은 이스라엘 백성에게 말씀하십니다.

"너희는 눈이 먼 짐승을 나에게 드리지 말라. 너희는 저는 짐승을 나에게 드리지 말라. 너희는 병든 짐승을 드리지 말라."

이 말씀의 뜻은 무엇입니까? 이것은 믿음으로 드리지 않는 제물은 받지 않으시겠다는 뜻입니다. 우리가 하나님께 드리는 헌금이나 예배도 마찬가지입니다. 우리가 드리는 헌금이나 예배도 믿음으로 드려야 하나님께서 기뻐하십니다.

하나님은 겉으로 드러나는 외적인 것만 보시는 분이 아닙니다. 하나님은 사람의 깊은 곳을 감찰하시는 분입니다. 하나님은 제사를 드리는 사람의 중심을 보십니다. 믿음으로 드리지 않는 제사는 결코 하나님께 열납될 수 없습니다. 따라서 믿음의 문을 통과하기 위해서는 하나님께서 열납하시는 믿음의 제사를 드려야 합니다.

아벨의 제사는 믿음으로 드린 것입니다. 아벨의 제사는 제물뿐만 아니라 자기 자신도 드린 제사였습니다. 그것은 바로 하나님의 살아 계심을 분명히 믿고 드린 것입니다. 또한 그는 하나님이 당신을 찾는 자를 버리지 아니하심을 믿었습니다. 하나님을 찾는 자를 칭찬하실 뿐만 아니라 받아주시는 분이심을 믿었습니다. 죄로 인하여 하나님 앞에 부끄럽고 다른 사람들 눈에 하찮은 존재이지만 하나님은 자신을 찾는 자를 반드시 반겨 주신다는 믿음으로 드리는 예배였습니다.

당신의 제사는 믿음의 문을 통과할 수 있는, 하나님께 열납되는 제사입니까, 아니면 믿음의 문 앞에서 쓰레기처럼 버려지는 제사입니까? 하나님은 믿음으로 드리는 예배를 받으십니다. 그러므로 예물도 믿음으로 드려야 합니다.

믿음으로 드리는 예배

우리가 여기에서 주의해서 보아야 할 것이 있습니다. 그것은 바로 무엇이 가인의 문제였는가 하는 것입니다. 가인의 문제는 하나님께 제사를 드리지 않은 것이 아닙니다. 하나님께 제사를 드렸음에도 불구하고 그의 제사를 하나님께서 받지 않으셨다는 것입니다. 가인은 제사를 안 드린 사람이 아닙니다. 그는 나름대로 제물을 준비하여 하나님께 드린 사람이었습니다. 그런데 하나님께서 그의 제사와 제물을 받지 않으셨다는 것입니다. 오늘 우리가 하나님 앞에 나와 예배를 드립니다. 그러나 중요한 것은 우리가 예배를 드렸는가 안 드렸는가가 아니라, 하나님께서 받으시는 예배를 드렸는가 아닌가 하는 것입니다.

우리가 세례를 받거나 제직으로 임명될 때, 성도의 의무를 배웁니다. 성도의 의무 중 하나가 바로 성수 주일입니다. 그런데 성도들 중에는 성수 주일을 그저 주일날 교회에 나와 1부든지, 2부든지, 혹은 3부든지 또는 오후예배든지 예배를 드리는 것으로만 생각하는 경우가 많습니다. 그래서 대충 어떤 예배든지 한 번 나와 드리기만 하면 성수 주일을 한 것으로 생각합니다. 그러나 성수 주일은 주님의 날을 거룩하게 지키는 것을 의미합니다. 다시 말하면, 단순히 예배를 드리는 행위에 참여하는 것을 말하는 것이 아니라, 하나님이 받으시는 예배를 드리는 것을 의미합니다. 오늘 우리도 가인과 같이 예배는 드렸지만, 하나님이 받지 않으시는 예배를 드리고 있지는 않은지 돌아보아야 합니다.

그렇다면 왜 하나님께서는 아벨의 제물은 받으시고, 가인의 제물은 받지 않으셨습니까?

헬라어 역본인 70인역(LXX)에 따르면, 가인의 제물은 제사 절차상에 결함이 있었기 때문이라고 하였습니다. 즉 가인은 제물을 드릴 때 제물을 나누는 법대로 나누어 놓지 않았고, 아벨은 제사법대로 바르게 제물을 잘라서 드렸기 때문이라는 것입니다. 유대인 철학자 필로(Philo)에 의하면, 아벨의 제물은 생명체였던 반면에 가인의 것은 생명이 없는 것이었기 때문에 하나님께서 거절하셨다는 것입니다. 그런가 하면 전통적인 해석에 의하면, 가인의 제사는 피 흘림이 없는 자기 의에 근거한 제사였으며, 아벨의 제사는 피 흘림으로 하나님께 나아가는 제사였기 때문이라는 것입니다.

"율법을 따라 거의 모든 물건이 피로써 정결하게 되나니 피 흘림이 없은즉 사함이 없느니라"(히 9:22).

즉 하나님께서는 인간에게 피 흘리는 제사를 통해서만 당신께 나아올 수 있는 길을 열어주셨다는 것입니다. 그러므로 하나님께서는 피 흘림이 없는 가인의 제사는 거절하시고, 피 흘림이 있는 아벨의 제사만 받으셨다는 것입니다.

물론 이 해석은 교리적으로 특별히 문제가 있는 것은 아닙니다. 오히려 그리스도의 속죄 정신을 효과적으로 표현하고 있다고 할 수 있습니다. 그러나 피의 제사는 모세의 율법을 통해서 구체적으로 주어졌습니다. 그렇다면 가인과 아벨의 시대에는 피의 제사에 대한 구체적인 규정이 아직 없었다는 것입니다. 또 하나님이 받으시는 제사 중에는 피로 드리는 제사도 있지만, 곡물로 드리는 제사도 있었습니다. 오히려 성경을 보면, 하나님께서 이 피의 제사를 거절하신 경우가 많이 있음을 보게 됩니다.

> "여호와께서 말씀하시되 너희의 무수한 제물이 내게 무엇이 유익하뇨 나는 숫양의 번제와 살진 짐승의 기름에 배불렀고 나는 수송아지나 어린 양이나 숫염소의 피를 기뻐하지 아니하노라"(사 1:11).
> "내가 무엇을 가지고 여호와 앞에 나아가며 높으신 하나님께 경배할까 내가 번제물로 일 년 된 송아지를 가지고 그 앞에 나아갈까 여호와께서 천천의 숫양이나 만만의 강물 같은 기름을 기뻐하실까 내 허물을 위하여 내 맏아들을, 내 영혼의 죄로 말미암아 내 몸의 열매를 드릴까 사람아 주께서 선한 것이 무엇임을 네게 보이셨나니 여호와께서 네게 구하시는 것은 오직 정의를 행하며 인자를 사랑하며 겸손하게 네 하나님과 함께 행하는 것이 아니냐"(미 6:6-8).

하나님의 관심은 무엇으로 제사를 드렸는가, 피의 제사인가 곡물의 제사인가가 아니라는 것입니다. 그렇다면 아벨의 제물은 받으시고 가인의 제물은 받지 않으신 보다 더 근본적인 이유는 무엇입니까?

"믿음으로 아벨은 가인보다 더 나은 제사를 하나님께 드림으로 의로운 자라 하시는 증거를 얻었으니 하나님이 그 예물에 대하여 증언하심이라 그가 죽었으나 그 믿음으로써 지금도 말하느니라"(히 11:4).

그것은 아벨은 믿음으로 가인보다 더 나은 제사를 하나님께 드렸다는 것입니다. 그렇다면 아벨의 제물은 받으시고 가인의 제물은 받지 않으신 것은 그들이 드리는 제물의 종류가 달랐기 때문이 아니라, 그 제물을 드리는 당사자의 삶이 달랐기 때문이라는 것입니다. 한 사람은 믿음으로 나아왔고, 한 사람은 믿음으로 나아오지 않았다는 것입니다. 그래서 창세기 4장 4-5절을 보면 이렇게 기록하고 있습니다.

"여호와께서 아벨과 그의 제물은 받으셨으나 가인과 그의 제물은 받지 아니하신지라."

단순히 아벨의 제물은 받으시고 가인의 제물은 받지 않으신 것이 아닙니다. 아벨과 아벨의 제물은 받으시고, 가인과 가인의 제물은 받지 않으셨다는 것입니다. 아벨 때문에 그의 제물을 받으신 것이며, 가인 때문에 그의 제물을 받지 않으신 것입니다. 잠언 15장 8절에서는 이렇게 말합니다.

"악인의 제사는 여호와께서 미워하셔도 정직한 자의 기도는 그가 기뻐하시느니라."

제사가 하나님께 열납되느냐 아니냐는 제물의 종류에 의해 결정되는 것이 아니라 제사를 드리는 사람의 믿음의 삶에 의해 결정된다는 것입니다.

아벨과 가인의 결정적인 차이가 무엇입니까? 바로 믿음의 삶이 있고 없고의 차이입니다. 아벨은 믿음의 삶으로 하나님께 제사를 드렸고, 가인은 믿음의 삶이 없이 제사를 드렸다는 것입니다. 우리가 아무리 화려한 제물을 하나님께 드린다 해도 믿음 없이 드리는 예배는 하나님께서 받지 않으신다는 것입니다. 오직 믿음의 삶으로 하나님께 나아갈 때 그 예배가 하나님께서 받으시는 예배가 되는 것입니다. 살아 계신 하나님께 드리는 예배가 바로 믿음으로 드리는 예배입니다. 따라서 믿음의 문을 통과하기 위해서는 믿음의 삶으로 온전히 하나님께 나아가야 합니다. 단순한 의식이 아닙니다. 단순한 절차가 아닙니다. 단순한 예물이 아닙니다. 온전한 삶의 믿음이 있어야 하는 것입니다.

믿음의 예배란 무엇입니까? 그것은 하나님께서 기뻐 받으시는 예배입니다. 믿음이란 우리가 드리는 예배에 하나님께서 함께 계심을 믿는 것입니다. 믿음이란 하나님께서 예배를 열납하신다고 믿는 것입니다. 그래서 우리는 믿음으로 하나님께 나아가 영과 진리로 예배를 드려야 하는 것입니다.

당신은 지금 드리는 예배를 얼마나 사랑하고 있습니까? 믿음으로 예배드리는 사람은 예배가 은혜롭도록 최선을 다합니다. 왜냐하면 예배를 사랑하기 때문입니다. 믿음의 예배는 예배를 사랑하는 마음으로 분명하게 나타납니다. 믿음의 예배를 드리는 자가 되어야 합니다. 예배시간과 예배를 사랑하는 믿음이 넘쳐야 합니다. 예배의 승리자가 되어야 인생에서도 승리할 수 있습니다. 예배의 실패자는 인생의 실패자가 되는 것입니다. 이제 우리는 살아 계신 하나님 앞에 믿음으로 나아갑시다. 믿음으로 드리는 예배를 통해서 하나님께 영광을 돌리는 삶이 되어야 합니다.

최초 순교자의 반열

아벨은 의인으로서 악행을 일삼던 가인의 돌에 맞아 죽었습니다. 아벨은 참되신 하나님을 섬기고 하나님의 뜻을 따라 의로운 삶을 살려고 하였기 때문에 죽은 것입니다. 아벨은 하나님의 편이었으나 가인은 마귀의 종이었습니다. 하나님의 뜻대로 살려고 하면 원수의 핍박을 받게 됩니다. 아벨은 사람의 눈치를 살피거나 그 어떤 핍박도 두려워하지 않고 의로운 삶을 살았습니다. 아벨은 하나님 한 분만을 두려워하였습니다. 의를 고집하던 아벨이 악한 자에게 속한 형 가인에게 죽은 것입니다. 의인 아벨의 죽음은 순교였습니다. 그러나 그의 삶은 결코 헛되지 않았습니다.

하나님을 올바르게 섬기다가 악인의 핍박으로 죽은 의인 아벨은 기독교 역사 가운데 최초의 순교자가 되었습니다. 형에 의해서 아벨은 죽었습니다. 그러나 의인의 고난과 죽음은 하나님께 호소하는 능력으로 역사합니다. 아벨이 흘린 피는 즉각적으로 하나님께 상달되었습니다. 하나님은 의인의 죽음에 결코 무관심하지 않으십니다. 하나님은 인간 역사에 깊이 개입하셔서 악인에게 행한 대로 보응하십니다. 하나님은 악의 세력은 심판을 받게 하십니다. 하나님은 의인의 죽음과 피로써 인류의 역사를 정화시키십니다. 그리고 의는 궁극적으로 승리하게 됩니다.

아벨은 비록 죽었으나 그는 신앙으로 계속 말하고 있습니다. 아벨의 신앙은 그의 후손들에게 어떻게 살아야 할 것인가를 가르쳐주고 있습니다. 아벨은 말이나 글로써 자신의 신앙을 증거한 것이 아닙니다. 아벨은 죽음으로써 증거하고 있습니다. 그리고 아벨의 죽음은 영원히 살아 있는 자로서 증거하고 있습니다.

의인의 죽음으로 의의 세계가 끝나지 않습니다. 하나님은 의인 아벨의 죽음으로 인해 인간을 향한 구원의 역사를 멈추거나 지체하지 아니하십니다. 아벨이 죽자 아벨 대신 '셋'을 아담의 가정에 태어나게 하셨습니다. 교회는 순교를 통하여 수많은 생명들을 얻곤 하였습니다. 한 성도의 순교는 헤아릴 수 없는 많은 생명들을 하나님께로 돌아오게 하는 것을 우리는 역사를 통해 알게 됩니다. 하나님은 아벨 대신 셋을 통해 더 힘찬 구원의 길을 여셨습니다. 하나님을 마음에 두기 싫어하는 자들은 죽음을 두려워합니다. 그러나 순교할 수 있는 신앙은 죽음을 조금도 두려워하지 않습니다.

예수님께서는 몸은 죽여도 영혼은 능히 죽이지 못하는 자들을 두려워하지 말라고 하셨습니다. 죽음을 두려워하지 않는 신앙은 보이지 않는 세계가 있다는 것을 확신하기 때문입니다. 인간 세계의 모든 죄와 불행의 원인은 보이지 않는 세계를 바라보지 못하기 때문입니다. 그래서 이 세상이 전부인 줄 알기 때문에 불법을 행하고 진리를 거역하는 것입니다. 그러나 순교할 수 있는 신앙의 소유자는 다릅니다. 그리고 믿음의 문을 통과하는 자는 다릅니다. 그는 보이지 않는 세계가 있다는 것을 확신합니다. 그는 동시에 의를 따라 산 사람들에게 주어지는 상급을 바라봅니다. 하늘의 상급은 영원합니다. 하늘의 상급은 참된 것입니다. 그래서 순교의 제물이 되는 것을 기뻐하는 것입니다.

우리의 삶이 아벨과 같이 하나님께 열납되는 삶이 되도록 합시다. 또한 우리가 드리는 예배를 기뻐 받으시도록 예배를 사랑하는 자가 됩시다. 예배에 임하는 우리의 모습과 삶이 새로워져야 합니다.

왜 히브리서 11장에서는 믿음의 거장 중에서 아벨을 제일 먼저 소개하였을까요? 우리의 삶에서 예배가 가장 중요하기 때문입니다. 예배에 성공하는 자와 예배에 실패하는 자의 삶은 너무도 차이가 크기 때문입니다. 아벨은 비록 죽었으나 그의 피가 오늘날까지 그에 대해서 증거하고 있지만, 가인은 두려움과 공포 속에 유리방황하는 삶을 살게 됩니다. 그만큼 예배는 중요한 것입니다.

뼈있는 말이 있습니다. 한국교회 예배의 위기는 설교를 듣기 위해 교회에 나온다는 것입니다. 물론 설교는 예배의 중요한 요소 중 하나입니다. 그러나 예배의 중요한 정신은 '드림'입니다. 영어로 예배를 'worship' 혹은 'service'라고 합니다. 'worship'이라는 말은 '받으실 만한 가치가 있다'는 의미이며, 'service'는 '섬긴다' 혹은 '바친다'는 의미입니다. 예배의 참된 정신은 하나님께 합당한 것을 드리는 것입니다.

오늘 우리의 예배는 하나님께서 받으시는 예배가 되어야 합니다. 그저 예배드린 것으로 만족할 수 없습니다. 왜냐하면 하나님께서 받지 않으시는 예배는 하나님께 드려진 예배가 아니기 때문입니다. 하나님께서는 어떤 예배를 받으십니까? 바로 아벨과 같이 믿음으로 드리는 예배를 받으십니다. 살아 계신 하나님을 믿음으로 그에게 최고의 영광과 존귀와 찬양과 감사를 올려드리는 예배, 나의 삶을 감찰하시고 셈하시는 하나님을 믿음으로 의로운 자의 삶으로 나를 드리는 예배를 받으시는 것입니다. 이런 믿음을 소유한 자가 믿음의 문을 통과할 수 있는 것입니다. 반면에 믿음이 없이 드리는 예배는 하나님께서 받지 않으실 뿐 아니라 그런 예배를 드리고 난 후에는 사람이 더 강퍅해지고 더 죄를 짓는 삶을 살게 되어 있습니다. 이제 모든 그리스도인들이 믿음으로 하나님께 예배함으로 예배의 성공자가 되어 하나님의 영광이 되며, 우리 삶에 주의 은혜가 풍성해지기를 바랍니다.

Faith is…

믿음은 하나님이 기뻐하시는 제사를 드리게 한다.
믿음은 단순하게 제물에만 국한시키지 않는다.
믿음은 더 나은 제사를 드리게 하는 능력이다.
믿음은 하나님께서 자신을 찾는 자를 반드시 반겨주신다는 것을 확신하는 것이다.
믿음은 우리로 하여금 하나님께 거룩한 산 제사를 드리게 한다.
믿음은 하나님의 관심에 초점이 있다.
믿음은 우리가 드리는 예배에 하나님께서 함께 계심을 믿는 것이다.
믿음은 하나님께서 예배를 열납하신다는 것을 믿는 것이다.
믿음은 예배를 통해서 하나님께 영광을 돌리는 것이다.
믿음은 하나님께서 인간 역사에 개입하셔서 보응하심을 아는 것이다.
믿음은 그의 후손들에게 어떻게 살아야 할 것인가를 가르쳐주는 것이다.
믿음은 죽음조차도 두려워하지 않게 하는 힘이 있다.
믿음은 보이지 않는 세계가 있다는 것을 확신하게 한다.
믿음은 순교할 수 있는 믿음의 소유자로 믿든다.
믿음은 강한 사람을 이기고, 강자를 보다 강하게 만든다.
믿음은 하나님의 움직임을 보는 통찰력을 갖게 한다.
믿음은 그의 모든 방벽 중 가장 튼튼한 방벽 안에 있게 한다.

믿음으로 승리하는 예배

1. 가인과 아벨의 제사

땅의 소산을 드린 가인의 제사와 가축의 소산을 드린 아벨의 제사 모두는 하나님이 명하신 정당한 제사였습니다. 그러나 하나님은 제물보다는 제사를 드리는 자의 자세와 태도를 보십니다. 사람의 깊은 곳을 감찰하시는 하나님께 믿음으로 온전한 제사를 드리십시오.

📄 묵상 질문

예배드린 후 삶에 일어난 변화가 무엇입니까?

....

....

2. 믿음으로 드리는 예배

아벨과 가인의 결정적인 차이는 믿음의 유무입니다. 아벨은 믿음으로 제사를 드렸고, 가인은 믿음 없이 제사를 드렸습니다. 그러므로 우리는 믿음으로 예배를 드려야 합니다.

📄 묵상 질문

믿음으로 예배드릴 때 하나님께서 주시는 복은 무엇입니까?

....

....

3. 최초 순교자의 반열

하나님을 올바로 섬기다가 죽은 아벨은 기독교 역사 가운데 최초의 순교자가 되었습니다. 의인의 고난과 죽음은 하나님께 호소하는 능력이 있습니다.

📄 묵상 질문

예배를 위해 물러서지 말아야 할 것이 있다면 무엇입니까?

....

....

....

동행하는 믿음

"믿음으로 에녹은 죽음을 보지 않고 옮겨졌으니 하나님이 그를 옮기심으로 다시 보이지 아니하였느니라 그는 옮겨지기 전에 하나님을 기쁘시게 하는 자라 하는 증거를 받았느니라"(히 11:5).

에녹의 믿음에서 가장 중요하게 강조되는 부분은 마치 죽음을 보지 않고 승천한 사건처럼 보인다는 것입니다. 물론 에녹은 믿음으로 죽음을 보지 않고 하늘로 옮겨간 사람입니다. 그러나 에녹의 믿음에서 가장 중요한 부분은 믿음으로 죽음을 보지 않고 하늘로 옮겨진 것이 아니라, 믿음으로 하나님을 기쁘시게 했다는 것입니다. 우리 한글 번역에는 중요한 단어가 하나 빠져 있습니다. 바로 '가르'(γάρ)라는 단어인데 이것은 '왜냐하면'이라는 뜻입니다. 그러므로 히브리서 11장 5절을 보다 정확하게 읽으면 이렇게 됩니다.

"믿음으로 에녹은 죽음을 보지 않고 옮겨졌으니 하나님이 그를 옮기심으로 다시 보이지 아니하였습니다. 왜냐하면 그는 옮겨지기 전에 하나님을 기쁘시게 하는 자라 하는 증거를 받았기 때문입니다."

그가 죽음을 보지 않고 하늘로 옮겨진 것은 그가 믿음으로 하나님을 기쁘시게 하는 자라는 증거를 이미 받았기 때문입니다. 그러므로 중요한 부분은 죽음을 보지 않고 승천한 것이 아니라, 믿음으로 하나님을 기쁘시게 하는 삶을 살았다는 것입니다. 그래서 에녹의 믿음에 대해 설명할 때 승천과 관련하여 말씀하지 않고, 하나님을 기쁘시게 하는 삶과 관련하여 말씀하고 있는 것을 보게 됩니다.

여기서 에녹이 믿음으로 죽음을 보지 않고 승천하였다는 것에 초점을 맞춘다면, 형에게 돌로 맞아 비명에 숨진 아벨은 믿음이 없는 사람입니까? 노아나 아브라함과 같이 자연사(自然死)한 사람은 믿음이 없어서 그렇게 죽은 것입니까? 아닙니다. 죽음을 보지 않고 승천한 것은 믿음으로 산 사람에게 주시는 축복 중 하나일 뿐입니다. 다시 말하면, 믿음으로 산 사람이 어떻게 세상을 마감할 것인가 하는 것은 하나님의 절대주권에 해당되는 사안인 것입니다. 그러므로 주의 깊게 보아야 할 것은 우리가 어떻게 하면 드라마틱(dramatic)한 모습으로 세상을 마감할 것인가 하는 것이 아니라, 우리가 어떻게 하면 하나님을 기쁘시게 하는 삶을 살 수 있을까 하는 것입니다. 그러면 에녹은 어떻게 하나님과 동행하는 삶을 살았습니까?

믿음의 삶

성경에서 에녹의 삶은 우리에게 가장 역사성이 있는 삶을 보여주고 있습니다. 성경은 에녹의 독특한 믿음의 삶을 증거하고 있습니다. 에녹은 하나님과 300년 동안을 동행했습니다. 에녹은 하나님을 기쁘시게 해드렸습니다. 그리고 에녹은 죽음을 보지 않고 하늘로 옮겨졌습니다. 에녹의 삶은 평범하면서도 장엄한 신앙인의 삶이었습니다. 어쩌면 에녹은 이 세상 그리스도인의 표본 인물인지도 모릅니다. 그처럼 하나님을 기쁘시게 할 수 있다면 얼마나 좋겠습니까? 그처럼 죽지 않고 하늘로 옮겨질 수 있다면 얼마나 좋겠습니까? 우리가 늘 소망하는 내용입니다.

구약성경 속에 에녹의 기사가 기록된 이유는 무엇입니까? 그리고 우리가 지금 그의 기사를 기억해야 하는 이유는 무엇입니까? 그것은 아마도 죽음 때문일 것입니다. 그 당시 육체적인 죽음은 절대적으로 절망적인 것이었습니다. 육체적 죽음은 모든 것이 끝나는 것처럼 보였습니다. 오랜 세월 동안 계속적인 과정을 살아온 인간들은 죽음에 의해 사라졌습니다. 모든 인간들은 죽을 운명의 지배하에 있었습니다. 그래서 인간은 그들의 욕정을 발산하면서 '내일이면 죽으리니 먹고 마시자'라며 행동했을 것입니다.

죽어 가는 사람들의 세계는 하나님 앞에서 완전히 부패되었습니다. 아무런 소망도 없었습니다. 따라서 하나님은 죽음이 필연적인 것이 아님을 보여주실 필요가 있었습니다. 인간은 죽음으로 운명 지어진 존재가 아닙니다. 인간은 하나님의 수중에 있는 존재입니다. 인간은 하나님의 형상대로 지음을 받은 존재입니다. 그런데 이러한 인간이 죽음의 지배를 받게 되었습니다. 그래서 죽음의 운명 앞에 놓이게 되었습니다.

그런데 이 사실을 뒤집는 사건이 생겼습니다. 이 땅에서의 삶이 유일한 삶이 아니다, 이 땅에서의 삶이 진정한 삶도 아니라는 것이 역사의 초기에 일어난 하나의 사건에 의해 생생하게 입증되었습니다. 그것은 실제로 에녹의 믿음의 삶을 통해 입증되었습니다. 에녹은 보편적인 죽음의 법칙에서 해방되었습니다. 에녹은 죽음을 보지 않고 승천했습니다. 에녹의 믿음은 죽음이라는 필연적인 사실을 깨뜨려 버렸습니다. 에녹의 믿음은 죽음의 법칙을 깨뜨려 버렸습니다.

그러면 이 세상 사람들은 에녹의 옮겨짐을 통해 무엇을 배울 수 있습니까? 죄에 대한 죽음의 형벌이 면제될 수 있다는 것입니다. 그런 일이 과거 에녹의 시대에 이루어졌습니다. 오늘날에도 다시 이루어지고 있습니다. 죄에 대한 죽음의 형벌의 면제는 인간 역사의 초기에도 이루어졌습니다. 그리고 선지자들의 시대에도 이루어졌습니다. 그리고 그리스도의 부활이 있은 후에는 더욱더 확실하게 이루어졌습니다. 인간에게 더 이상 죽음의 형벌이 가해질 수 없게 되었습니다. 이는 그리스도 안에 있는 모든 성도들에게 있어서 확신입니다. 그것은 죽음이 죽음이 아니라 에녹의 옮겨짐입니다. 그리스도 안에서 죽은 자들은 단순히 이 세상에 존재하지 않는 것이 아닙니다. 하나님이 그들을 데려가신 것입니다.

영적인 사람이 가는 또 다른 영적 세계가 있습니다. 최초의 시대에는 에녹을 통해 그것을 알았습니다. 모든 사람의 생애는 이렇게 요약됩니다.

"나는 태어나서 성장하여 살다가 죽었다. 그것이 전부다."

그런 사람들이 에녹에 대해서는 무엇이라고 말할 수 있겠습니까?

"에녹은 살아서 영적인 세계에 들어갔다. 에녹은 지금도 그곳에 살고 있다. 에녹은 죽지 않았다."

하나님은 죽은 자의 하나님이 아닙니다. 하나님은 산 자의 하나님이십니다(마 22:32). 그들은 믿음으로 하나님 나라에 있는 것입니다. 그들은 믿음으로 죽음의 지배 아래 있지 않고 승천했습니다. 그들은 믿음으로 죄의 지배 아래 있지 않고 옮겨졌습니다.

하나님 나라에 대한 생각의 지배를 받는 삶은 죽음을 초월합니다. 에녹은 보는 것에 의해서가 아니라 믿음의 생활로써 '하나님을 기쁘시게 했다'는 증거를 받았습니다. 그러므로 그는 영적 진리를 생활로써 드러내 보여주었습니다. 에녹은 하나님과 동행했습니다. 에녹은 하나님을 기쁘시게 했습니다. 에녹은 죽음의 지배 아래 있지 않았습니다. 에녹은 믿음으로 죽음의 권세를 이기고 승천했습니다. 이처럼 에녹은 옮겨짐을 받았습니다. 에녹은 실제로 죽음으로부터 해방되었습니다. 에녹은 믿음으로써 말합니다. 내세에 대한 생각 속에 사는 모든 사람들은 죽음을 통해 옮겨진다고 말입니다.

"몸으로는 떠나 있으나 영으로는 함께 있어서"(고전 5:3).

에녹의 믿음의 삶은 죽음을 정복했습니다. 에녹의 믿음의 삶은 내세를 보여주었습니다. 에녹은 죽음의 지배 아래 있는 영혼들에게 말해 주고 있습니다. 죽음 저 건너편에 새로운 세계가 있음을 말입니다. 에녹은 죄의 사슬에 매여 있는 사람들에게 죽음으로 끝나지 않음을 말해 주고 있습니다. 에녹은 죄의 결박이 풀려 해방되는 길을 보여주었습니다. 그것은 바로 하나님과 동행하는 삶이었습니다. 하나님을 기쁘시게 하는 삶이었습니다. 이러한 믿음의 삶이 믿음의 문을 통과할 수 있는 길입니다. 죽음을 이기고 죽음을 맛보지 않고 승천할 수 있는 길입니다. 이러한 믿음이 없으면 죽음 앞에 무릎을 꿇고 말 것입니다.

당신의 믿음은 자신을 위한 믿음입니까? 자신의 삶의 만족을 위해 믿음이 필요하십니까? 아니면 에녹처럼 하나님을 기쁘시게 하는 믿음입니까? 우리의 삶의 목적은 하나님을 기쁘시게 하기 위한 것입니다. 이를 위해 지음을 받았습니다. 이를 위해 선택받고 구원을 받은 것입니다. 우리 모두 에녹처럼 하나님을 기쁘시게 하는 믿음의 삶을 삽시다. 그래서 에녹처럼 죽음의 지배에서 벗어납시다. 죄의 사슬에서 벗어납시다. 그래서 새로운 세계로 나아갑시다. 마침내 믿음의 문을 통과하는 승리의 삶을 삽시다.

하나님과 동행

가인의 계보가 가인의 7대손인 라멕에 이르러 최절정에 달했습니다. 역시 믿음의 계보 또한 셋의 7대손인 에녹에 이르러 최절정에 달합니다.

예배에 실패한 가인은 하나님을 떠나 자기만의 성을 쌓기 시작했습니다. 그래서 가인은 자기 자녀들에게 목축과 음악을 하게 했습니다. 그리고 라멕은 무기 생산이라는 자기 보호와 만족을 위한 모든 것을 스스로 공급했습니다. 라멕은 조상 가인처럼 철저히 하나님을 배격하는 삶을 살았습니다.

반면에 셋의 7대손인 에녹은 달랐습니다. 에녹은 어떤 특별한 업적을 남긴 것이 아닙니다. 에녹은 어떤 성도 쌓지 않았습니다. 그러나 그는 하나님과 동행하면서 살았습니다. 에녹이 하나님과 동행했다는 것은 무엇입니까? 그것은 결코 어떤 영웅적인 행동을 의미하지 않습니다. 에녹의 행적은 너무 간단합니다. 에녹은 65세에 므두셀라를 낳았습니다. 그 후 300년을 하나님과 동행하면서 자녀를 낳은 것뿐입니다. 그것 이외에 에녹이 행한 일은 없습니다. 단지 다른 사람들과 같이 먹고 자고 자녀를 낳았습니다. 그것뿐이었습니다.

그러나 에녹의 짧은 기사 가운데 '하나님과 동행'이란 말이 두 번 나옵니다. 이는 그의 믿음의 삶이 하나님과 동행한 것으로 특징지어질 수 있기 때문입니다. 여기서 '걷다'는 단순한 보행을 의미하는 것이 아닙니다. 어떤 기준을 '좇아'(신 8:19), '행함'(왕상 11:33)이란 의미입니다. 이 말은 삶의 전반과 관련된 한층 더 적극적인 뜻이 있습니다. 즉 인간은 어떤 것과 더불어 살아가느냐에 따라서 인생의 결과가 다르게 나타납니다. 또한 어떤 것을 바라보며 사느냐에 따라서 인생의 행로가 결정됩니다. 그것이 무엇이냐에 따라 삶의 성패가 판가름납니다.

그렇다면 우리는 인생의 행로를 어떻게 해야 하는지 생각해 봅시다. 먼저는 '그' 하나님과 더불어 사는 믿음의 삶입니다. 즉 '그 하나님과 함께'란 의미입니다. 여기서 '그'라는 정관사가 붙은 것은 이런 의미가 있습니다. 역사 가운데 임재하셔서 자신을 드러내 보이시는 바로 그 하나님을 에녹은 믿음의 대상으로 했음을 보여줍니다.

창세기 5장 1-20절에서 보이는 단순한 족보 가운데도 하나님의 역사하심이 있습니다. 영적 통찰력이 없는 사람은 이를 간과해 버리기 쉽습니다. 그냥 인간의 족보에 관한 내용으로만 생각합니다. 그러나 에녹은 거기서 그 하나님을 보았고, 에녹은 거기서 그 하나님을 만났습니다. 에녹은 그 가운데 내재된 역사의 주인공이신 하나님을 찾았습니다. 그리고 에녹은 그 하나님을 자신의 하나님으로 삼은 것입니다.

또한 그 하나님과 더불어 사는 삶이었습니다. '함께'에 해당하는 말은 '접근하다', '달라붙다'입니다. 이 말씀은 '~곁에', '~안에'란 전치사적 의미를 지닙니다. 따라서 에녹의 삶이 하나님과 완전히 밀착된 것이었음을 보여줍니다. 에녹의 삶은 하나님 곁에서 사는 삶이었습니다. 에녹의 삶은 하나님 안에서 사는 삶이었습니다. 에녹의 삶은 하나님과 더불어 사는 삶이었습니다. 에녹의 삶은 하나님과 동행하는 삶이었습니다. 이것이 바로 에녹이 성공한 삶의 비결입니다. 이것이 바로 믿음의 문을 통과할 수 있는 비결입니다. 그러나 실패한 조상들의 모습은 달랐습니다. 선조 아담은 인간에 불과한 하와의 말에 따라 행동했습니다. 하와는 뱀의 말을 하나님 말씀보다 더 신뢰했습니다. 가인이 자기의 판단대로 행동하여 실패한 것과 좋은 비교가 됩니다.

성경 가운데 '엣바알' 즉 '바알이 함께 있다'란 뜻의 이름이 있습니다. 이 이름은 이스라엘 역사상 가장 잔혹했던 아합 왕의 부인인 이세벨의 아버지 시돈 왕의 이름입니다. 아합은 풍요의 신 바알을 존경했습니다. 아합은 바알과 더불어 풍요로운 삶을 살기 원했습니다. 그러나 아합과 이세벨은 비참하게 삶을 마치게 됩니다. 엣바알과 함께 살아갔지만 결국에는 비참한 삶으로 마감하게 됩니다. 그들은 한결같이 믿음의 문 앞에서 비참하게 굴복하고 말았습니다. 실패하고 말았습니다.

그러나 그것과는 반대로 에녹의 삶은 달랐습니다. 에녹은 하나님과 동행함으로 죽음조차 맛보지 않은 성공적인 믿음의 생활을 하며 살았습니다. 에녹은 죽음을 이겼습니다. 에녹은 죽음을 보지 않았습니다. 에녹은 믿음의 문을 통과했습니다. 왜냐하면 에녹은 하나님과 동행하는 삶을 살았기 때문입니다. 에녹의 삶은 하나님 곁에서 사는 삶이었습니다. 에녹의 삶은 하나님 안에서 사는 삶이었습니다. 에녹의 삶은 하나님과 더불어 사는 삶이었습니다. 에녹의 삶은 죽음과는 거리가 먼 삶이었습니다. 이것이 바로 에녹이 성공적인 삶을 살아간 비결입니다.

당신의 삶은 무엇과 동행하는 삶입니까? 무엇과 더불어 살아갑니까? 당신도 하나님을 떠난 가인의 후손처럼 살고 있지는 않습니까? 가인처럼 아무리 자기가 성을 쌓고 보호하려고 해도 무너집니다. 자기의 아성을 쌓고 나아가도 무너집니다. 실패합니다. 인생의 길은 하나님께 달려 있습니다. 당신은 이제 에녹처럼 하나님과 동행하는 믿음의 삶을 살아야 합니다. 하나님과 동행하는 삶이 죽음을 이기는 삶입니다. 하나님을 기쁘시게 하는 삶입니다.

동행의 의미

하나님과 동행하였다는 것은 무엇을 의미합니까? 이는 세 가지 차원에서 생각할 수 있습니다.

첫째로, 하나님의 뜻과 조화를 이루는 삶을 살았다는 것입니다.
두 사람의 뜻이 조화되지 않고는 절대로 동행할 수 없습니다. 노예로 끌려가는 삶은 비록 같이 걸어도 동행이라 할 수 없습니다. 왜냐하면 노예의 뜻은 무시되고 거부되기 때문입니다. 아모스 3장 3절을 보십시오.

"두 사람이 뜻이 같지 않은데 어찌 동행하겠으며."

동행한다는 것은 그저 함께 움직이는 것을 말하는 것이 아니라, 뜻을 같이한다는 의미입니다. 그러므로 하나님과 동행하였다는 것은 하나님의 뜻에 나를 맞추었다는 것입니다. 하나님의 뜻에 나를 맞추어야 믿음의 문을 통과할 수 있습니다. 내 뜻이 아닙니다. 내 결정이 아닙니다.
우리는 어떻습니까? 하나님과 동행하기를 원하면서도 종종 내 뜻을 하나님께 강요하지는 않습니까? 입으로는 "주님 뜻대로 살기로 했네" 찬송하면서도 내심으로는 '주님이 내 뜻대로 살아주셨으면' 하고 바라지는 않습니까? 마태복음 26장 39절에서 예수님은 기도하셨습니다.

"내 아버지여 만일 할 만하시거든 이 잔을 내게서 지나가게 하옵소서 그러나 나의 원대로 마시옵고 아버지의 원대로 하옵소서."

우리는 종종 "제발 아버지의 원대로 마옵시고 내 뜻대로 하옵소서"라고 기도하지는 않습니까? 이런 삶은 아무리 많은 시간을 하나님과 같이 있다고 해도 하나님과 동행하는 삶이라고 말할 수 없습니다. 진정으로 동행하는 삶은 말씀과 기도를 통하여 하나님의 뜻에 나를 맞추는 것입니다.

둘째로, 하나님과 동행했다는 것은 하나님의 거룩하심에 참여하였다는 것입니다.

죄를 짓는 한 우리는 하나님과 동행할 수 없습니다. 요한일서 1장 6-7절을 보십시오.

"만일 우리가 하나님과 사귐이 있다 하고 어둠에 행하면 거짓말을 하고 진리를 행하지 아니함이거니와 그가 빛 가운데 계신 것 같이 우리도 빛 가운데 행하면 우리가 서로 사귐이 있고 그 아들 예수의 피가 우리를 모든 죄에서 깨끗하게 하실 것이요."

하나님과 동행하는 삶과 죄는 천적관계입니다. 죄가 있는 곳에 하나님과의 동행이 있을 수 없습니다. 그렇기 때문에 하나님과 교제하며 동행하기를 원한다면, 죄에서 떠나야 합니다. 죄지을 생각을 포기해야 합니다. 그때 우리는 하나님과 동행할 수 있습니다. 또 하나님과 동행하는 사람은 죄에서 떠난 삶을 살게 됩니다. 하나님과 동행하는 삶과 죄를 떠나는 삶은 언제나 함께 나타나게 되어 있습니다. 그러한 삶을 살 때 우리는 믿음의 문을 통과할 수 있는 것입니다. 죄를 떠나지 못하는 삶은 믿음의 문에서 넘어지는 것입니다. 결코 믿음의 문을 통과할 수 없습니다. 따라서 우리는 하나님의 거룩하심에 참여하며 동참하는 거룩한 삶을 살아야 합니다.

셋째로, 하나님과 동행했다는 것은 하나님을 닮아갔다는 것입니다.
하나님을 닮지 않았다면 하나님과 동행한 것이 아닙니다. 왜냐하면 동행하는 것은 곧 삶을 나누는 것이기 때문입니다. 모든 인격은 서로 말하며 듣기도 하고, 상호 의사를 교환하는 삶 속에 서로 닮아가게 되어 있습니다. 같은 길을 걸어가지만 서로 닮음이 없다면 그것은 동행했다고 말할 수 없습니다. 동행에는 닮음이 반드시 따르게 되어 있습니다.

성경에 의하면, 에녹이 300년 동안 하나님과 동행하는 삶을 살았다고 했습니다. 다시 말하면, 300년 동안 하나님의 뜻에 자신을 맞추며, 계속해서 죄를 떠나 거룩한 삶을 살았고, 종국에는 하나님을 닮아가는 삶을 살았다는 것입니다. 그래서 에녹은 믿음의 문을 통과할 수 있었던 것입니다.

사람들은 지금 우리가 살고 있는 이 시대를 말세(末世)라고 합니다. 그럼에도 불구하고 여전히 수많은 사람들이 경건하지 않은 삶을 살 뿐 아니라, 하나님 앞에서 오만한 삶을 사는 이유가 무엇입니까? 오늘 우리 성도들조차도 하나님과 동행하는 삶보다는 세상과 짝하는 삶을 살려고 하는 이유가 무엇입니까? 말세인 줄은 알지만 그때 있을 하나님의 심판을 믿지 않기 때문입니다. 말세를 아는 것과 말세를 믿기에 준비하는 것은 다른 것입니다.

에녹의 삶과 그의 아들 므두셀라의 삶을 보십시오. 에녹은 그의 아들 므두셀라의 이름을 부를 적마다 하나님의 심판을 되새기면서 하나님과 동행하는 삶을 살았습니다. 그러나 정작 므두셀라는 그 이름으로 불렸음에도 불구하고 그는 심판을 준비하거나 하나님 앞에서 경건한 삶을 살았다는 기록이 없습니다. 오히려 창세기 6장 5절에는 정반대의 말씀이 기록되어 있습니다.

> "여호와께서 사람의 죄악이 세상에 가득함과 그의 마음으로 생각하는 모든 계획이 항상 악할 뿐임을 보시고."

므두셀라는 그 이름 속에 나타나는 심판적인 의미를 알고 있으면서도 세상의 죄 가운데 그대로 살았다는 것입니다. 그래서 한 사람은 하나님과 동행하는 삶 속에 죽음을 보지 않고 승천하는 삶을 살았으며, 한 사람은 비록 세상에서 가장 오래 살았지만 심판을 받는 삶을 살았습니다.

당신의 삶은 누구와 동행하는 삶입니까? 하나님과 동행하는 믿음의 삶입니까, 아니면 세상과 더불어 즐기면서 타협하며 살아가는 삶입니까? 이제 우리도 에녹처럼 믿음으로 하나님과 동행하며 더불어 살아갑시다. 그러한 삶 속에서 하나님의 발자취를 따라가며 살아가야 믿음으로 문을 통과할 수 있을 것이며, 에녹처럼 죽음을 맛보지 않고 승천하는 영광을 얻게 될 것입니다.

이제 곧 예수님께서 다시 오실 것이며, 그때 우리의 삶을 하나하나 심판하실 것이라는 말씀을 믿음으로 오늘 하루하루 나의 삶을 하나님의 뜻에 맞추며, 죄를 떠나 거룩한 삶을 살며, 하나님 닮아가는 삶을 살기 위해 힘쓰는 하나님과 동행하는 자들이 될 수 있기를 바랍니다.

Faith is…

믿음은 죽음도 보지 않고 승천에 동참하는 것이다.
믿음은 하나님을 기쁘시게 하는 것이다.
믿음은 산 사람이 어떻게 세상을 마감할 것인가를 아는 것이다.
믿음은 삶을 통해 입증하는 것이다.
믿음은 죽음이라는 필연적인 사실을 깨뜨려 버리는 것이다.
믿음은 죽음이 죽음이 아니라 옮겨짐이란 것을 경험하는 것이다.
믿음은 영적인 사람이 가는 또 다른 세계가 있음을 아는 것이다.
믿음은 죽음의 지배 아래 있지 않고 승천하는 것이다.
믿음은 죽음의 권세를 이기고 해방됨을 아는 것이다.
믿음은 하나님과 더불어 동행하는 것이다.
믿음은 역사의 주인공이신 하나님을 찾는 것이다.
믿음은 하나님의 뜻과 조화를 이르는 것이다.
믿음은 하나님의 거룩하심에 참여하는 것이다.
믿음은 하나님을 닮아가는 것이다.
믿음은 오늘 하루 나의 삶을 하나님의 뜻에 맞추며 사는 것이다.
믿음은 죄를 떠나 거룩한 삶을 살아가는 것이다.
믿음은 우리의 경험보다 진리를 더 빨리 파악한다.
믿음은 고통의 구름 속에 있을 때 믿음의 눈으로 하나님의 무지개를 본다.

동행하는 믿음

1. 믿음의 삶

에녹의 믿음은 죽음이라는 필연적인 사실을 깨뜨려 버렸습니다. 에녹이 죽지 않고 하늘에 옮겨졌다는 것은 죽음의 형벌에서 면제될 수 있다는 것입니다. 이 모든 것은 그가 하나님과 동행함으로 입은 축복입니다.

　□ 묵상 질문

에녹이 주님과 동행할 수 있었던 비결은 무엇입니까?

....

....

....

2. 하나님과 동행

에녹의 삶은 하나님과 더불어 사는 삶이었습니다. 에녹의 삶은 죽음과는 거리가 먼 삶이었습니다. 이것이 바로 에녹이 삶에 성공한 비결입니다.

　□ 묵상 질문

우리가 동행하는 하나님은 어떤 하나님이십니까?

....

....

3. 동행의 의미

하나님과 동행하였다는 것은 첫째, 하나님의 뜻과 조화를 이루는 삶을 살았다는 것이요, 둘째, 하나님의 거룩하심에 참여하였다는 것이며, 셋째, 하나님을 닮아 갔다는 것입니다.

☐ 묵상 질문

하나님의 뜻에 합당하기 위해 힘써야 할 것이 무엇입니까?

기쁘시게 하는 믿음

"믿음이 없이는 하나님을 기쁘시게 하지 못하나니 하나님께 나아가는 자는 반드시
그가 계신 것과 또한 그가 자기를 찾는 자들에게 상 주시는 이심을 믿어야 할지니라"
(히 11:6).

하나님을 기쁘시게 한 사람들이 있었습니다. 에녹은 그들 중 한 사람이었습니다. 에녹만 유일하게 하나님을 기쁘시게 한 것이 아니라, 시대를 떠나 많은 사람들이 하나님을 크게 기쁘시게 했습니다. 그리스도인의 삶 자체가 하나님이 기뻐하실 만했습니다. 하나님을 기쁘시게 하는 것은 우리 모두의 목표여야 합니다. 비록 우리가 불완전하고 약점 투성이일지라도 하나님을 기쁘시게 할 수 있습니다. 에녹에게 이루어진 일이 우리에게도 이루어질 수 있습니다. 이제 성령의 능력 안에서 그것을 목표로 삼고 나아가야 합니다.

우리도 에녹처럼 하나님을 기쁘시게 할 수 있습니다. 그러기에 넘

치는 소망 가운데 그 일을 추구하며 살아야 합니다. 우리가 하나님을 기쁘시게 하는 삶을 산다는 것은 우리가 마땅히 행해야 할 일을 행할 뿐임을 알아야 합니다. 왜냐하면 우리는 우리를 창조하시고 구원하신 하나님을 마땅히 기쁘시게 해야 하기 때문입니다. 그는 우리의 하나님이시요, 예수님이십니다. 그러므로 우리는 날마다 하나님을 기쁘시게 하는 믿음의 삶을 살아야 합니다. 하나님을 기쁘시게 하는 삶이 바로 믿음을 통과하는 자의 삶이기 때문입니다. 하나님을 기쁘시게 하는 것은 우리 존재의 지고한 법입니다. 그리스도인들이 살아갈 존재 이유입니다. 그럼 어떻게 해야 하나님을 기쁘시게 하는 믿음의 삶을 살 수 있겠습니까?

믿음이 없이는 불가능한 일

하나님을 기쁘시게 하는 데 필수적인 것은 믿음입니다. 믿음이 없이는 하나님을 기쁘시게 못합니다. 여기서 '못하는'(불가능한)이라는 말은 중요한 의미가 있습니다. 히브리서 저자는 '어렵다'고 말하지 않습니다. 또한 아주 필수적이기 때문에 그것이 없이는 '성공은 거의 가능하지 아니하다'라고 말하지도 않습니다. 그는 거두절미(去頭截尾)하고 '불가능하다'(못한다)라고 선언합니다. 성령께서 믿음이 없이는 하나님을 기쁘시게 하는 일은 불가능하다고 말씀하십니다. 왜냐하면 그것은 절대적이기 때문입니다. 불가능한 것을 시도하면 실패합니다. 불가능한 것은 불가능한 것입니다. 그러기에 불가능하다고 말하고 있는 것입니다. 어려운 것을 시도하는 것은 갸륵한 일입니다. 그러나 불가능한 것에 달려드는 것은 바보스러운 행동입니다. 그러므로 우리는 아무리 총명하다 해도 불가능한 것은 포기해야 합니다. 우리 자신이 창안한 그 어떤 것으로도 불가능합니다. 또는 우리가 아무리 열심히 한다고 해도 불가능합니다. 우리 자신의 그 어떤 노력으로도 불가능합니다.

우리 자신의 힘으로 하나님을 기쁘시게 하고자 하는 마음을 가져서는 안 됩니다. 이는 무오류의 영감으로 기록된 말씀이 이렇게 선언하고 있기 때문입니다. 그래서 우리는 믿음이 있어야 합니다. 믿음이 없이는 하나님을 기쁘시게 할 수 없습니다. 우리는 반드시 이 말씀을 믿어야 합니다. 믿음이 있어야 하나님을 기쁘시게 할 수 있습니다. 믿음이 없이는 하나님의 사역과 섭리와 계획하심과 역사하심을 알 수 없기 때문입니다.

우리는 먼저 하나님의 창조를 생각해 보아야 합니다. 태초에는 땅이 혼돈했다고 말합니다. 땅이 공허했다고 말합니다. 땅에 흑암이 깊이 있었다고 말합니다. 땅에는 아무것도 없었다고 말합니다. 그러나 그때 하나님의 영이 수면 위에 운행하셨다는 것입니다. 그리고 말씀하셨습니다. 그러자 그대로 창조되었다는 것입니다. 무에서 유를 창조하셨다는 것입니다. 어떤 재료를 사용하셔서 하신 것이 아니라고 말합니다. 그 입에서 나오는 말씀으로 세계가 지어졌다고 강조합니다. 어떻게 이런 터무니없는 말을 믿을 수가 있습니까? 이 사실을 믿으라고 하면 누가 믿겠으며, 이런 억지와 논리가 어디에 있습니까? 저는 학창 시절에 성경을 믿지 않았습니다. 이런 창조를 어떻게 믿을 수 있겠습니까? 우리의 이성이나 논리나 경험으로는 결코 이해할 수 없습니다. 이런 창조의 세계를 받아들일 수 없습니다.

그런데 믿음이라는 놀라운 문으로 들어가면 또 다른 가치관과 세계관이 열립니다. 믿음의 눈으로 바라보면 믿어지는 것입니다. 믿음의 눈으로 통과할 수 있습니다. 그래서 히브리서 기자는 이 사실을 강조하기 위해 다음과 같이 부연 설명하고 있습니다.

"……보이는 것은 나타난 것으로 말미암아 된 것이 아니니라"(히 11:3).

하나님의 말씀으로 창조하셨다는 것입니다. 믿음 가운데서도 가장 대표적인 믿음이라면 무엇일까요? 그것은 아마 하나님의 창조사역을 믿는 믿음일 것입니다. 하나님은 말씀으로 모든 세계를 창조하셨습니다. 이 사실을 믿을 때 하나님을 기쁘시게 하는 것입니다. 믿음이 없이는 도저히 창조의 세계로 들어갈 수 없습니다. 믿음이 없이는 불가능합니다. 그래서 이런 믿음을 소유해야 합니다. 그래야 하나님의 창조의 세계로 들어갈 수 있습니다. 그래야 하나님을 기쁘시게 할 수 있습니다. 또한 믿음의 문을 통과할 수 있습니다.

또한 아벨의 제사를 살펴보십시오. 아벨이 제사를 드릴 때를 생각해 보십시오. 그 시절엔 제사와 예배의 개념이 없었습니다. 제사에 대한 규범도 없었습니다. 제사에 대한 절차와 순서도 없었습니다. 제사에 대한 전통과 역사도 없었습니다. 그래서 가인처럼 아벨도 대충 제사를 드릴 수 있었습니다. 그저 별 생각 없이 제사에 임할 수도 있었습니다. 아무런 감정과 의미 없이 드릴 수도 있었습니다. 그러나 아벨은 그렇게 하지 않았습니다. 아벨은 말씀대로 양의 첫 새끼와 그 기름을 제물로 삼아 드렸습니다.

출애굽기 13장 2절에서처럼, 사람이나 짐승이나 처음 난 것은 하나님의 것입니다. 그래서 거룩히 구별하여 하나님께 드리라고 하셨습니다. 아벨이 하나님께 드린 양의 첫 새끼와 기름은 하나님이 원하시는 것이었습니다. 어떻게 이런 말씀을 아벨이 알았을까요? 그것은 믿음이었습니다. 믿음이 없이는 불가능한 일입니다. 이처럼 믿음은 하나님의 말씀을 깨닫게 합니다. 믿음은 하나님의 말씀이 들리게 합니다. 그래서 아벨은 하나님의 말씀대로 제사를 드릴 수 있었던 것입니다.

아벨의 제사는 말씀대로 드린 제사였습니다. 아벨의 제사는 믿음으로 드린 제사였습니다. 아벨의 제사는 제물뿐만 아니라 자기 자신도 드린 제사였습니다. 그래서 아벨은 하나님을 기쁘시게 할 수 있었습니다. 하나님께 살아 있는 제사와 예배를 드린 것입니다. 마침내 믿음의 문을 통과할 수 있었습니다. 믿음이 없이는 할 수 없는 제사였습니다. 믿음이 없이는 불가능한 일입니다.

이 밖에도 에녹, 노아, 아브라함, 사라, 이삭, 야곱, 요셉, 모세와 선지자들의 이야기는 무수히 많습니다. 이 모든 사람들이 다 믿음으로 행함으로 하나님께 인정받고 쓰임 받았던 것입니다. 모두 다 믿음으로 행함으로 믿음의 문을 통과한 사람들입니다.

당신의 믿음은 어떤 믿음입니까? 내 이성과 생각과 판단에 근거한 믿음입니까, 아니면 믿음으로 순종하는 믿음입니까? 믿음이 없이는 불가능합니다. 우리는 믿음으로만 하나님을 인식할 수 있습니다. 우리는 믿음으로만 하나님께 나아갈 수 있습니다. 우리는 믿음으로만 하나님의 임재를 느끼게 됩니다. 믿음이 없이는 하나님을 기쁘시게 할 수 없습니다. 우리가 무엇을 가지고 하나님을 기쁘시게 할 수 있겠습니까? 무엇으로 믿음의 문을 통과할 수 있겠습니까? 그것은 믿음입니다. 믿음은 영혼의 눈과 손입니다. 믿음은 성령의 임재를 알게 합니다. 그래서 믿음이 필요한 것입니다.

믿음의 필수적인 두 가지 요소

믿음에는 필수적인 두 가지 요소가 있습니다.

첫째로, 우리는 하나님이 계심을 먼저 믿어야 합니다.
왜냐하면 어리석은 자는 그것을 의심하기 때문입니다. 어리석은 자는 그 마음에 이르기를 하나님이 없다고 합니다. 우리는 여호와가 우리의 하나님이심을 믿어야 합니다. 이것이 에녹의 믿음입니다. 에녹은 여호와가 살아 계시는 하나님이심을 믿었습니다. 에녹은 여호와가 참된 하나님이심을 믿었습니다. 에녹은 그가 유일하신 하나님이심을 믿었습니다. 에녹은 하나님 이외에는 다른 신이 있을 수 없다는 것을 믿었습니다. 우리도 이 사실을 믿어야 합니다. 하나님을 기쁘시게 하기 위해서 이 사실을 믿어야 합니다. 하나님께서 살아 계심을 믿지 못하면 기쁘시게 할 수 없습니다.

4. 기쁘시게 하는 믿음

둘째로, 하나님께 나아가야 합니다.

그렇다면 과연 어떤 자가 하나님과 동행하며 하나님의 뜻을 좇음으로 하나님을 기쁘시게 할 수 있겠습니까? 여기서 열쇠가 되는 낱말인 '반드시 ~해야 한다'(must)라는 말에 그 중심이 있습니다. 그것은 결코 변하지 않는 확고한 필연성입니다. 우리가 하나님과 동행하는 데는 먼저 해야 할 일이 있습니다. 그것은 반드시 하나님께 나아가야 하는 것입니다. 그것은 분명한 사실입니다.

우리는 죄로 말미암아 하나님과 단절된 상태에 있습니다. 우리는 하나님께 나아감으로써 하나님과 멀어진 간격을 반드시 회복해야 합니다. 그렇지 않으면 우리는 하나님과 동행할 수 없습니다. 그리고 하나님을 기쁘시게 할 수도 없습니다. 우리는 반드시 믿음으로 하나님께 나아가야 합니다. 하나님을 기쁘시게 하려면 먼저 하나님을 찾아야 합니다.

당신은 하나님이 계심을 믿습니까? 그리고 그 하나님께 날마다 나아갑니까? 하나님이 계심을 믿지 못하면 하나님께 나아갈 수도 없습니다. 우리 모두 하나님을 믿고 그 앞에 나아갑시다. 지금도 살아 계시는 하나님께 나아갑시다. 하나님께 나아감으로 하나님과 멀어졌던 관계가 회복되는 것입니다. 하나님께 나아감으로 화목이 이루어지는 것입니다. 하나님께 나아가는 자는 승리하는 자입니다. 이렇게 하나님께 나아갈 뿐만 아니라 반드시 하나님이 계심을 믿어야 합니다. 그런 믿음이 바로 믿음의 문을 통과하는 믿음입니다. 그 하나님은 나의 하나님입니다. 에녹이 발견한 역사의 하나님입니다. 지금도 나와 함께하시는 하나님입니다. 지금도 나의 신음소리를 들으시는 하나님입니다.

믿음으로 나아갈 때 받는 상급

우리는 반드시 그가 자기를 찾는 자들에게 상 주시는 이심을 믿어야 합니다. 우리는 하나님께 나아가야 합니다. 하나님은 자기에게 나아오는 자에게 상을 주십니다. 하나님을 기쁘시게 하는 자는 하나님을 자기 인생의 목적과 목표로 삼고 찾습니다.

하나님이 기뻐하시는 사람은 하나님을 기뻐합니다. 그는 여호와를 항상 그의 앞에 모시고 살아갑니다. 그는 하나님을 위해 살고자 애씁니다. 왜냐하면 하나님은 그에게 상 주시는 분이기 때문입니다. 만약에 그가 그것을 믿지 않는다면 그렇게 하지 않을 것입니다. 하나님은 자기를 찾는 자들에게 상 주시는 분이라는 사실을 믿기 때문에 그는 하나님께 나아가는 것입니다. 우리는 이 사실을 믿어야 합니다.

우리는 이 땅에서 살아가면서 얼마나 많은 상을 받고 있는지 모릅니다. 우리가 하나님을 영화롭게 할 수 있는 것이 상급입니다. 우리가 하나님을 신뢰할 수 있는 것이 상급입니다. 우리가 예수님을 믿음으로 구원을 얻는 것이 상급입니다. 이것은 분명한 은혜입니다. 대가 없이 주시는 주권적 은혜입니다.

또 이것이 얼마나 큰 상급입니까? 무상의 용서를 은혜로 받는 것이 상급입니다. 마음의 변화가 은혜롭게 이루어지는 것이 상급입니

4. 기쁘시게 하는 믿음

다. 성도의 견인이 은혜롭게 유지되는 것이 상급입니다. 하늘의 위로가 은혜로 부어지는 것이 상급입니다. 자녀의 특권이 은혜롭게 이어지는 것이 상급입니다.

또한 경건의 상급은 이 세상에서도 한량없는 상급입니다. 경건의 상급은 내세에서도 무한한 상급입니다.

그런데 이러한 상급은 믿음의 문을 통과한 사람들에게 주어지는 것입니다. 이 상급은 무궁무진합니다. 우리는 상급과 보상을 중시합니다. 진실로 우리는 그것에 관심을 가져야 합니다.

그뿐만이 아닙니다. 장차 우리에게 주어질 상은 무궁무진합니다. 요한계시록 2장 10절에 '생명의 면류관'이 예비되었습니다. 디모데후서 4장 8절에 '의의 면류관'이 예비되었습니다. 베드로전서 5장 4절에 '영광의 면류관'이 예비되었습니다. 잠언 4장 9절에 '영화로운 면류관'이 예비되었습니다. 요한계시록 4장 4절에 '금 면류관'이 예비되었습니다. 시편 132편 18절에 '빛나는 면류관'이 예비되었습니다. 이 밖에도 '화려한 면류관', '아름다운 면류관', '정금 면류관', '재물의 면류관', '노인의 면류관', '지식의 면류관', '자랑의 면류관' 등 무수히 많습니다.

그러므로 다른 그 어떤 것을 찾지 말고 담대히 하나님께 나아오십시오. 상을 주시는 하나님을 담대히 찾으십시오. 우리는 하나님을 찾되 부지런히 찾아야 합니다. 다시 말해서, 우리가 하나님을 발견할 때까지 찾아야 합니다. 왜냐하면 하나님은 상을 주시는 분이기 때문입니다. 그래서 하나님을 찾아야 합니다. 그것도 부지런히, 찾을 때까지 찾아야 합니다. 그 마음으로 하나님을 좇고자 하는 자들은 상을 받습니다. 하나님이 그들에게 상 주시는 분임을 우리가 믿는다면 실패자가 되지 않을 것입니다.

우리가 하나님의 영광을 구하기 위해서는 하나님을 믿어야 합니다. 비록 우리가 그것에 대해 지금 당장 상급을 받지 못한다고 해도 우리는 이렇게 말해야 합니다.

"내가 하나님을 섬김으로써 잠시 동안 실패자가 된다 할지라도 나는 궁극적으로 상을 받게 될 것이다. 하나님을 따름으로써 내가 만일 돈, 명예, 심지어 생명까지 잃는다 해도 하나님은 상급을 주실 것이다. 하나님의 은혜를 따라 만(萬) 배나 보답을 받게 될 것이다."

당신에게 주어질 상급이 무엇이라고 생각하십니까? 그 면류관이 무엇이라고 생각하십니까? 하나님은 상 주시는 분입니다. 믿음의 자녀들에게 상 주기를 원하시는 분입니다. 그 상급을 예비하고 준비하십니다.

당신의 믿음은 어떠한 믿음입니까? 내 이성과 생각과 판단에 근거한, 믿음의 문 앞에서 갈등하는 믿음입니까, 아니면 믿음으로 순종함으로 믿음의 문을 통과한 믿음입니까? 우리가 무엇을 가지고 하나님을 기쁘시게 할 수 있겠습니까? 우리가 무엇을 가지고 믿음의 문을 통과할 수 있습니까? 그것은 믿음입니다. 다른 것은 없습니다. 믿음이 없이는 불가능합니다. 믿음이 없이는 하나님과 교제가 불가능합니다. 그래서 믿음이 필요한 것입니다.

이제 우리 모두 하나님께 나아갑시다. 지금도 기다리고 계시는 하나님께 나아갑시다. 하나님께 나아가는 자는 승리하는 자입니다. 이렇게 하나님께 나아갈 뿐만 아니라 반드시 하나님이 계심을 믿으십시오. 그 하나님이 나의 하나님입니다. 지금도 나와 함께하시는 하나님입니다. 이처럼 하나님께서는 자기를 찾는 자들에게 상을 주십니다. 하나님께서 주시는 상은 놀라운 것들입니다. 과거뿐만 아니라 지금도 주시는 상입니다. 그리고 앞으로도 상을 예비하셔서 넘치도록 주십니다.

Faith is…

믿음은 하나님을 영원토록 기쁘시게 하는 삶이다.
믿음은 하나님을 기쁘시게 하는 원동력이다.
믿음은 무오류의 영감으로 기록된 말씀을 받아들이는 것이다.
믿음은 하나님의 사역과 섭리와 계획하심과 역사하심을 알게 한다.
믿음은 하나님께서 말씀으로 무에서 유를 창조하셨다는 것을 믿는 것이다.
믿음은 다른 가치관과 세계관으로 들어가게 한다.
믿음은 하나님의 창조사역을 믿고 받아들이는 것이다.
믿음은 하나님의 말씀을 깨닫게 한다.
믿음은 하나님이 계심을 믿는 것이다.
믿음은 하나님께 나아가는 것이다.
믿음은 하나님께 나아감으로 하나님과 멀어졌던 관계가 회복됨을 경험하는 것이다.
믿음은 하나님께서 상 주시는 이심을 아는 것이다.
믿음은 구원을 기뻐하는 것보다는 하나님을 기뻐하게 한다.
믿음은 우리의 모든 불행을 넘어서게 하고 회복하게 한다.
믿음은 하나님의 약속을 확실하게 한다.
믿음은 기계 속의 기름과 같지만 근심과 걱정은 기계 속에 들어간 모래와 같다.

기쁘시게 하는 믿음

1. 믿음이 없이는 불가능한 일

하나님을 기쁘시게 하는 데 필수적인 것은 믿음입니다. 믿음이 없이는 그 어떤 인간의 노력으로도 불가능합니다. 믿음으로 바라볼 때 에녹처럼 하나님과 동행할 수 있습니다.

☐ 묵상 질문

하나님을 기쁘시게 하기 위해 믿음이 왜 중요합니까?

....
....
....

2. 믿음의 필수적인 두 가지 요소

믿음은 첫째로 하나님이 계시다는 것과, 둘째로 그분이 자기를 찾는 자들에게 상 주시는 분임을 믿어야 합니다. 에녹은 하나님이 계심을 알았기 때문에 그분과 동행했습니다.

☐ 묵상 질문

하나님이 함께하심을 느꼈던 순간은 언제였습니까?

....
....
....

3. 믿음으로 나아갈 때 받는 상급

하나님께 나아갈 때 구원을 얻고, 은혜를 얻으며, 마음의 변화와 평안이 오며, 자녀의 특권을 얻을 수 있습니다. 상 주시는 하나님 앞에 믿음으로 나아가는 것만큼 중요한 일은 없습니다.

📖 묵상 질문

하나님께 나아갈 때 어떤 상급을 받게 됩니까?

....
....
....

순종하는 믿음

"믿음으로 노아는 아직 보이지 않는 일에 경고하심을 받아 경외함으로 방주를 준비하여 그 집을 구원하였으니 이로 말미암아 세상을 정죄하고 믿음을 따르는 의의 상속자가 되었느니라"(히 11:7).

아담 이후로 노아의 시대에 이르기까지 대략 1,500여 년이 흘렀습니다. 그러는 동안 땅 위의 인류의 숫자는 장수와 다산으로 말미암아 급속히 증가하였습니다. 하지만 급속한 증가 못지않게 문제도 생겼습니다. 그것은 인간의 죄악도 빠르게 진행되었다는 것입니다. 살인자 가인의 계통은 말할 것도 없고, 심지어 순교자 아벨 대신에 주어진 셋 계통의 후손들까지 타락하였습니다. 그 당시의 상황을 한마디로 말하면 '패괴와 강포'로 요약할 수 있습니다. 여기서 '패괴'란 불신앙이나 우상숭배 등을 말합니다. 그리고 '강포'란 폭력이나 강도나 방종 등 인간의 온갖 죄악을 말합니다. 결국 당시 사람들의 죄악이 하늘과 땅에 닿았습니다.

처음에는 참 아름다운 세상이었습니다. 하나님이 만드신 세상이니 얼마나 신선했겠습니까? 그래서 그 세상을 에덴이라고 불렀습니다. 에덴이라는 말은 '파라다이스'(Paradise), 즉 '낙원'이라는 뜻입니다. 그런데 그 세상도 타락해 갔습니다. 그래서 하나님이 세상을 보고 한탄하셨다고 했습니다. 그러다 마침내 하나님은 그 세상을 심판하기로 작정하십니다. 이 세상을 홍수를 통해서 다 쓸어버리기로 작정하신 것입니다. 그리고 한 가정만 남겨서 새로운 세상을 계획하셨습니다.

그때 하나님께 선정된 가정이 노아의 가정입니다. 노아가 그 시대에 하나님으로부터 선택을 받았습니다. 선택받은 노아는 믿음과 순종으로 하나님의 심판을 준비했습니다. 그래서 마침내 이 세상은 물로 심판을 받고 노아의 가정만 살아남게 되었습니다. 노아의 가정만이 믿음의 문을 통과했습니다. 노아는 하나님의 은혜를 받았습니다. 그래서 노아는 하나님의 말씀에 순종하는 삶을 살았습니다. 그러자 하나님께서는 노아를 의의 상속자로 삼아주셨습니다. 그럼 은혜 받은 노아는 어떤 삶을 살아갔을까요?

은혜를 입음

창세기 6장 5-8절은 대 홍수의 배경입니다. 하나님이 만드신 세상에 죄가 극에 달하자 하나님의 심판이 불가피하게 되었습니다. 하나님은 심판의 대언자요, 대행자로서 노아를 세우신 것입니다. 하나님도 하나님의 일을 대신할 자가 필요합니다. 하나님은 사람을 통하여 일을 하려고 하실 때 은혜라는 방편을 사용하십니다. 세상에 죄가 극에 달했을 때 하나님은 노아에게 은혜를 베푸셔서 그를 죄악에서 멀어지게 하시고, 하나님의 소리를 듣게 하십니다.

'은혜'란 인간을 대하는 하나님의 '총애', 또는 '호의'를 뜻합니다. 은혜라는 말의 어원적인 의미는 '아름다움'(美)입니다. 또한 신약에서 은혜는 '하나님이 그 사람의 어떤 지위와 전과(前過)에 관계없이 주시는 호의와 선물'을 의미합니다. 다시 말해, 은혜란 나 자신의 노력과 힘으로 얻을 수 없는 것을 말합니다. 하나님의 은혜란 내가 도저히 받을 수 없는 처지임에도 불구하고 하나님께 받아들여졌음을 의미합니다. 그러므로 은혜란 인간의 자의가 아닙니다. 은혜란 하나님의 선물입니다.

하나님께서 노아에게 주신 은혜의 선물은 그의 경건한 집안일 것입니다. 노아는 경건한 가문의 축복을 받았습니다. 노아는 경건한 믿음의 통로가 되었습니다. 이것은 노아에게 은혜였습니다.

노아는 경건한 집안에서 태어났습니다. 노아는 죄악된 세상에서 살면서도 의인의 칭호를 받았습니다. 그는 당대에 완전한 자로서 하나님과 동행하는 삶을 산 축복받은 하나님의 자녀였습니다. 무한한 하나님의 은혜 가운데 노아는 경건한 집안에서 태어나 믿음으로 성장했다는 것입니다. 이런 은혜가 노아로 하여금 믿음의 문을 통과할 수 있게 한 것입니다.

특별히 노아의 증조부인 에녹은 믿음의 사람이었습니다. 에녹은 경건한 생활로 하나님을 기쁘시게 하였습니다. 에녹은 이 세상의 경건치 않은 자들을 향하여 하나님의 심판을 예언하기도 하였습니다. 성경 저자는 에녹을 향하여 '하나님과 동행하는 자'라고 평하였습니다. 결국 에녹은 믿음으로 죽음을 보지 않았습니다. 에녹은 복된 종말을 맞이한 믿음의 승리자였습니다. 이렇게 하나님과 동행하는 삶을 살았던 증조부 에녹의 신앙이 유산으로 상속되었습니다. 그대로 노아에게 본이 되었습니다. 그래서 노아도 하나님과 동행하는 삶을 살게 된 것입니다.

노아의 할아버지인 므두셀라의 삶에 대해서는 성경에 자세한 기록이 없습니다. 다만 성경에 나오는 인물 중 969세라는 최장수의 삶을 살았다는 기록이 있을 뿐입니다. 그러나 하나님은 므두셀라에게 종말의 심판에 대한 메시지를 주셨습니다. 이런 믿음이 노아와 노아의 아버지인 라멕에게도 크나큰 영향을 준 것이 분명합니다.

노아의 아버지 라멕에 대한 기록도 성경에는 거의 없습니다. 그러나 라멕이 자기 아들인 노아의 이름을 지을 때의 모습을 통해 우리는 라멕의 믿음을 넉넉히 엿볼 수 있습니다. 라멕은 먼저 이 세상이 범죄에 빠져 있음을 알았습니다. 하나님의 심판의 대상이 됨을 알았습니다. 그래서 라멕은 이 세상이 하나님의 저주를 받게 되었다고 슬퍼하며 탄식하였습니다. 하지만 라멕은 이런 슬픔에만 잠겨 있지 않았습니다. 라멕은 죄인 된 우리를 구원하시는 하나님의 은총을 믿었습니다. 그래서 '안식'과 '위로'의 뜻을 지닌 노아라는 이름을 자기 아들에게 지어 주었던 것입니다. 그러면서 라멕은 하나님께서 이 아들을 통해 참된 안식과 위로를 주실 것을 소망하며 하나님만을 바라보았습니다. 이러한 죄에 대한 깊은 회개와 구원에 대한 강한 열망을 가진 라멕의 믿음이 노아에게 강한 도전과 힘이 되었습니다.

이처럼 노아는 신앙의 조상들로부터 믿음을 물려받는 은혜를 얻었습니다. 축복의 통로로 말미암아 은혜를 받고 살았습니다. 신앙의 축복을 물려받은 것입니다. 이것이 노아가 받은 은혜입니다. 이 은혜로 말미암아 그는 믿음의 문을 통과할 수 있었던 것입니다.

당신에게도 이러한 은혜가 임하고 있습니까? 지금은 은혜의 시대입니다. 은혜 받을 만한 때입니다. 하나님의 은혜가 임하지 않고는 살아갈 수 없을 정도로 삭막합니다. 내 노력과 상식으로는 도무지 살아갈 수 없는 시대가 되었습니다. 바울 사도는 "보라 지금은 은혜 받을 만한 때"라고 말씀합니다. 그 은혜를 사모하여 노아처럼 세상을 이기는 믿음의 삶을 살아갑시다.

말씀에 순종

이 시대는 노아의 믿음이 어느 때보다 필요한 시대입니다. 노아를 주목하십시오. 어떻게 이 어려운 시대를 살아가야 할지 지혜를 얻을 수 있습니다.

하나님이 기뻐하신 노아의 믿음은 하나님 말씀에 순종하는 믿음이었습니다. 본문에 "믿음으로 노아는 아직 보이지 않는 일에 경고하심을 받아 경외함으로"라고 했습니다. 여기에서 '경고하심을 받았다'는 말은 무슨 뜻입니까? 이 말씀은 하나님의 의의 계시를 받았다는 뜻입니다. 그는 하나님의 말씀에 순종했습니다. 주관자의 경고하심에 순종했습니다. 노아는 아직 보이지 않는 일에도 경외함으로 순종했습니다.

기독교 신앙은 눈으로 보는 것에 근거하지 않습니다. 기독교 신앙은 이성이나 경험을 기초로 하지 않습니다. 기독교 신앙은 언제나 하나님의 계시된 말씀에 대한 믿음으로 시작합니다. 그래서 사도 바울도 믿음은 들음에서 나온다고 했습니다(롬 10:17). 믿음이란 하나님 말씀이 들릴 때 생기는 것입니다. 믿음은 그 말씀을 어떤 태도로 듣는가와 직접 관련되어 있습니다.

베드로후서 2장 5절에 보면, 그 시대에 노아만이 하나님의 경고하심을 들은 것이 아님을 알 수 있습니다. 노아를 통해 하나님께서 이 세상을 심판하시겠다는 말씀을 다른 이들에게도 들려주셨습니다. 그러나 노아만이 경외함으로 받았습니다. 다른 사람들은 하나님의 경고의 말씀을 무시하였습니다. 이것이 믿음의 차이입니다.

창세기 19장에서 하나님께서 소돔과 고모라를 멸망시키실 때를 생각해 보십시오. 하나님께서 롯을 기억하시고 그 가정을 구원하고자 천사들을 보내셨습니다. 그래서 롯에게 소돔과 고모라가 멸망할 테니 빨리 떠나라고 말씀하셨습니다. 그 말씀을 들은 롯은 사위들을 찾아가 간곡하게 전했습니다. 그러나 사위들은 이 경고를 농담처럼 여겼습니다. 생명을 걸어야 될 경고의 말을 농담처럼 여겼습니다.

신앙인은 하나님의 말씀을 생명을 걸고 들어야 합니다. 하나님의 말씀은 교양 강좌나 인격 수양을 위한 말씀이 아닙니다. 하나님의 말씀을 이렇게 듣는다면 지성인일지언정 신앙인은 아닙니다. 하나님께서 기뻐하시는 사람은 어떤 사람입니까? 하나님 말씀이 나에게 들릴 때 경외함으로 순종하는 사람입니다. 생명을 걸어야 할 말씀으로 듣는 믿음을 소유한 사람입니다. 하나님께서 기뻐하신 노아의 믿음은 하나님 말씀을 행동으로 실천한 믿음입니다. 하나님 말씀을 행동으로 실천하는 믿음으로 구원의 문을 통과할 수 있는 것입니다.

노아는 아직 보이지 않는 일에 경고함을 받아 방주를 만들었습니다. 말씀을 듣고 실제로 행동으로 옮긴 것은 믿음의 행동입니다. 자기 경험과 상식에 따라 판단하고 행동하는 것은 믿음을 지닌 자의 자세가 아닙니다. 노아는 자기 판단으로는 이해하지 못했을 것입니다. 노아가 배를 만든 곳은 바다로부터 800킬로미터나 떨어져 있었습니다.

1858년 그레이트 이스턴(Great Eastern)호가 만들어질 때까지 노아의 방주는 무려 4천 년 동안 가장 큰 배였습니다. 과학이 발달한 1800년대에 해운업이 발달한 네덜란드와 덴마크에서는 이런 연구를 했습니다. 당시 노아의 방주와 동일한 설계로 실험한 결과를 발표했는데, 그 구조가 잘 뒤집히지 않는 가장 안전한 설계임을 증명했습니다.

노아가 과연 이러할 것이라 예상하고 행하였을까요? 노아는 엄청난 홍수를 본 일이 없습니다. 자기 경험이나 상식으로는 이해가 되지 않았을 것입니다. 그래서 이 일에 순종하기가 쉽지 않았습니다. 그러나 노아는 말씀을 믿고 순종했습니다. 노아는 홍수가 났을 때 이 배의 필요성과 합당함을 비로소 알게 되었을 것입니다.

노아가 배를 만들 때 사람들은 모두 그를 정신병자라고 했을 것입니다. 노아는 산에서 꼬박 120년간 배만 만들었습니다. 일반 상식으로는 불가능한 행동이었지만 노아는 순종했습니다. 노아가 어떻게 순종할 수 있었습니까? 그것은 하나님의 경고의 말씀에 대한 절대적 신뢰가 있었기 때문입니다.

노아가 가졌던 믿음은 우리가 흔히 관념적으로 알고 있는 자기 확신의 믿음이 아닙니다. 노아의 믿음은 당시 인간들의 죄악을 보고 그것이 악한 것이기에 하나님의 심판이 있을 것이라고 예견한 믿음이었습니다. 그래서 그는 당시 사람들 모두가 당연한 것으로 여기던 타락한 관습들을 거부했던 것입니다. 결국 이 믿음대로 노아는 하나님의 심판에서 구원을 받게 되었습니다.

노아가 산 위에서 방주를 만들 때 모든 사람들이 그가 미쳤다고 했을 것입니다. 항구에 나가서 그렇게 큰 배를 만들어도 이상했을 것인데, 하물며 노아는 산 위에서 그 작업을 했던 것입니다. 그래서 많은 이들이 노아의 홍수 경고를 비방하고 멸시했습니다. 그러나 결국 홍수가 났습니다. 모든 사람들은 자신들이 얼마나 어리석은 죄에 빠져 있었던가를 스스로 인정할 수밖에 없었습니다.

노아는 하나님의 경고대로 방주를 지었습니다. 그것도 산 위에서 무려 120년 동안이나 지었습니다. 세상 사람들이 뭐라고 해도 묵묵히 방주를 지었습니다. 당신은 하나님의 말씀에 순종합니까? 당신은 하나님의 말씀에 순종해야 합니다. 당신의 생각과 판단에 맞지 않아도 순종해야 합니다. 하나님께서 당신에게 에베레스트(Mt. Everest) 정상에다 방주를 지으라고 하셔도 지어야 합니다. 하나님께서 당신에게 태평양 바다 깊은 곳에다 집을 지으라고 하셔도 지어야 합니다.

우리는 하나님의 말씀에 오직 순종할 뿐입니다.

방주 준비

노아의 믿음은 경외함으로 방주를 준비하는 믿음이었습니다. 노아는 하나님의 경고하심을 받아들였을 뿐 아니라 그 말씀에 순종하여 방주를 준비하였습니다. 하나님께서는 노아에게 방주에 대해 세세하게 알려주셨습니다. 무슨 나무로 만들 것인가, 크기는 얼마만큼 할 것인가, 구조는 어떻게 짜며, 인테리어는 어떻게 할 것인가에 대해 자세하게 알려주셨습니다.

하나님께서 노아에게 말씀하신 방주의 크기가 얼마나 되는 줄 아십니까? 3층 배에 길이가 135미터, 폭 23미터, 높이 14미터의 농구장 20개 정도의 크기로 약 2만 톤급 정도가 된다고 합니다. 이 어마어마한 방주를 노아의 여덟 식구가 120년에 걸쳐서 만들었습니다. 얼마나 힘든 일이었겠습니까? 그런데 창세기 6장 22절을 보면, "노아가 그와 같이 하여 하나님이 자기에게 명하신 대로 다 준행하였더라"고 하였습니다. 창세기 7장 5절에서도 말씀합니다.

"노아가 여호와께서 자기에게 명하신 대로 다 준행하였더라."

이것이 믿음입니다. 믿음이란 말씀에 순종하여 행하는 것입니다. 말씀을 듣기도 좋아하고, 말씀을 믿기도 하지만 만일 그 말씀대로 순종하지 않는다면 그것은 믿음이라고 할 수 없습니다. 야고보서 2장 17절에 말씀하기를, "이와 같이 행함이 없는 믿음은 그 자체가 죽은 것이라"고 하였습니다. 믿음에는 순종이 따르게 되어 있습니다. 누가복음 5장 5절에 "시몬이 대답하여 이르되 선생님 우리들이 밤이 새도록 수고하였으되 잡은 것이 없지마는 말씀에 의지하여 내가 그물을 내리리이다" 하였습니다. 참된 믿음은 순종하는 행함을 요청합니다.

그런데 노아가 이렇게 순종하는 믿음을 가질 수 있었던 이유가 무엇입니까? 120년 동안 이 방주를 지을 때, 그의 마음속에 회의가 들고, 중도에 포기하고 싶은 심정이 왜 없었겠습니까? 그 당시 많은 사람들이 먹고 마시며 시집 장가 가면서 즐길 때 노아 역시 싫증이 나지 않았겠습니까? 조롱하는 소리와 세상의 유혹하는 소리를 들을 때, 그 역시 흔들리지 않았겠습니까? 그러나 노아가 끝까지 하나님의 말씀에 순종할 수 있었던 비결이 무엇입니까? 말씀에 의하면, 노아는 '경외함으로' 방주를 준비하였다고 하였습니다. 경외함이란 '거룩한 두려움'이라는 뜻입니다. 이는 공포나 불안과는 다른 경외감입니다. 노아는 세상을 홍수로 멸하신다고 하는 하나님의 말씀을 들을 때, 거룩한 두려움이 생겨났다는 것입니다. 그 때문에 그는 끝까지 그 말씀에 순종할 수 있었던 것입니다.

믿음의 문을 통과하기 위해서는 우리에게 거룩한 두려움이 있어야 합니다. 오늘날 성도들의 신앙생활에 위기가 오는 것은 무엇 때문입니까? 하나님의 말씀을 향한 이 거룩한 두려움이 없기 때문입니다. 그래서 바울은 빌립보서 2장 12절에서 빌립보 교회 성도들에게 권면하기를, "그러므로 나의 사랑하는 자들아 너희가 나 있을 때뿐 아니라 더욱 지금 나 없을 때에도 항상 복종하여 두렵고 떨림으로 너희 구원을 이루라"고 하였습니다. 또 고린도후서 7장 1절을 보면, "그런즉 사랑하는 자들아 이 약속을 가진 우리는 하나님을 두려워하는 가운데서 거룩함을 온전히 이루어 육과 영의 온갖 더러운 것에서 자신을 깨끗하게 하자"라고 하였습니다.

창세기 19장 14절에 "롯이 나가서 그 딸들과 결혼할 사위들에게 말하여 이르기를 여호와께서 이 성을 멸하실 터이니 너희는 일어나 이곳에서 떠나라 하되 그의 사위들은 농담으로 여겼더라"라고 하였습니다. 노아도 이제까지 경험해 보지 못한 심판에 대한 하나님의 말씀을 들었고, 롯의 사위들도 이제까지 경험해 보지 못한 심판에 대한 하나님의 말씀을 들었습니다. 그러나 노아는 경외함으로 그 말씀을 들었기 때문에 끝까지 순종하였지만, 롯의 사위들은 농담으로 들었기 때문에 끝내 멸망당하고 말았습니다.

노아는 믿음으로 그의 가족을 구원하였다고 하였습니다. 노아와 그의 가족이 어떻게 구원을 얻었습니까? 그들이 구원을 얻게 된 것은 하나님의 경고의 말씀을 단순히 들었기 때문이 아닙니다. 방주를 만들면 산다는 지식이 노아를 구원한 것이 아니었습니다. 그들이 그저 경외함으로 방주를 지었기 때문도 아닙니다. 두렵고 떨리는 마음이 그의 가족을 구원한 것도 아니었습니다. 그들이 구원을 받게 된 것은 오직 방주를 준비했고 그 안에 들어갔기 때문입니다. 노아의 믿음은 노아로 하여금 방주를 준비하고 방주 안으로 들어가게 하였습니다. 노아는 방주에 그의 전 인격과 삶을 의탁한 것입니다.

그랬기에 그는 믿음의 문을 통과할 수 있었던 것입니다. 이것이 믿음입니다.

믿음이란 밖에서 인정하고 겉으로 찬사를 보내는 것이 아니라, 그 안에 완전히 들어가 나의 삶을 온전히 의탁하는 것입니다. 방주에 대한 설계도를 가지고 있는 것과 방주 안에 들어가는 것은 다른 것입니다. 방주를 짓는 것과 방주 안에 들어가는 것은 다른 차원의 것입니다. 아무리 방주의 설계도를 정확히 알고, 설령 방주를 손수 짓는다 해도 그 안에 들어가지 않는다면 홍수에서 구원받을 수 없습니다.

예수 그리스도와 우리의 관계도 마찬가지입니다. 그리스도에 대해 아는 것과 그리스도 안에 거하는 것은 다른 것입니다. 그리스도와 관련된 행사를 감격스럽게 하는 것과 그리스도 안에 들어가는 것은 다른 차원의 것입니다. 아무리 그리스도에 대해 잘 알고 그와 관련된 행사를 많이 갖는다 해도 우리가 그리스도 안에 들어가지 않는 한 소용이 없습니다. 또한 그에게 있는 지혜와 지식의 모든 보화를 얻을 수 없습니다. 그의 능력에 참여할 수 없고, 궁극적으로는 그의 생명에 동참하지 못하게 되는 것입니다. 진정한 믿음은 우리를 그리스도 안으로 들어가게 하는 것입니다.

요한복음 6장 56절에 "내 살을 먹고 내 피를 마시는 자는 내 안에 거하고 나도 그의 안에 거하나니"라고 하였습니다. 예수님의 살과 피를 먹고 마신다는 것은 곧 그를 믿는다는 것을 의미합니다. 그러므로 그를 믿는 자는 그리스도 안에 거하고, 그리스도께서도 그의 안에 거하신다는 것입니다. 믿음은 전폭적으로 그를 신뢰하여 나의 인격과 삶을 그에게 의탁하는 것입니다.

　노아는 아직까지 경험해 보지 못한 일이지만 하나님께서 말씀하신 바를 그대로 받아들였습니다. 삼가 두렵고 떨리는 마음으로 하나님의 말씀에 순종하는 삶을 살았습니다. 더 나아가 그 말씀에 자신과 가족의 삶을 의탁하였습니다. 이것이 노아가 우리에게 보여준 믿음의 차원입니다.

　당신의 믿음은 어떻습니까? 이런 믿음으로 말미암아 의의 상속자가 되며, 또한 세상을 정죄할 만큼 지표의 역할을 다하는 그리스도인이 되기를 바랍니다. 하나님은 노아의 믿음이 당신의 믿음이 되기를 바라십니다. 하나님의 말씀을 받을 때 당신도 경외함으로 받으십시오. 날마다 하나님의 말씀에 전적으로 순종하면서 살아갑시다.

Faith is…

믿음은 우리로 하여금 불신앙이나 우상숭배를 멀리하게 한다.
믿음은 하나님께서 죄악된 세상을 심판하심을 아는 것이다.
믿음은 하나님의 은혜이다.
믿음은 인간의 지위와 관계없이 주시는 호의와 은혜의 선물이다.
믿음은 경건한 가문의 축복을 이어가는 통로이다.
믿음은 아직 보지 못하는 일에 경고하심을 받고 순종하는 것이다.
믿음은 이성이나 경험이나 가치관을 초월하게 한다.
믿음은 교양 강좌나 인격 수양으로 얻어지는 것이 아니다.
믿음은 말씀을 가슴으로 소유한 사람들의 것이다.
믿음은 어떤 경우라도 결코 근심하지 않는 것이다.
믿음은 관념적으로 알고 있는 자기 확신이 아니다.
믿음은 하나님의 경고하심을 받아들이고 준비하는 것이다.
믿음은 우리의 행함으로 보여주는 것이다.
믿음은 우리 가족과 식구들을 구원하는 서문이다.
믿음은 가히 혁명적이다. 이는 사람의 전적인 자세의 전환을 요구한다.
믿음은 그리스도인이 해서는 안 될 일을 자제하는 것이 아니라 성령의 도움으로 불가능한 일을 행하는 것이다.

순종하는 믿음

1. 은혜를 입음

하나님의 은혜란 내가 도저히 받을 수 없는 처지임에도 불구하고 하나님께 받아들여졌음을 의미합니다. 노아는 신앙의 조상들로부터 믿음을 물려받아 축복의 통로로 세워지는 은혜를 받고 살았습니다.

☐ 묵상 질문

하나님의 은혜를 입기 위한 필요충분조건이 무엇입니까?

....
....
....

2. 말씀에 순종

노아는 하나님의 경고대로 산 위에 방주를 지었습니다. 무려 120년 동안 믿음으로 묵묵히 방주를 지었습니다. 우리도 우리 생각과 판단에 맞지 않아도 순종해야 합니다.

☐ 묵상 질문

하나님의 뜻을 알고 분별하기 위해 필요한 것이 무엇입니까?

....
....
....

3. 방주 준비

노아는 하나님을 두려워함으로 방주를 준비했습니다. 뿐만 아니라 그 방주 안으로 들어가 자신의 몸을 하나님께 의탁했습니다. 우리도 하나님의 말씀을 두렵고 떨림으로 받고 순종해야 합니다.

📖 묵상 질문

방주를 준비하는 믿음의 삶은 어떤 모습입니까?

....

....

....

참된 결단의 믿음

"믿음으로 아브라함은 부르심을 받았을 때에 순종하여 장래의 유업으로 받을 땅에 나아갈새 갈 바를 알지 못하고 나아갔으며"(히 11:8).

프랑스의 철학자 데카르트(Descartes)는 "cogito, ergo sum", 즉 "나는 생각한다. 고로 나는 존재한다"라는 유명한 말을 남겼습니다. 이는 학문에서 확실한 기초를 세우려 하면 모든 것을 의심해 보아야 한다는 것입니다. 적어도 조금이라도 불확실한 것은 모두 의심해 보아야 한다는 것입니다. 이는 세계의 모든 존재를 의심스러운 것으로 바라보는 생각입니다. 그래서 데카르트는 이런 말을 남겼습니다. "내 존재를 확인하면서 살아야 한다. 그리고 나아가서는 신의 존재까지도 확인하면서 살아야 한다."

그렇다면 이런 명제를 따를 때 어떤 결과가 초래될까요? 그 결과는 내가 모든 역사의 중심이 됩니다. 나란 존재가 역사의 시작이 됩니다. 내가 없으면 하나님도 없습니다. 내가 없으면 우주도 존재하지 않게 됩니다. 그의 사상은 나로부터 시작됩니다. 내가 없으면 아무것도 없는 것입니다. 내가 존재하지 않으면 아무것도 아닙니다.

데카르트는 17세기 사람입니다. 이때부터 서양의 개인주의가 점점 자라기 시작했습니다. 그 후 실존주의 철학이 발전하면서 나의 실존에 관한 관심이 커졌습니다. 이런 사상으로 서양은 그 후 점차 개인주의가 발전하게 되었습니다. 모든 것이 나로부터 시작됩니다. 모든 것이 나를 시작으로 출발합니다.

그런데 창세기에 나오는 아브라함은 철저히 자기를 부인하는 삶을 살았습니다. 자기의 삶을 내려놓고 하나님의 말씀에 순종하며 살았던 것입니다. 아브라함은 개인주의가 아니라 하나님주의로 살았습니다. 아브라함은 자기의 기준이 아니라 하나님의 말씀대로 살았습니다. 이렇게 자기중심이 아니라 하나님 중심으로 살았던 아브라함의 삶이 이 시대를 살고 있는 그리스도인들에게 주는 메시지는 무엇입니까?

결단의 믿음

하나님은 하란에 거하는 아브라함을 불러 이렇게 말씀하셨습니다.

"너는 너의 고향과 친척과 아버지의 집을 떠나 내가 네게 보여줄 땅으로 가라"(창 12:1).

　이에 아브라함은 하나님의 말씀을 좇아 갈 바를 알지 못했으나 순종하여 나아갔습니다. 이것은 아브라함의 믿음이 어떠했는지를 잘 보여줍니다. 당시 사회 형태는 공동생활을 해야 했던 부족사회였습니다. 그리고 유목민 사회였다는 것을 감안한다면 결코 쉬운 결정이 아니었음을 알게 됩니다. 아브라함이 그의 고향을 버리고 떠난 것은 쉬운 일이 아닙니다. 아브라함이 하나님의 명령에 전적으로 순종한 것은 쉬운 일이 아닙니다. 이러한 결단과 행동은 아브라함이 하나님을 어떻게 신뢰했는지를 명확히 보여줍니다. 그가 얼마나 결단력 있게 행동했는지를 말해 주는 것입니다.

　또한 하나님께서 아브라함을 부르실 때의 상황을 주목해 보십시오. 하나님께서는 처음부터 아브라함에게 가나안을 약속으로 주지 않으셨습니다. 그러나 아브라함은 그 부르심 속에서 이미 가나안을 자기 장래의 기업으로 바라보았습니다. 사실 아브라함이 처음 부르심을 받았던 갈대아 우르는(창 15:7) 당시에 가장 비옥한 땅으로 알려졌습니다. 그런 땅을 버려야 함에도 아브라함은 하나님을 전적으로 신뢰했습니다.

　그런데 아브라함이 약속의 땅에 왔을 때 하나님은 그에게 하신 약속을 당장 실현시키지 않으셨습니다. 오히려 아브라함은 이방인과 같았습니다. 아브라함은 화려한 집이나 도성을 갖지도 못했습니다. 그럼에도 불구하고 아브라함은 하나님을 불신하거나 버리지 않았습니다. 아브라함은 그가 당하는 고난을 인내했습니다. 그리고 자기를 부르신 하나님의 약속을 기다리며 언제나 하나님과 동행했습니다. 아브라함의 삶은 하나님의 뜻을 거스르지 않는 삶이었습니다.

우리는 여기서 아브라함의 놀라운 믿음을 볼 수 있습니다. 믿음은 하나님의 선물입니다. 아브라함은 하나님을 믿었습니다. 이 믿음은 아브라함에게서 난 것이 아니라 하나님의 선물입니다. 믿음은 아브라함이 노력해서 얻을 수 있는 것이 아닙니다. 우리는 노력하면 믿음을 얻을 수 있다고 생각합니다. 그래서 자꾸만 나도 모르게 하나님의 은혜를 의지하기보다는 인간적인 방법과 노력, 그리고 생각이 앞섭니다. 그러다 보니 이상한 믿음으로 가버리는 것입니다. 그것이 믿음인 줄 알고 붙잡았는데 나중에 보니 아무것도 아닌 것입니다. 그런 믿음을 가지면 가질수록 믿음으로부터 더 멀어집니다. 그러므로 믿음은 하나님의 선물입니다.

하나님은 아브라함을 설득하기 위해 많은 말씀을 하지 않으셨습니다. 왜 떠나야 하며, 왜 떠나지 않으면 안 되며, 또 어떻게 떠나야 하는지에 대한 구구한 설명이 없습니다. 하나님의 명령은 언제나 단순하고 간결합니다. "네가 살고 있는 곳을 떠나라. 그리하면 내가 네게 복을 주겠다." 중요한 것은 단순하고 간결한 하나님의 명령에 단순하게 응답하고 믿음으로 결단하는 사람들이 복을 받았다는 것입니다. "왜 떠나야 합니까? 어디로 가야 합니까? 어떻게 떠나야 합니까?"라고 따지고 규명하는 사람들은 하나같이 응답과 축복에서 제외되었습니다. 왜냐하면 믿음으로 결단하지 않기 때문입니다. 내 생각과 판단이 아닙니다. 내 존재가 아닙니다. 그리스도인들은 하나님의 생각으로 가야 합니다.

아브라함의 믿음은 관념적이거나 사유적이지 않았습니다. 하나님의 말씀 앞에 있는 그대로 순종하였습니다. 바로 하나님의 말씀에 생명을 걸고 이 세상에서 들어야 할 유일한 말씀으로 믿고 결단하였던 것입니다. 그래서 믿음과 순종은 직결됩니다. 앤드류 머레이(Andrew Murray)는 "우리가 주를 믿는 동시에 순종의 학교에 입학한다"라고 말했습니다. 믿음과 순종은 성경이 가장 강조하는 단어이기도 합니다.

당신의 믿음은 어떻습니까? 혹시 두려움 때문에 순종하고 있지는 않습니까? 당신은 말씀을 들을 때 마음속에 부담으로 다가오는 것이 있습니까? 혹시 당신은 그 부담에 순종하고 있는 것은 아닙니까? 즉각적으로 반응하기보다 몇 번이고 생각하지는 않습니까? 참된 믿음의 신앙은 내 의지와 생각으로 판단하는 것이 아닙니다. 참된 믿음의 신앙은 하나님에 의해서 결정되는 것입니다. 아브라함은 그 믿음으로 하나님의 말씀대로 결단하여 떠나갔습니다. 그러기에 그는 믿음의 문을 통과할 수 있었던 것입니다. 그것이 참된 믿음입니다.

하나님의 선한 의도

당시의 상황을 설명해 주는 고대 문서를 보면, 아브라함이 살았던 우르, 즉 수메르라고 하는 지역은 메소포타미아(Mesopotamia) 도시 연맹의 일부였습니다. 지금의 이라크 지역입니다. 이곳에서는 상업과 무역 그리고 농업 등이 삶의 기반을 이루었습니다. 이곳에서는 이방 종교의 세계관이 번성하였습니다. 그 세계관이 곧 사람들의 사고방식을 결정하였습니다. 이 시대의 사고방식은 운명론이었습니다. 자기 스스로 운명을 바꾸거나 변화시키지 못하는 사고방식이었습니다. 그뿐만이 아닙니다. 이 운명론에는 공동체를 떠난다는 의미의 단어나 개념이 아예 없습니다. 그저 그곳에서 주어진 운명 속에서 살아가는 것입니다. 이것이 아브라함 당시의 사고방식이었습니다. 이러한 사고방식에서 벗어나는 것은 매우 어려운 것입니다.

그래서 고든 맥도날드(Gordon McDonald)는 아브라함의 떠남을 "마치 우주 왕복선이 지구의 중력에서 떨어져 나가도록 밀어내는 힘찬 로켓의 분사력 같은 것이 없었다면 불가능했을 것"이라고 설명하고 있습니다. 고대에 개인의 결단으로 이루어지는 일은 없었습니다. 따라서 사람들 가운데 있어야만 삶의 방향을 갖고 자신의 존재를 확인할 수 있었습니다. 그런데 아브라함은 그 공동체를 믿음으로 떠났습니다. 나아가 가족은 사회의 안전망과도 같습니다. 어렵고 힘들고 지칠 때 가족은 매우 든든한 울타리 역할을 합니다. 그런 가족을 뒤로 하고 아브라함은 떠났습니다. 이것은 믿음이 아니고는 할 수 없는 결단입니다.

종합해 볼 때 '떠나라'고 하는 말은 이렇습니다. 아브라함의 삶에서 문화의 근본을 '뛰어넘으라'는 말입니다. 자기에게 유익이 되는 근본을 '정복하라'는 것입니다. '전통의 음성을 멀리하라'는 것입니다. 안전을 보장해 주는 근본을 '뛰어넘으라'는 명령입니다. 이렇게 엄청난 희생을 치르고도 아브라함이 길을 떠난 이유는 무엇입니까? 눈에 보이게 보장된 것도 없었습니다. 약속된 것도 없었습니다. 이처럼

6. 참된 결단의 믿음 97

죽음과 같은 결단을 하고 떠난 이유가 어디에 있습니까? 그것은 바로 자신을 통해서 펼치실 하나님의 선한 의도가 숨겨져 있음을 믿었기 때문입니다.

아브라함은 고향과 친척과 아버지의 집을 떠났습니다. 성경에서는 3중적 의미를 강조합니다. 여기서 '3'은 완전수입니다. 따라서 고향과 친척과 아버지 집을 떠난다는 것은 완전히 내려놓는 것입니다. 새로운 곳으로 나아가는 것입니다. 새로운 세계로 나아가는 것입니다. 그러기 위해서는 시대의 문화적 음성을 뛰어넘어야 합니다. 자기에게 유익이 되는 음성을 정복해야 합니다. 전통의 음성을 멀리해야 합니다. 안전을 보장해 주는 음성을 뛰어넘어야 합니다. 오직 하나님을 믿는 믿음으로 나아가야 합니다. 엄청난 희생을 치를지라도 떠나야 합니다. 눈에 보이게 보장된 것이 없어도 떠나야 합니다. 약속된 것이 없어도 떠나야 합니다. 왜냐하면 오직 믿음으로 하나님만 바라보며 살아야 하기 때문입니다. 이렇게 전통과 안전과 문화를 떠나지 않고는 믿음의 문을 결코 통과할 수 없습니다. 아브라함은 그런 모든 것을 뒤로 하고 오직 하나님의 말씀을 좇아 나아갔습니다. 믿음의 길로 나아갔습니다. 그랬기에 그는 믿음의 문을 통과할 수 있었던 것입니다.

하나님께서는 이제 당신의 결단력을 보시기 원하십니다. 당신이 살고 있는 삶의 터전에서 벗어나 믿음의 세계로 나아가기를 원하십니다. 과거의 삶이 아니라 미래의 세계로 나아가기를 원하십니다. 하나님의 선하신 인도하심에 순종하며 나아가기를 원하십니다. 비록 그 길이 당신에게 희생과 고난이 임하는 길이라 할지라도 순종하기를 원하십니다.

바라봄의 비전

아브라함의 믿음은 영원한 하나님 나라를 바라보는 비전입니다.

"이는 그가 하나님이 계획하시고 지으실 터가 있는 성을 바랐음이라"(히 11:10).

'터가 있는'을 직역하면 '기초들'이라는 뜻입니다. 여기에서 '성'을 영어로 말할 때 '그' 도시('the' city)라는 정관사가 따라옵니다. 바로 하나님께서 기초를 놓으신, 우리가 가야 할 바로 '그 성', 즉 천국을 의미합니다. 아브라함의 삶의 초점은 영원하신 하나님 나라에 있었습니다. 이렇듯 하나님 나라에 대한 분명한 초점은 그의 삶의 자세에서 잘 나타나고 있습니다.

그는 외방에 있는 것같이 장막에 거하였습니다. 아브라함은 가나안에 머물 때 장막에 거했습니다. 약속하신 땅에 '거류하여 살다'라는 말은 '잠시 체류하다'는 의미입니다. 아브라함이 은이나 금이 없어서 그랬던 것이 아닙니다. 자신이 진정으로 거해야 할 곳이 어딘가를 분명히 알고 있었기 때문입니다. 그래서 그곳에 있는 사람들과 접촉하며 교류도 하지 않았습니다. 오직 하나님과만 교제하며 살았습니다.

장막은 고대사회에서 유목민들이 주로 사용하던 이동식 거처입니다. 이러한 장막은 나뭇가지나 막대기를 세우고 측면을 지푸라기나 가죽으로 막아 쉽게 해체가 가능한 임시로 머무는 집입니다. 아브라함은 이런 임시로 머무는 집에 소망을 두지 않았습니다. 그의 소망은 하나님 나라에 있었습니다. 그의 비전은 하나님의 성이었습니다. 이는 우리 그리스도인들의 삶의 모습이 어떠해야 함을 보여주고 있습니다.

오늘 이 땅의 삶이 전부라면 우리의 성공 여부가 행복과 불행을 결정합니다. 그러나 삶의 초점이 영원한 하나님 나라에 있다면 다릅니다. 우리는 성공 속에서 하나님 나라의 기쁨을 맛보며 겸손하게 살게 됩니다. 그 나라를 위한 삶을 계속해서 살아갈 것입니다.

우리는 어려운 일이 닥치면 정말 슬퍼해야 합니다. 그러나 우리에게 슬프고 고통스러운 일이 닥쳤을 때도 승리합니다. 왜냐하면 우리는 영원한 나라에 소망을 두기에 낙심하지 않습니다. 우리는 지금 현재의 삶 속에서 하나님과 아름다운 교제를 나누며 삽니다. 왜냐하면 하나님 나라의 비전을 바라보며 살기 때문입니다. 하나님의 거룩한 도성을 바라보며 살기 때문입니다. 이렇게 현실 속에서 머무는 인생이 아니라, 하나님 나라의 비전을 바라보고 살 때 마침내 믿음의 문을 통과해서 비전의 세계로 나아갈 수 있는 것입니다.

당신은 무엇을 바라보며 살고 있습니까? 현재 당신이 누리고 있는 삶의 영역입니까? 안주하는 삶입니까? 그러나 아브라함은 거기에 안주하지 않았습니다. 주저앉지 않았습니다. 과감하게 믿음으로 바라보며 결단하며 떠났던 것입니다. 아브라함이 그 세계를 바라보지 못하고 그 비전을 바라보지 못했다면 결단할 수 없었을 것입니다. 그러나 아브라함은 그 비전을 바라보았기 때문에 믿음으로 순종하며 떠날 수 있었던 것입니다.

참된 믿음이 무엇입니까? 아브라함처럼 하나님의 음성에 순종하는 것입니다. 하나님의 말씀에 단호하게 끝까지 순종하는 것입니다. 숨겨진 하나님의 의도를 신뢰하는 것입니다. 영원히 머물 곳은 이 땅이 아니라 바로 하나님께서 예비하신 그 나라임을 기억하고 최선을 다해 이 땅에서의 삶을 사는 것입니다. 아브라함의 믿음처럼 말입니다.

그는 믿음으로 하나님의 부르심에 순종했습니다. 그가 믿음으로 하나님의 부르심에 순종해서 자기의 고향을 떠났기 때문에 그는 하나님께로부터 젖과 꿀이 흐르는 땅을 그와 그의 후손을 위한 기업으로 받을 수 있었습니다. 그가 믿음으로 하나님의 부르심에 순종해서 자신의 친척과 아버지의 집을 떠났기 때문에 하나님으로부터 여러 민족의 아버지가 되는 놀라운 축복을 받게 된 것입니다. 참된 믿음의 조상이 된 것입니다. 우리도 아브라함처럼 참된 믿음을 가지고 영원한 하나님의 나라를 바라보는 비전 속에 살아가야 할 것입니다.

Faith is…

믿음은 철저히 자기를 부인하는 것이다.
믿음은 자기의 삶을 내려놓고 하나님의 말씀에 순종하는 것이다.
믿음은 하나님의 부르심에 떠날 줄 아는 결단을 가진다.
믿음은 비교하고 분석함으로 결단하는 것이 아니라 신뢰하는 것이다.
믿음은 하나님의 뜻을 거스르지 않는 삶이다.
믿음은 하나님의 명령에 절대적으로 순종하는 것이다.
믿음은 내 생각이나 판단의 결정이 아니라 하나님의 생각에 초점을 맞추는 것이다.
믿음은 관념적이거나 사유적인 것을 초월한다.
믿음은 순종 학교에 입학해야 얻을 수 있다.
믿음은 인간 사고방식에 매이지 않는다.
믿음은 세상을 뛰어넘고 정복하는 것이다.
믿음은 하나님께서 경영하시는 성을 바라보는 것이다.
믿음은 복잡하게 뒤엉킨 교리가 아니라 단지 그리스도의 인격을 믿는 것이다.
믿음은 햇살이 없을 때도 태양의 존재를 믿는 것이다.
믿음은 그가 잠잠히 계실 때도 하나님의 존재를 믿는 것이다.
믿음은 나의 삶의 조종관이다.

참된 결단의 믿음

1. 결단의 믿음

아브라함은 하나님의 말씀을 좇아 갈 바를 알지 못했으나 순종하여 나아갔습니다. 앤드류 머레이는 "우리가 주를 믿는 동시에 순종의 학교에 입학한다"라고 말했습니다. 믿음과 순종은 성경이 가장 강조하는 단어입니다.

📖 묵상 질문

믿음을 온전하게 하기 위해 우리가 해야 할 것은 무엇인가요?

....

....

....

2. 하나님의 선한 의도

고향과 친척과 아버지 집을 떠난다는 것은 완전히 내려놓고 새로운 곳으로 나아가는 것입니다. 그러기 위해서는 오직 하나님을 믿는 믿음으로 나아가야 합니다.

📖 묵상 질문

믿음을 지키기 위해 우리가 들어야 할 음성은 무엇인가요?

....

....

3. 바라봄의 비전

아브라함의 믿음은 하나님 나라를 바라보는 비전입니다. 그의 삶의 초점은 하나님 나라에 있었습니다. 우리도 하나님 나라에 초점을 맞춘 삶을 살아야 합니다.

📋 묵상 질문

하나님이 계신 영원한 천국은 어떤 모습인가요?

....

....

....

단산에서 잉태하는 믿음

"믿음으로 사라 자신도 나이가 많아 단산하였으나 잉태할 수 있는 힘을 얻었으니 이는 약속하신 이를 미쁘신 줄 알았음이라"(히 11:11).

한영기 님의 《독백》이라는 시집에서 "이제 나를 포기하려 합니다"라는 제목의 시 일부를 소개합니다.

"늘 함께하는 절망과 좌절의 어둠 속에서 기약 없는 꿈과 희망을 바라보며 언젠가 이루어지리란 막연함으로 애써 나를 지탱해 왔지만 변하지 않는 현실과 더욱더 잦아지고 짙어지는 한숨 앞에 너무나 무기력한 나를 바라보아야 함이 참으로 슬프고 고통스러웠기에 이제는 나를 포기하려 합니다."

인생은 아무리 노력하고 애써 보아도 절망입니다. 우리는 인생에 주어진 절망의 고통을 거스를 수 없어 포기합니다. 이 시에는 이런 인생의 절망과 허무가 가득 담겨 있습니다.
　사람들은 희망으로 절망에서부터 새롭게 시작해 보려고 노력합니다. 그러나 하루하루 생활 속에서 희망은 산산조각이 나서 흘러갑니다. 인생역전이란 사람들이 그저 만들어낸 말일 뿐입니다. 그 말이 내게는 해당되지 않는다고 노래합니다. 더 이상의 희망이 오히려 큰 아픔으로 돌아올까 봐 염려합니다. 그래서 주어진 삶에 그저 순응하며 사는 것이 인생이라고 합니다. 이것이 어디 시인 한영기 님만의 심정이겠습니까?
　우리가 생각해 보고자 하는 사라도 마찬가지였습니다. 성경에서는 사라의 인생을 운명이나 낙담 같은 단어로 설명하고 있지 않습니다. 죽은 것 같았던 사라에게서 생명의 역사가 일어났습니다. 그녀는 버려진 인생이 아닙니다. 하나님의 역사 무대에서 쓰임 받은 인생입니다. 믿음의 조상과 함께 믿음의 여인으로 기록되는 놀라운 인생역전을 이룬 여인이 되었습니다.
　우리도 이런 사라의 믿음을 소유하고 싶지 않습니까? 그녀의 믿음은 위대한 믿음의 조상 아브라함이 가졌던 것보다는 소박해 보입니다. 그러나 절망을 희망으로 바꾸어낸 그녀의 믿음입니다. 이 믿음이 현재 우리에게도 가장 필요한 믿음이 아닐까요?

불가능을 가능케 하는 믿음

사라의 믿음은 불가능을 가능케 하는 믿음이었습니다. 이처럼 불가능을 가능으로 만들고, 절망을 희망으로 만들었던 사라의 믿음은 미래를 열어가는 믿음입니다.

12절에서 "죽은 자와 같은 한 사람"이란 곧 죽은 것과 같다는 의미입니다. 죽은 자는 잉태할 수 없습니다. 죽은 자는 생산할 수 없습니다. 죽은 자는 소망이 없습니다. 죽은 자는 불가능합니다. 그러나 믿음은 이것을 가능하게 합니다. 믿음은 단산에서도 잉태할 수 있게 합니다. 믿음은 죽은 자도 생산할 수 있게 합니다.

우리는 그와 같은 예를 요한복음 11장에서도 찾아볼 수 있습니다. 예수님께서 사랑하신 한 가정이 있습니다. 그 가정은 바로 나사로의 가정입니다. 그런데 나사로가 죽어 무덤에 장사되었고, 예수님께서는 나흘이 지난 다음 나사로의 집을 방문하셨습니다. 그러자 마르다가 울면서 내려옵니다. 그러면서 예수님의 질문에 대답했습니다. 예수님께서 마리아와 마르다의 믿음의 고백을 들으셨습니다. 그들의 신실한 믿음의 고백을 들으신 예수님은 그들에게 꿈과 희망을 주셨습니다. 그리고 생명을 주셨습니다. 그러자 나사로가 살아 나왔습니다.

이와 같이 믿음은 불가능을 가능케 하는 것입니다. 믿음은 생명을 결과로 낳습니다. 믿음은 죽은 자도 살리는 힘이 있습니다. 믿음은 무에서 유를 창조합니다. 믿음은 무덤도 열리게 합니다. 왜냐하면 하나님은 믿음으로 일하시기 때문입니다. 믿음으로 역사하시기 때문입니다. 따라서 믿음이 있으면 가능하게 되는 것입니다. 그래서 지금도 예수님은 우리에게 믿음이 있느냐고 물으십니다.

우리는 이대로 살다가 끝나버릴 인생처럼 느껴질 때가 많습니다. 그러나 믿음 안에서 하나님은 사라의 인생을 역전시키셨습니다. 믿음은 절망을 생명으로 만들었습니다. 믿음은 불가능을 가능으로 바꾸었습니다. 믿음은 죽어버린 꿈을 생명으로 변화시켰습니다. 그 믿음은 후손들에게 빛이 되는 것입니다. 그 믿음은 자손들에게 축복의 통로가 되는 것입니다.

믿음은 불가능을 가능하게 하는 힘이 있습니다. 후사의 약속을 받기 전의 사라를 보십시오. 그녀는 비록 하나님을 믿기는 하였지만 다소 회의적이었습니다. 다소 불신앙적인 측면도 있었습니다. 자녀 출산을 위해 인간적인 방법도 동원했습니다. 그래서 사라는 아브라함에게 애굽 여종 하갈을 첩으로 소개하기도 하였습니다. 그만큼 사라는 후사에 대한 집착이 강했습니다. 그것을 이루기 위해 다소 불신앙적 처사도 서슴지 않았습니다. 그러나 사라가 얻은 것은 아무것도 없습니다. 오히려 가문에 갈등만 남기고 말았습니다. 가정에 불화만 싹트게 만들었습니다.

그러던 사라가 믿음으로 하나님의 약속을 받아들였습니다. 사라는 믿음으로 하나님의 능력을 신뢰했습니다. 사라는 하나님을 미쁘신 분으로 알았습니다. 이 '미쁘다'는 말은 하나님은 '신실하시다', '믿을 만하다'라는 뜻입니다. 신실하다는 말은 '믿음직하고 착실하다', '한번 약속한 것을 반드시 성취한다'는 말입니다.

사라는 하나님이 신실하신 분임을 확신하였습니다. 사라는 자신에게 후사를 주시겠다는 하나님을 믿었습니다. 사라는 불가능에 머물러 있지 않았습니다. 그녀는 불가능을 뛰어넘어 가능으로 나아갔습니다. 이것은 반드시 그 약속을 이루실 줄로 믿는 믿음이었습니다. 이런 믿음이 사라로 하여금 고령의 나이에도 불구하고 이삭을 출산하게 하는 힘의 근원이 되었습니다. 힘의 원동력이 되었습니다. 마침내 믿음의 문을 통과하는 결과를 가져왔습니다.

당신의 믿음은 불가능 앞에서 어떠한 결정을 내립니까? 포기하고 절망하는 결정입니까, 아니면 그럼에도 불구하고 하나님의 신실하심을 믿고 나아가는 결정입니까? 사라는 하나님의 신실하심을 믿었습니다. 그래서 불가능을 뛰어넘어 가능으로 나아갔던 것입니다. 당신도 바로 이런 하나님의 신실하심을 확신할 때 놀라운 힘과 능력을 얻게 됩니다. 하나님의 신실하심을 믿을 때 불가능이 가능케 되는 역사가 나타나는 것입니다.

성숙해지는 믿음

사라의 믿음을 통해서 우리에게 주시고자 하는 교훈은 사라가 어떻게 이런 믿음을 가지게 되었는가 하는 것입니다. 물론 사라가 믿음으로 잉태하는 힘을 얻어 이삭을 낳았다고 하였습니다. 그러나 처음부터 사라가 이런 믿음을 소유한 사람이었습니까? 아닙니다. 창세기를 살펴보면, 사라가 처음부터 이렇게 대단한 믿음의 사람이었던 것은 아니었음을 알게 됩니다. 하나님께서 그의 남편 아브라함에게 아들을 주시겠다고 약속을 하셨지만 하나님의 약속이 더뎌지자 사라가 어떻게 했습니까? 사라는 하나님을 전적으로 의지하기보다는 인간적인 방법을 써서 자기의 여종 하갈을 자기의 남편 아브라함에게 첩으로 줍니다. 그래서 낳은 아들이 이스마엘입니다.

성경을 보면, 이스마엘이 태어난 후 13년 동안이나 저들은 하나님과 영적인 교제가 단절되기도 하였습니다. 뿐만 아니라 사라는 하나님께서 말씀하실 때 그 말씀을 비웃으면서 회의적인 반응을 보이기도 했습니다. 그렇다면 이런 여인이 어떻게 믿음의 거장들의 반열에 설 수 있게 되었을까요? 어떻게 믿음의 어머니라고 할 수 있을까요?

사라의 생애를 보면, 아주 독특한 특징이 하나 있습니다. 그것은 바로 하나님께서 계속해서 그녀를 찾아오셔서 그녀의 삶을 간섭하시고 그녀에게 말씀하신다는 것입니다.

앞에서 말씀드린 것처럼 사라는 가나안 땅에 들어오기 전에 이미 임신하지 못하는 여인이었습니다. 그런데 창세기 12장 2절에서 하나님께서는 아브라함을 통하여 큰 민족을 이루겠다고 약속하십니다. 이 약속이 아브라함에게만 해당되는 약속입니까? 이 약속은 사실 아브라함과 사라에게 주신 약속입니다. 아브라함이 사라를 누이라고 속인 일로 인해 바로의 아내가 되고 말 절체절명의 순간에 하나님께서는 사라의 생애에 찾아오셔서 그녀를 보호하시고 다시 아브라함에게 돌아오게 하십니다. 창세기 13장 15-16절을 보면, 다시 한 번 자녀에 대한 약속을 들려주십니다.

"보이는 땅을 내가 너와 네 자손에게 주리니 영원히 이르리라 내가 네 자손이 땅의 티끌 같게 하리니 사람이 땅의 티끌을 능히 셀 수 있을진대 네 자손도 세리라."

창세기 15장 4-5절에서도 또다시 약속하십니다.

"네 몸에서 날 자가 네 상속자가 되리라 하시고 그를 이끌고 밖으로 나가 이르시되 하늘을 우러러 뭇별을 셀 수 있나 보라 또 그에게 이르시되 네 자손이 이와 같으리라."

창세기 16장을 보면, 그럼에도 불구하고 사라가 하나님의 약속을 믿지 못하고 인간적인 방법을 동원하여 하갈을 통해 자녀를 낳으려고 하였습니다. 그러나 창세기 17장을 보면, 다시 하나님께서 그들에게 찾아오셔서 99세의 아브람을 '아브라함'(많은 무리의 아버지)으로, 89세의 사래를 '사라'(민족의 어머니)로 고쳐주시면서 그들에게 자녀가 태어날 것을 말씀하셨습니다. 그리고 창세기 17장 19절을 보면, 사라 자신을 통하여 태어날 아들의 이름이 '이삭'이라고까지 가르쳐주셨습니다. 그리고 창세기 18장에 와서 다시 사라를 찾아와 자녀에 대한 말씀을 하십니다. 그리고 "여호와께 능하지 못한 일이 있겠느냐?" 하시면서 확신을 주십니다. 다시 말하면, 이런 과정을 통해서 사라는 끝내 믿음의 여인으로 성숙하게 되었다는 것입니다.

우리는 여기서 다음과 같이 생각할 수 있습니다. 먼저 믿음은 처음부터 완전한 것이 아니라는 사실입니다. 아브라함도, 사라도 처음에는 불완전한 믿음, 어린 믿음으로 시작하였습니다. 다음은 하나님께서는 부르시고 약속하신 다음 내버려 두지 않으시고 온전한 믿음으로 자라도록 계속해서 간섭하신다는 사실입니다. 이런 하나님의 열심이 없었다면, 사라는 온전한 믿음으로 설 수 없었을 것입니다. 우리도 믿음의 문을 통과하기 위해서는 신앙이 성숙해져야 합니다. 과거에 머물러 있지 말아야 합니다. 현실에 안주해서도 안 됩니다. 우리는 미래를 향하여 날마다 믿음이 성숙되어야 합니다. 그래야 믿음의 문을 통과해서 하나님께 존귀하게 쓰임 받는 백성이 될 수 있습니다.

당신의 믿음은 날마다 성숙되어 가고 있습니까, 아니면 인생의 자리에 머물러 있습니까? 예수 그리스도의 믿음의 분량까지 성숙해져야 합니다. 자라나야 합니다. 오늘 우리도 하나님께서 부르실 때는 부족하고 연약하며 어린 믿음이지만, 하나님께서는 온전한 믿음으로 자라도록 우리를 찾아오시고 말씀하시며 이끌어주십니다. 그래서 여기까지 우리가 오게 된 것입니다. 그러므로 우리의 믿음에 대해 자랑할 것이 아니라, 하나님께 감사해야 할 것입니다. 그리고 계속 믿음을 성숙시켜 나가야 할 것입니다.

순종적 믿음

아브라함의 믿음에 대해서는 신·구약성경이 여러 곳에서 말하고 있습니다. 그러나 그 아내 사라의 믿음에 대해서 이야기하는 구절은 그리 많지 않습니다. 구약성경을 통해서 얻을 수 있는 사라에 대한 지식은 간단합니다. 사라는 아브라함에게 자기 종 하갈을 첩으로 주어 후일 민족적 갈등을 초래한 사람으로 나옵니다. 남편과 함께 자신이 누이라고 하는 데 동의하여 큰 어려움을 당한 사례도 있습니다. 또한 자신이 아들을 낳게 될 것이라고 하는 하나님의 약속에 대해 웃고 말았습니다. 이에 대해 하나님이 책망하시자 심지어는 웃지 않았다고 변명한 여인이었습니다. 이랬던 사라가 이제는 믿음으로 약속을 받아들였습니다. 하나님을 믿음의 대상으로 삼았습니다. 하나님을 미쁘심의 대상으로 삼았습니다.

신약성경에서 베드로는 사라에 대하여 중요한 사실을 기록하고 있습니다. 베드로는 자기 남편에게 순복하는 아내에 대하여 교훈하면서 사라를 그 예로 제시합니다(벧전 3:6). 즉 사라가 남편 아브라함을 주라 칭하며 순종했던 것을 따르라고 합니다. 여기에 기록된 사라의 순종에 대하여 구약의 예를 구체적으로 제시할 수는 없습니다. 하지만 우리는 그것을 충분히 상상해 볼 수 있습니다.

아브라함이 믿음의 조상으로 인정되었던 것은 여러 믿음의 행위들을 통해서 알 수 있습니다. 남편이 믿음의 행동을 하려는 것에 대해 순종하는 자세야말로 아내의 신실한 믿음일 것입니다.

아브라함이 가나안으로 이주할 때의 나이는 75세였습니다. 노년에 하나님의 부르심을 받은 아브라함입니다. 그것도 갈대아 우르에서 가나안까지 무려 800-900킬로미터가 넘는 거리입니다. 사라는 머나먼 미지의 땅으로 이주하는 남편 아브라함을 따라갔습니다. 이에 사라는 한마디 만류나 불평 없이 조용하게 동행하였습니다. 이후 아브라함은 가나안에서도 정착하지 못했습니다. 그래서 아브라함은 기근을 피해 애굽으로 이주했습니다. 또 가나안으로 돌아와서는 이곳저곳을 유랑해야 했습니다. 이때마다 사라는 단 한마디의 불평도 없이 조용하게 따라갔습니다. 그리고 겸손하게 남편을 따랐습니다.

우리는 이런 아브라함의 이주 과정에서 그의 아내의 성격을 생각해 볼 수 있습니다. 아내 사라의 원망이나 불평을 어디에서도 찾아볼 수 없습니다. 이처럼 사라는 철저하게 남편에게 순종했습니다. 사라는 절대 순종하는 헌신적인 아내였습니다. 사라는 겸손한 아내였습니다. 남편에게 순종적인 아내였습니다. 그녀는 남편 아브라함을 가리켜 '내 주'라고 고백하였습니다. 사라는 남편과 자신을 일대일의 인격으로 이해하지 않았습니다. 그녀는 남편을 자신의 주인으로 여겼습니다.

우리는 창세기에서 사라가 남편에게 절대 순종하는 또 하나의 놀라운 사건을 발견할 수 있습니다. 그것은 아브라함이 100세에 얻은 아들 이삭을 모리아 산에서 제물로 바치려 한 사건입니다. 아브라함의 나이 100세에 얻은 아들입니다. 사라의 나이 90세에 얻은 아들입니다. 노년에 기적적으로 얻은 외아들 이삭을 희생제물로 하나님께 드린다고 한번 생각해 보십시오. 어느 누구도 이런 자식을 그대로 죽게 내버려두지는 않았을 것입니다. 그러나 사라는 아브라함의 이런 태도에 한마디 대꾸도 하지 않았습니다.

그리고 성경은 모리아 산 제물 사건에서 사라 이야기는 한마디도 언급하지 않고 있습니다. 그만큼 사라는 남편의 뜻에 절대 순종하였습니다. 한마디의 반대도 없이 이 일은 일사천리로 진행되었습니다. 남편의 뜻에 절대 순종하는 사라의 놀라운 믿음을 다시 한 번 발견하게 됩니다.

마르틴 루터(Martin Luther)는 말하기를, "당신이 하나님을 참으로 믿는다면 '어떻게?'라는 질문을 십자가에 못 박아야 한다"라고 했습니다. 우리의 인생에서 장벽과 한계를 만날 때 우리는 '어떻게 이럴 수 있는가?'라는 질문을 하게 됩니다. 그러나 정말 믿음의 사람은 이 '어떻게?'라는 질문을 십자가에 못 박아야 합니다. 왜냐하면 하나님의 전능하심과 신실하심을 믿기 때문입니다.

사라는 당대에 사람의 수에도 들지 못하는 여인이었습니다. 그러나 전능하신 하나님, 신실하신 하나님을 믿었기에 자신의 한계와 장벽을 극복할 뿐 아니라, 믿음의 문을 통과하는 승리를 얻었습니다. 그리고 장차 놀라운 하나님의 역사를 이루어 나가게 되었습니다.

당신의 믿음은 순종적입니까, 아니면 논리적이고 합리적이며 이성적입니까? 물론 당신은 어떤 결정을 하는 데 있어서 논리적이며 합리적이어야 합니다. 그러나 더 중요한 것이 있습니다. 그것은 바로 내 이성과 판단에 맞지 않아도 하나님의 계획하심과 섭리에 순종하는 것입니다. 아브라함의 아내 사라는 이러한 믿음을 소유했습니다. 그녀는 믿음으로 행하는 남편의 말에 절대적으로 순종하며 나아갔습니다. 하나님은 이런 사라를 들어서 믿음의 문을 통과하게 하셨습니다.

사라의 믿음은 불가능을 가능케 했습니다. 처음의 사라는 다소 회의적이며 불신앙적이었습니다. 자녀 출산을 위해 인간적인 방법도 동원했습니다. 그러던 사라가 믿음으로 하나님의 약속을 받아들였습니다. 사라는 믿음으로 하나님의 능력을 신뢰했습니다. 사라는 하나님을 미쁘시게 여겼습니다. 그러자 역사가 나타났습니다. 고령의 나이에도 불구하고 이삭을 출산하게 되는 힘의 근원이 되었습니다. 힘의 원동력이 되었습니다. 하나님은 기필코 약속을 성취하시는 분이십니다. 우리가 아무리 불가능한 상태에 있어도 상관없습니다. 하나님이 약속하시면 가능합니다. 하나님이 언약하시면 가능합니다. 이런 하나님을 믿으면 불가능에서 가능으로의 역사를 체험할 수 있는 것입니다. 사라처럼 말입니다.

당신도 사라처럼 불가능을 뛰어넘어 가능으로 나아가는 삶을 소유해야 합니다. 불신적 삶에서 벗어나 성숙한 믿음으로 나아가야 합니다. 하나님께는 불가능이 없으십니다.

Faith is…

믿음은 인간의 불가능을 가능케 하는 힘이 있다.
믿음은 놀라운 역전인생을 가져다준다.
믿음은 절망을 희망으로 바꾸는 원동력이다.
믿음은 죽은 자도 살리는 힘이 있다.
믿음은 무덤도 열리게 하는 힘이 있다.
믿음은 죽어버린 꿈을 생명으로 변화시킨다.
믿음은 하나님의 능력을 신뢰하는 것이다.
믿음은 우리의 삶 속에서 '어떻게'라는 단어를 십자가에 못 박는 것이다.
믿음은 냉소와 두려움을 녹이며 석방시키고, 또 생애를 자유롭게 한다.
믿음은 우리로 그리스도의 사람이 되게 한다.
믿음은 감정이 있거나 없거나 이에 관계치 아니하고 과감히 말씀을 믿는 것에서 위력을 발휘한다.
믿음은 도저히 손댈 수 없는 곤란에 부딪혔을 때 과감하게 그 속으로 뛰어 들어가게 한다.
믿음은 두려움에서 해방시키며 두려움을 마비시킨다.
믿음은 실망한 자에게 격려케 하며 병든 자를 고쳐주는 힘이다.
믿음은 세계의 역사를 변화시킬 능력이다.
믿음은 모든 사업의 시작이요, 과정이요, 마지막이다.

🙂 단산에서 잉태하는 믿음

1. 불가능을 가능케 하는 믿음

사라는 하나님이 신실하신 분이심을 확신하였습니다. 사라는 자신에게 후사를 주시겠다는 하나님을 믿었습니다. 반드시 그 약속을 이루실 줄로 믿는 믿음이었습니다.

📖 묵상 질문

우리의 삶 주변에서 만날 수 있는 불가능은 무엇인가요?

....
....
....

2. 성숙해지는 믿음

믿음은 처음부터 완전한 것이 아니며, 하나님께서는 온전한 믿음으로 자라도록 계속해서 간섭하십니다. 이런 하나님의 열심이 없었다면, 사라는 온전한 믿음으로 설 수 없었을 것입니다.

📖 묵상 질문

믿음이 자라남에 대해 함께 나눠 보십시오.

....
....
....

3. 순종적 믿음

사라는 아브라함이 75세에 고향 친척을 떠날 때에도, 애굽에서 방황할 때에도, 이삭을 제물로 드리려 할 때도 순종했습니다. 하나님의 약속을 믿고 순종할 때 복이 임한 것입니다.

☐ 묵상 질문

하나님 앞에서 내가 순종해야 할 것은 무엇인가요?

....

....

....

시험을 통과한 믿음

"아브라함은 시험을 받을 때에 믿음으로 이삭을 드렸으니 그는 약속들을 받은 자로되 그 외아들을 드렸느니라"(히 11:17).

아브라함은 약속의 후손 이삭을 얻기까지 여러 해를 기다렸습니다. 그는 노년에야 겨우 기적적으로 이삭을 얻어 기뻐했습니다. 이제 이삭이 아브라함에게 있어서 확실한 상속자로 정해졌습니다. 그리고 약속의 계승자로 자리를 굳혀가고 있을 때 하나님은 이삭을 번제로 드리라고 시험하신 것입니다. 우리가 생각하기에 이 시험은 아브라함에게 있어서 기적적으로 아들을 주신 하나님을 의심하게 할 만큼 가혹한 것이었습니다. 이삭을 드리라는 하나님의 시험은 하나님의 요구이지 아브라함의 자발적인 헌신이 아닙니다.

당시 가나안 족속들은 가장 값비싼 최고의 제물로 자식을 바치는 인신제의(人身祭儀)를 자주 행했습니다. 암몬족의 신인 몰록(Moloch)은 인신제사로 섬김을 받는 대표적인 가나안 우상이었습니다. 그러나 아브라함이 이와 같은 가나안의 풍습을 보고 하나님께 아들을 바칠 결단을 내린 것이라고 볼 수는 없습니다. 또한 악한 사탄의 유혹에 넘어가서 아들을 번제로 바칠 만큼 아브라함은 어리석지 않았습니다.

따라서 아브라함에게 임한 시험은 하나님께서 아브라함의 믿음을 시험하시기 위한 신앙연단이었습니다. 왜 하나님께서는 아브라함에게 신앙연단을 하신 것일까요? 아브라함이 하나님의 부르심을 받고 갈대아 우르를 떠나온 뒤에는 갈등하는 모습을 보여주었기 때문입니다. 아브라함은 하나님의 약속과 인도하심에 온전히 의지하지 못했습니다. 신앙의 모습에서 흔들리고 있었습니다. 하나님은 이런 아브라함의 모습을 아셨습니다. 그러자 그에게 아들 이삭을 제물로 바치라고 명령하심으로 시험하셨던 것입니다. 그럼 아브라함의 어떤 믿음이 하나님의 시험을 통과하고 승리할 수 있었습니까?

순종의 믿음

아브라함이 하나님의 시험에 통과할 수 있었던 것은 하나님께 순종하는 믿음이 있었기 때문입니다.

하나님은 인간을 시험하십니다. 하나님은 어떻게 시험을 하실까요? 이것은 인간들에게 너무나 감당하기 어려운 질문입니다. 어떤 이는, 믿는 자의 시험은 하나님께서 그 마음과 믿음을 확인하기 위한 방법으로 사용하신다고 말하기도 합니다. 그러나 하나님은 이런 시험이 없이도 알고 계십니다. 우리의 창조주는 진실을 알기 위해 오랜 시험을 해야 하는 단순한 영적 실험가가 아니십니다. 하나님은 귀납적(歸納的)이 아니시고 연역적(演繹的)이십니다. 하나님께서는 화학자의 세밀한 분석이나 철학가가 사물을 비교, 분석, 종합하는 것 이상으로 모든 것을 세밀하게 보십니다. 하나님은 그물처럼 얽힌 인간의 마음을 한 가닥 실낱처럼 체질을 아시는 분이십니다. 하나님은 우리의 세밀한 부분과 모든 장점과 단점도 아십니다. 심지어 우리가 미처 생각하지 못한 것조차도 하나님은 알고 계십니다. 그러므로 하나님께서 하시는 시험은 우리의 믿음의 분량과 사랑을 평가하시려는 것이 아닙니다. 그렇게 하나님께서 우리를 시험하신다고 믿을 아무런 근거가 없습니다.

그렇다면 하나님께서 그의 백성을 시험하시는 이유는 무엇입니까? 어떤 목적으로 시험을 하시는 것입니까? 하나님께서 목표로 하는 것은 인생들의 마음의 상태를 알고자 하는 것이 아니라, 그들을 성숙하게 발전시키는 데 있습니다. 하나님께서 시험하시는 목적은 우리가 마음의 문을 활짝 열고 당신의 말씀을 받아들여서 그 진정한 의미와 성격을 깨닫게 하시려는 데 있습니다. 그래서 하나님은 아브라함을 시험하신 것입니다. 아브라함의 믿음을 더욱 성숙시키시려는 뜻이 있었습니다. 그를 통해 여러 민족의 아버지가 될 수 있도록 시험하신 것입니다. 그를 통해 온 나라가 하나님께로 돌아오도록 하시기 위한 시험이었습니다. 온 민족에게 있어서 믿음의 조상이 되게 하기 위한 것이었습니다. 단순한 사랑 테스트를 위한 시험이 아니었습니다. 하나님의 백성으로서 롤 모델로 삼으신 것입니다.

그러나 하나님께서 아브라함을 시험하신 것은 실제입니다. 가상극이 아닙니다. 아브라함이 이삭을 드린 일은 어느 비평가가 말했듯이 "격식 차린 하나의 연극"이 아닙니다. 그것은 실제의 희생이었습니다. 우리의 마음을 살피시는 하나님께서 진실이라고 인정하신 대로 진실이었습니다.

사람 중에는 시험을 당했을 때 더 놀랍고 훌륭하게 영웅적인 행동을 할 수 있는 사람이 있습니다. 그러나 자기부정과 희생이 아득한 미래에 무한히 펼쳐져 있다면 다릅니다. 그들은 아마도 그 시험을 거부할 것입니다. 그들이 이렇게 불확실한 상태에 있는 한 순종할 수 없을 것입니다. 사람들은 돈이 반드시 지불되는 약속 어음과 같은 하나님의 보증이 있어야만 순종할 것입니다. 아니면 이 명령은 예기치 못한 말씀이었다고 거부할 수도 있습니다. 그러나 아브라함의 시험은 실제적 상황입니다.

하나님은 우리가 전혀 예기치 못한 상황이었다고 떠들기를 원하지 않으십니다. 그리고 하나님은 우리가 박해받는 고통을 얼마나 대담하게 참아냈는지에 관심을 두지 않으십니다. 또한 그리스도를 위하여 불 가운데서 죽음을 두려워하지 않는 모습을 원하시는 것도 아닙니다. 다만 하나님께서 원하시는 것은 우리의 순종에 대한 실제적인 증거입니다. 이 말씀에 대한 즉각적인 순종이 믿음의 문을 통과할 수 있는 길이기 때문입니다.

우리가 아브라함과 같은 믿음을 소유하고 있다면 진정한 증거를 보이라는 것입니다. 아브라함이 이삭을 드렸던 것과 같이 우리도 드려야 합니다. 우리가 가지고 있는 가장 귀한 것을 행동으로, 실천으로 포기해야만 합니다. 하나님은 그런 믿음을 원하시는 것입니다. 이것은 실제적 상황에서 드리는 것입니다. 마지못해 드리는 것이 아닙니다. 거부할 수 없어서 드리는 것이 아닙니다. 그 말씀 그대로 하나님을 신뢰하며 드리는 것입니다. 하나님을 우선순위에 두고 있기 때문에 드리는 것입니다. 이런 신앙의 성숙된 모습을 보기 원하시는 것입니다.

아브라함에게서 보시고자 하신 것은 무엇입니까? 아들을 죽이는 것이 아닙니다. 그의 아들 이삭을 제물로 바쳐서 불태우는 것이 아닙니다. 사랑하는 아내와 의논해서 결단하는 것을 보시기를 바라는 것이 아닙니다. 이제는 제사에 참여할 수 있는 이삭과 상의해서 동의를 구하는 것을 바라는 것이 아닙니다. 하나님께서 원하시는 것은 바로 아브라함의 순종의 믿음입니다. 하나님의 말씀에 그대로 순종할 수 있는 모습입니다. 내 생각과 의지와 결단이 아닙니다. 내 생각과 의지와 결단의 삶에서 돌아와 하나님의 말씀에 순종하는 모습입니다. 하나님을 신뢰하며 나아가는 모습입니다. 이것이 바로 믿음의 문을 통과할 수 있는 길이기 때문입니다. 아브라함은 바로 이러한 시험에 합격한 것입니다. 그래서 믿음의 문을 통과했습니다.

당신의 삶은 무엇에 의해서 결정됩니까? 하나님의 말씀입니까, 아니면 내 생각과 의지와 경험으로 결정합니까? 그리스도인들은 하나님의 말씀과 명령 앞에 믿음으로 순종하며 나아가야 합니다. 이것은 궁극적으로 승리하는 삶입니다. 어떠한 시험도 극복하며 이길 수 있는 삶입니다.

드림의 믿음

아브라함이 하나님의 시험을 통과할 수 있었던 것은 드림의 믿음이 있었기 때문입니다. 아브라함의 신앙은 받기를 바라는 초보적인 단계에 머무르지 않았습니다. 그는 자기의 독생자라도 아낌없이 하나님께 드리는 성숙한 신앙을 보여주었습니다. 아브라함은 믿음으로 100세라는 나이에 이삭을 얻었습니다. 물론 대단한 믿음입니다. 그러나 그보다 더 대단한 믿음은 무엇입니까? 믿음으로 아브라함은 그가 사랑하는 아들 이삭을 하나님께 아낌없이 드렸다는 것입니다. 여기서 '드렸다'는 완료시제입니다. 여기에는 하나님께서 이미 이삭을 받으셨다는 의미가 담겨 있습니다. 아브라함의 결단과 순종하는 마음을 보시고 이삭을 진짜 죽이진 않았지만, 아브라함의 마음으로부터 받으셨던 것입니다. 아브라함이 이삭을 죽이려는 순간 하나님이 막으셨습니다. 대신 준비된 숫양으로 번제를 드렸습니다. 드림은 얼마나 귀한 것인지 모릅니다.

아브라함의 입장에서 이삭을 드리는 것은 단순하지 않습니다. 그가 드린 것은 최고의 것입니다. 그가 드린 것은 삶의 유일한 것이며, 생명과도 같은 것입니다. 하나님께 받은 약속과 축복을 드린 것입니다. 현재에 누리는 기쁨과 즐거움을 드린 것입니다. 그리고 나아가 이삭을 통해서 이뤄질 미래의 모든 것을 드린 것입니다. 이 드림의 신앙이 믿음의 문을 통과해서 축복의 통로로 나아가게 했던 것입니다.

창세기 12장에서 아브라함이 갈대아 우르를 떠나 가나안 땅으로 갔을 때 기근이 있었습니다. 그래서 애굽으로 갔을 때 아내 사라를 바로에게 빼앗깁니다. 다행히 하나님께서 개입하셔서 아내를 다시 찾을 수 있었고, 바로로부터 많은 재물을 얻게 됩니다. 아브라함의 처음 신앙은 받는 신앙이었습니다. 구하는 신앙이었습니다. 자기 위주의 신앙이었습니다. 그러던 아브라함에게 신앙의 전환점이 왔습니다. 창세기 14장에서 살펴볼 수 있습니다. 아브라함에게 변화가 생깁니다. 소돔과 고모라에 사는 롯이 적들에게 잡혀갔습니다. 그러자 아브라함은 사병 318명을 데리고 기습공격해서 롯을 구해 옵니다. 그리고 찾아온 재물의 10분의 1을 제사장 멜기세덱에게 줍니다. 그 후 소돔 왕이 아브라함에게 모든 전리품을 가지고 가라 할 때에 아브라함이 창세기 14장 22절에서 이렇게 말합니다.

"그는 천지의 주재이시요 지극히 높으신 하나님 여호와께 내가 손을 들어 맹세하노니."

그는 공급자 되시는 하나님을 체험하고 난 이후 오히려 받기를 거절합니다. 그는 진정한 공급자가 하나님이신 것을 믿었습니다. 눈앞에 있는 당장의 재물보다는 원래 온 곳으로 돌려줄 수 있는 믿음입니다.

하나님은 바로 이 훈련을 시키신 다음 아브라함으로 하여금 단순히 양보하고 사양하는 믿음이 아니라, 모든 것을 드리는 훈련을 시키셨습니다. 하나님께 드렸을 때, 굶기지 않으시고 인생의 필요를 공급해 주시는 하나님을 경험하게 하셨습니다. 그래서 자신의 유일한 것을 하나님이 원하시는 분량만큼 온전히 드리는 신앙이 되었을 때에 아브라함의 믿음에 축복으로 함께하셨습니다.

성경은 '드림'에 대해서 많은 말씀을 합니다. 우리 몸을 하나님이 기뻐하시는 거룩한 산 제물로 드리라고 성경은 권면합니다(롬 12:1). 가장 귀한 제물은 우리 몸을 드리는 것입니다. 한번 생각해 보십시오. 아브라함이 자신을 먼저 죽이지 않았다면 아들 이삭을 드릴 수 없었습니다. 이는 자기 몸을 드린 것과 마찬가지였습니다.

신앙이 성장하면 받는 신앙에서 드리는 신앙으로 변합니다. 나의 도움이 필요한 사람이 없을까, 기도가 필요한 곳이 없을까, 봉사가 필요한 곳이 없을까 생각합니다. 이와 같이 신앙이 성장하면 드림의 신앙이 됩니다.

예수님께서는 성전에서 헌금하는 사람을 가만히 지켜보셨습니다. 그리고 과부가 엽전 한 닢을 헌금하는 것을 보시고 이렇게 말씀하십니다.

"오늘 내가 헌금하는 사람 중에서 가장 많이 드린 사람을 보았다."

제자들과 주위에 있는 사람들은 이해할 수 없었습니다. 앞서 제사장과 바리새인들 중에 헌금을 많이 한 사람들이 있음에도 예수님은 달리 보셨습니다.

"저는 구차한 중에 생활비 전부를 넣었느니라."

예수님이 보시는 기준은 얼마를 넣었느냐에 있지 않고 드린 후 얼마나 남는가에 있었습니다. 이삭을 드리고 나면 아브라함에게 남는 것은 아무것도 없었습니다. 하나님은 아브라함의 믿음을 성장시켜 오셨습니다. 드릴 수 있는 사람으로 기르신 것입니다.

우리는 아브라함처럼 이삭을 제단에 바치라는 명령을 받지는 않았습니다. 그러나 우리에게는 또 다른 이삭이 많이 있습니다. 하나님은 우리가 그것을 포기하기를 원하십니다. 예를 들면, 성경에 나오는 어떤 관원에게는 많은 재산이 아마도 그에게 이삭일 것입니다. 그것을 드리기를 원하셨습니다. 사도 바울에게는 아마도 바리새주의가 이삭이었을 것입니다. 하나님은 그것을 드리기를 원하셨습니다. 그리스도께서 세상에 계실 때의 사도들에게는 세상적 명성이 아마도 이삭이었을 것입니다. 하나님은 그것을 포기하기를 원하셨습니다. 우리 안에 있거나 밖에 있거나, 우리가 가장 귀하게 여기는 것이 아마도 우리의 이삭일 것입니다. 하나님은 그것을 포기하고 드리기를 원하십니다. 하나님은 우리가 심취하고 있는 나쁜 버릇도 드리기를 원하십니다.

당신의 드려야 할 이삭은 무엇입니까? 재물입니까, 권력입니까, 직분적 권세입니까, 교회의 기득권입니까? 하나님은 그것을 드리라고 하십니다. 내려놓으라고 하십니다. 결단하라고 하십니다. 그래야 시험을 통과할 수 있습니다. 그래야 믿음의 문을 통과할 수 있습니다.

부활의 믿음

아브라함이 하나님의 시험을 통과할 수 있었던 것은 바로 부활의 믿음이 있었기 때문입니다. 인간은 누구를 막론하고 필연적으로 죽음에 직면해야 할 숙명을 지니고 있습니다. 그것은 죄의 값이기 때문입니다. 로레인 뵈트너는 이렇게 말했습니다. "인생에서 죽음보다 더 확실한 것은 없다. 그러나 또 언제 죽을 것인가 하는 것보다 더 불확실한 것도 없다." 죽음은 사람을 가리지 않으며 불변적인 것이어서 한번 죽고 나면 다시 회복할 수가 없는 일입니다. 이 세상에 죽음보다 더 큰 힘은 실제로 없습니다. 그 죽음은 영웅호걸도, 악명 높았던 히틀러도, 김일성도 그 누구도 다 정복해 버렸습니다. 사망이 왕 노릇 합니다.

그러나 사망을 이기는 힘이 있습니다. 그것은 그리스도의 부활입니다. 부활은 죽음으로부터의 승리입니다. 하나님께서 그 아들 예수 그리스도를 죽은 자 가운데서 살리셨습니다. 그로 말미암아 죽음은 정복되었습니다. 더욱 놀라운 일은 죽음을 정복한 그 부활의 능력이 믿는 자 안에서 역사합니다.

아브라함은 바로 죽음을 다스리시는 여호와를 믿었습니다. 그의 독생자 이삭도 살아날 것을 믿었습니다. 그것이 곧 이삭을 죽여 하나님께 드릴 수 있게 한 힘이었습니다. 아브라함은 하나님의 창조를 믿었습니다. 무에서 유를 창조하시고 죽은 자를 살리시는 그 능력을 믿었습니다. 곧 생명의 능력입니다. 그는 앞으로 나실 메시아를 바라보면서 죽음을 해결하신 부활 신앙을 갖고 있었습니다. 곧 이삭을 다시 살리실 줄로 믿었던 것입니다. 이러한 부활 신앙이 그를 믿음의 문을 통과해 새 생명을 얻는 세계로 나아가게 했던 것입니다.

그럼 아브라함의 부활 신앙이 어디서 왔습니까? 아브라함의 부활 신앙은 이미 그에게 말씀하신 하나님의 약속에서 나오고 있습니다. 이삭을 번제로 드리라는 하나님의 명령과 네 자손이 이삭으로 말미암으리라는 약속은 매우 모순된 것입니다. 이러한 모순을 해결할 길은 오직 한 길밖에 없습니다. 하나님이 이삭을 다시 살리신다는 부활 신앙뿐인 것입니다. 아브라함은 바로 그 믿음을 가진 자로서 최대의 모순을 극복한 것입니다.

하나님의 말씀을 믿는 믿음은 곧 창조를 믿으며 부활도 믿는 것입니다. 성경을 믿는 자는 부활을 믿지 않을 수가 없습니다. 성경이 확실하다면 부활도 확실한 진리일 수밖에 없습니다. 예수님의 부활은 성경을 확실하게 하며, 성경은 부활을 증거합니다.

부활 신앙은 모든 것을 드리는 힘이 있습니다. 아브라함에게 있어서 이삭은 최선의 것입니다. 도무지 그 어떤 것으로도 비교가 불가능한 존재입니다. 그 최선의 것을 드리는 힘입니다. 그것이 아브라함의 부활의 믿음이었습니다. 예수 그리스도는 십자가를 지고 죽으셨습니다. 그가 자신을 죽음에 내어줄 수 있었던 힘은 곧 부활입니다. 예수님은 항상 이렇게 말씀하셨습니다.

"내가 3일 만에 살아나리라."

하나님은 이미 부활을 약속하셨습니다. 그 말씀을 믿었기에 죽을 수가 있었습니다. 부활의 신앙은 인생의 삶을 엄숙하게 살피는 힘을 줍니다. 믿음을 지킨 순교자의 헌신이 어디서 왔겠습니까? 그것은 죽어도 산다는 부활의 믿음이 있었기에 가능한 일입니다.

부활의 신앙은 다시 돌려받는 것입니다. 죽은 자 가운데서 도로 받는 것입니다. 그러면 그 보상이란 무엇일까요? 아브라함의 경우 그

보상은 어떤 것이었습니까? 그 보상의 일부는 이삭이 다시 살아난 것입니다. 돌아온 아들은 제물로 바치기 전의 바로 그 이삭입니까? 아닙니다. 그는 그 이삭이 아닙니다. 제물로 바쳤다가 돌려받은 이삭은 아브라함에게 있어서 그 이전의 아들과 같을 수 없는 것입니다. 그는 전보다 더 귀한 아들입니다. 아니, 천 배나 귀한 아들입니다. 아브라함에게 있어서 이삭이 똑같은 소년으로 보일 수 있었겠습니까?

예수님께서도 잃었다가 다시 찾은 것에 대한 비유에서 한 번 잃었다가 다시 찾은 것은 잃어버리지 않았을 때보다 훨씬 귀중하다고 말씀하셨습니다. 되돌려 받은 이삭은 문자 그대로 믿음에 대한 보상입니다. 아브라함이 이전에 결코 소유하지 못하였던 것을 받은 보상이었습니다. 그에게 있어서 이삭은 하나님의 은혜로 살아 있는 모습입니다. 하나님의 신실하심에 대한 생생한 증거일 뿐만 아니라 육체로 나타난 은혜입니다.

당신은 부활을 확신합니까? 아브라함은 이런 부활의 신앙으로 하나님께 드릴 수 있었던 것입니다. 부활의 신앙이 확고하지 않으면 드릴 수 없습니다. 순종할 수 없습니다. 그러나 아브라함은 부활의 신앙을 믿고 있었기에 아낌없이 드릴 수 있었던 것입니다.

하나님의 시험을 통과한 아브라함의 믿음은 어떤 믿음이었습니까? 그 믿음은 순종의 믿음이었습니다. 자기의 생각과 의지와 경험으로 결정하는 삶이 아니라, 하나님의 말씀에 순종하는 삶입니다. 그리고 아브라함은 드림의 믿음으로 승리했습니다. 받는 신앙에서 드리는 신앙으로 성숙된 것입니다. 그리고 그의 믿음은 부활의 신앙이었기 때문에 의심치 않았습니다. 다시 도로 받을 것을 믿고 드린 것입니다. 이는 놀라운 일입니다. 그래서 하나님께서 아브라함이 믿음으로 이삭을 드렸다고 증거하신 것입니다. 이런 믿음을 우리도 소유함으로 날마다 시험을 이기며 믿음의 문을 통과하는 승리하는 삶을 살아갑시다.

Faith is…

믿음은 하나님을 의심할 만큼 가혹한 시험을 통과하게 한다.
믿음은 하나님의 시험의 학교에 입학하여 연단받는 것이다.
믿음은 하나님의 시험의 과정에서 높은 점수를 받게 한다.
믿음은 우리를 더 훌륭하게 그리고 더 영웅적으로 만든다.
믿음은 우리의 삶 전체를 드림으로 출발한다.
믿음은 우리가 현재 누리는 기쁨과 즐거움을 드리는 것이다.
믿음은 인생의 필요를 공급해 주시는 하나님을 경험하는 것이다.
믿음은 죽음으로부터 우리를 영웅호걸로 만든다.
믿음은 무에서 유를 창조하시고 죽은 자를 살리시는 그 능력을 믿는 것이다.
믿음은 이 세상에서 제일 큰 힘이다.
믿음은 안 되는 일이 없이 되게 한다.
믿음은 적절한 시기에 당신이 믿는 바를 객관적인 현실로 창조해 낼 것이다.
믿음은 믿어야 할 것을 믿는 것이요, 의심스러운 것을 의심하는 것이다.
믿음은 우리가 알 수 없으면서도 우리가 진정으로 믿는 것이다.
믿음은 가장 어두운 밤을 밝혀준다.

시험을 통과한 믿음

1. 순종의 믿음

하나님께서 그의 백성을 시험하시는 목적은 인생들을 성숙 발전시키는 데 있습니다. 우리로 하여금 마음의 문을 활짝 열고 말씀을 받아들여 그 진정한 의미와 성격을 깨닫게 하시려는 데 있습니다.

▢ 묵상 질문

하나님께서 우리를 시험하시는 이유는 무엇인가요?

....

....

....

2. 드림의 믿음

하나님은 아브라함이 초기에 받음의 신앙을 누렸던 것을 각 시험을 통해 드림의 신앙으로 성숙해 가도록 인도하셨습니다. 우리가 하나님의 주 되심을 고백할 때 예비된 축복을 우리 삶에 채워 주실 것입니다.

▢ 묵상 질문

드림의 신앙이 되기 위해 노력해야 할 것은 무엇일까요?

....

....

3. 부활의 믿음

요셉은 애굽에 묻히지 않음으로써 가나안 약속의 땅에 소망이 있음을 증거했습니다. 당신에게는 어떤 소망이 있습니까? 죽어서도 외칠 수 있는 당당한 소망을 가슴 속에 품고 있습니까?

☐ 묵상 질문

유언을 한다면 어떤 유언을 하고 싶은가요?

....

....

....

하나님의 뜻과 내 뜻

"믿음으로 이삭은 장차 있을 일에 대하여 야곱과 에서에게 축복하였으며"
(히 11:20).

이삭의 인생은 특별하지 않았습니다. 이렇다 할 이적과 기적도 없는 평범한 삶이었습니다. 어쩌면 믿음의 영웅들이 등장하는 히브리서 11장에 등장할 만큼 특징적인 이유가 없는 사람인지도 모릅니다. 그런 이삭의 이름이 기록된 이유가 무엇입니까?

이삭은 세상적으로 큰 성공을 거두지 못했습니다. 이삭은 그저 나그네로서 살았을 뿐입니다. 그리고 그가 경건하여 아무런 실수와 허물이 없었던 것도 아닙니다. 그에게도 많은 허물이 있었습니다. 가나안 땅에 흉년이 들어 그랄 땅으로 피난 갔을 때의 행동은 그리 좋은 모습이 아니었습니다. 그때 이삭은 자기의 목숨을 지키기 위해서 비겁한 결정을 합니다. 그는 자기의 아내 리브가를 그 땅 사람들에게 자기 누이라고 속였습니다. 자기 혼자 살고자 결정한 비겁한 사람이었습니다. 그뿐만이 아니었습니다. 그는 야곱이 아닌 에서에게 하나님이 약속하신 모든 축복을 물려주려고 했습니다. 그 이유가 무엇이었습니까? 에서가 만들어주는 별미가 좋아서였습니다.

이런저런 이삭의 실수와 허물에도 그의 이름이 영광스럽게 믿음의 장에 기록된 이유가 무엇입니까? 이유는 한 가지뿐입니다. 그의 믿음 때문이었습니다. 그는 믿음으로 살다가 믿음으로 삶을 마감했기 때문입니다.

그리고 이삭은 믿음으로 야곱과 에서에게 축복했습니다. 실제로 야곱과 에서를 향한 이삭의 유언은 이삭의 두 아들을 통해 형성된 두 민족, 즉 이스라엘 족속과 에돔 족속에게 그대로 실현되었습니다. 그래서 야곱은 육적으로 모든 이스라엘 백성들의 주(主)가 되었습니다. 그리고 메시아 시대에 이르러 오늘날 이 땅 모든 성도의 주(主)가 되었습니다. 그럼 이삭이 우리에게 전하고자 하는 메시지는 무엇일까요?

약속을 신뢰하는 믿음

이삭의 믿음은 하나님의 약속을 신뢰하는 믿음이었습니다. 이삭은 장차 있을 일에 대하여 야곱과 에서에게 축복하였다고 하였습니다. 창세기 28장 3-4절을 보면, 이삭이 야곱에게 축복하는 장면이 나옵니다.

"전능하신 하나님이 네게 복을 주시어 네가 생육하고 번성하게 하여 네가 여러 족속을 이루게 하시고 아브라함에게 허락하신 복을 네게 주시되 너와 너와 함께 네 자손에게도 주사 하나님이 아브라함에게 주신 땅 곧 네가 거류하는 땅을 네가 차지하게 하시기를 원하노라."

이 축복에 의하면, 이삭은 두 가지의 축복을 야곱에게 빌어줍니다. 하나는 자손의 번성에 대한 축복입니다. 보십시오. 이삭 자신도 아브라함의 독자였습니다. 그에게는 쌍둥이 아들만이 있었습니다. 아직 자기 대(代)에 자녀들이 번성하는 것을 보지도 못했습니다. 그러나 그의 눈으로는 아무것도 보지 못한 상태였지만, 그는 야곱에게 그의 자녀들이 생육하고 번성하여 여러 족속을 이룰 것이라고 축복해 줍니다.

또 다른 하나는 땅에 대한 약속입니다. 히브리서 11장 9절에서 살펴보았듯이 이삭의 아버지 아브라함은 약속의 땅으로 왔지만 장막에 거하는 삶을 살았습니다. 주위에는 강한 부족들이 이미 가나안 땅을 정복하고 있었고, 그들은 가나안 땅에 유입해 들어온 이민자에 불과하였습니다. 그럼에도 불구하고 이삭은 그의 아들에게 그가 거류하는 땅을 차지하게 될 것이라고 축복해 주었습니다.

이삭이 야곱에게 빌어준 또 다른 축복이 있습니다. 창세기 27장 29절을 보십시오.

"만민이 너를 섬기고 열국이 네게 굴복하리니 네가 형제들의 주가 되고 네 어머니의 아들들이 네게 굴복하며 너를 저주하는 자는 저주를 받고 너를 축복하는 자는 복을 받기를 원하노라."

당시 이삭의 가족이라고는 아내 리브가, 아들 에서와 야곱, 그리고 자신까지 해서 모두 네 식구밖에 되지 않았습니다. 주위 사람들에 비하면 너무나 보잘것없는 가족입니다. 창세기 26장을 보면, 이삭이 그랄 땅에 거주하게 되었을 때, 그의 아내로 인해 자기가 죽임을 당할까봐 아내 리브가를 누이라고 속이고 살았습니다. 그만큼 연약한 가족입니다. 그럼에도 불구하고 이삭은 야곱을 축복하기를, "만민이 너를 섬기고 열국이 네게 굴복할 것이라, 너를 저주하는 자는 저주를 받고, 너를 축복하는 자는 복을 받을 것이라"고 축복하였습니다. 이 축복은 야곱 개인에게 준 축복인 동시에 장차 이 세상에 오실 메시아의 도래를 예언하고 기대하는 축복이기도 합니다. 장차 이 자손 중에 메시아가 나타나 세상의 주가 되고, 만민은 그로 말미암아 복을 받게 될 것이라는 축복입니다.

문제는 어떻게 이삭이 그의 형편과 상황에서 이런 축복을 빌어줄 수 있었을까 하는 것입니다. 과연 그의 축복은 과대망상적인 축복이며, 그냥 한번 해본 객기 같은 축복이었습니까? 이삭이 이런 축복을 그의 아들 야곱에게 빌어주었던 것은 하나님께서 그에게 하신 약속을 믿었기 때문입니다. 그는 자신에게 약속해 주신 하나님을 신뢰하였기에 감히 이런 축복을 그의 아들에게 빌어주었던 것입니다.

그렇다면 이삭이 받은 약속이 무엇이었습니까? 이삭이 만난 하나님은 어떤 하나님이었습니까? 창세기 22장에서 이삭은 하나님의 명령을 따라 자신을 번제로 하나님께 드리려는 아버지 아브라함에게 철저히 순종하며 자신을 하나님께 드렸습니다. 이 사건을 통해서 이삭은 약속하신 것을 반드시 성취하시는 하나님이심을 알게 되었습니다. 비록 자신을 번제로 하나님께 드린다 해도 하나님은 자신을 다시 살리셔서 당신의 약속을 이루시는 분이심을 알았습니다. 그리고 창세기 22장 16-18절을 보면, 이 일 후에 하나님께서 아브라함에게 하신 약속을 이삭이 들었습니다.

> "여호와께서 이르시기를 내가 나를 가리켜 맹세하노니 네가 이같이 행하여 네 아들 네 독자도 아끼지 아니하였은즉 내가 네게 큰 복을 주고 네 씨가 크게 번성하여 하늘의 별과 같고 바닷가의 모래와 같게 하리니 네 씨가 그 대적의 성문을 차지하리라 또 네 씨로 말미암아 천하 만민이 복을 받으리니 이는 네가 나의 말을 준행하였음이니라 하셨다 하니라."

이삭은 이 약속을 듣고 믿었습니다. 이삭이 들은 약속은 세 가지입니다. '네 씨가 크게 번성하여 하늘의 별과 같고 바닷가의 모래와 같게 되리라. 네 씨가 대적의 성문을 차지하리라. 네 씨로 말미암아 천하 만민이 복을 받으리라.'

창세기 26장 2-4절을 보면, 아브라함이 죽은 후에 하나님께서 이삭에게 나타나셔서 아브라함과 했던 이 약속을 다시 한 번 확인해 주시는 장면이 나옵니다.

"여호와께서 이삭에게 나타나 이르시되 애굽으로 내려가지 말고 내가 네게 지시하는 땅에 거주하라 이 땅에 거류하면 내가 너와 함께 있어 네게 복을 주고 내가 이 모든 땅을 너와 네 자손에게 주리라 내가 네 아버지 아브라함에게 맹세한 것을 이루어 네 자손을 하늘의 별과 같이 번성하게 하며 이 모든 땅을 네 자손에게 주리니 네 자손으로 말미암아 천하 만민이 복을 받으리라."

이삭은 하나님께서 다시 확인해 주신 이 약속의 말씀을 믿었습니다. 그렇기 때문에 그는 비록 눈에 아무것도 보이지 않아도 믿음으로 생애의 마지막 순간에 야곱에게 주저함 없이 이 하나님의 축복을 빌어주었던 것입니다. 이삭은 자기가 좋은 대로, 자기가 원하는 대로 야곱을 축복한 것이 아닙니다. 하나님께서 자신에게 약속하신 말씀이 있었기에 그 말씀에 근거해서 축복한 것입니다.

믿음의 문을 통과하기 위해서는 하나님의 말씀에 대한 신뢰가 반드시 있어야 합니다. 하나님의 약속을 신뢰하지 못하면 믿음의 문을 통과하지 못할 것입니다. 믿음의 문을 통과하는 것은 바로 하나님의 말씀에 대한 약속을 신뢰하고 믿고 나아갈 때 이루어지는 것입니다. 이것이 믿음입니다. 로마서 10장 17절에서 바울은 이 비밀을 이렇게 말하고 있습니다.

"그러므로 믿음은 들음에서 나며 들음은 그리스도의 말씀으로 말미암았느니라."

진정한 기독교의 믿음은 신념이나 확신이 아니라 하나님의 말씀에 대한 신뢰입니다. 이삭의 축복은 단순한 부모의 갈망이나 소망이 아니라, 하나님의 말씀에 대한 철저한 신뢰에 근거한 믿음의 표현이었다는 것입니다.

당신은 하나님의 말씀의 약속을 신뢰합니까? 반드시 이루어주시리라는 믿음을 갖고 있습니까? 그 말씀대로 믿고 따라가고 있습니까? 하나님의 약속은 반드시 이루어집니다. 하나님의 약속을 붙들고 삽시다. 믿음 안에서 우리가 품은 꿈은 반드시 이루어질 날이 있기 때문입니다. 우리 하나님은 미쁘시기에 약속하신 바를 반드시 이루실 것입니다. 아직은 그러한 현실적 삶이 아니라 할지라도 믿고 나아가야 합니다. 그러면 하나님께서 반드시 축복해 주실 것입니다. 반드시 성취하실 것입니다.

주권적 섭리를 믿는 믿음

이삭의 믿음은 하나님의 주권적 섭리를 인정하는 믿음이었습니다. 이삭에게는 에서와 야곱 두 아들이 있었습니다. 이삭은 죽기 전에 사랑하는 장자 에서에게 장자의 축복을 하려고 하였습니다. 이삭은 사냥꾼인 에서를 편애하였습니다. 에서가 장자로서 아브라함으로부터 계승된 축복을 누릴 수 있기를 기대했습니다. 하지만 이삭은 이미 에서와 야곱이 태중에 있을 때 하나님의 계시를 통해 야곱이 장자권을 갖게 되리라는 사실을 알고 있었습니다. 또한 야곱이 에서에게 팥죽 한 그릇에 장자권을 산 일도 알고 있었습니다. 더구나 에서는 이방 여인들을 아내로 맞아 약속의 가문을 더럽혔습니다. 그런데도 이삭은 여전히 에서를 장자로 생각했습니다. 이삭은 야곱이 장자의 명분을 받게 될 약속의 계승자임을 인정하려 하지 않았습니다. 아마 인간적으로 볼 때, 이삭의 생각이 잘못된 것이라고 단정지을 수는 없을 것입니다. 하지만 하나님의 계시가 있었음에도 불구하고 계속 에서의 장자권을 고집하는 이삭의 태도는 옳다고 할 수 없습니다.

하나님의 언약의 축복은 인간의 개인적인 정으로 이루어진 것이 아닙니다. 언약의 축복은 긍휼을 베푸시는 하나님의 주권적인 뜻에 의해 결정되는 것입니다. 그러므로 이삭이 아무리 에서를 편애하여 장자권을 물려주려고 해도 하나님의 뜻에 어긋나기에 이루어질 수 없었습니다.

우리는 우리의 의지대로 하나님의 축복을 좌지우지(左之右之)할 수 있다고 생각합니다. 그러나 하나님의 축복은 긍휼을 베푸시는 하나님의 뜻에 달려 있습니다. 그래서 우리는 하나님의 긍휼을 바라기만 할 뿐입니다. 그리고 그 이상의 욕심은 하나님의 주권적 섭리에 대한 월권(越權)입니다.

그러나 히브리서 기자는 이삭을 말하면서 그가 믿음으로 하나님의 주권을 인정함을 말해 주고 있습니다. 자기의 뜻을 관철시키려고 했던 이삭입니다. 그러나 이제는 하나님의 뜻에 맞추는 이삭을 보게 됩니다. 그는 하나님의 뜻 앞에서 자기가 좋아하는 것을 포기합니다. 기뻐하는 것을 내려놓습니다. 자기가 옳다고 생각하는 것을 내려놓을 줄 아는 결단의 믿음으로 발전하게 됩니다. 그 증거가 무엇입니까? 그것은 바로 우선순위가 바뀐 것입니다.

이삭은 항상 에서와 야곱 순서였습니다. 그러나 히브리서에서는 그 입장이 달라졌습니다. 에서와 야곱이 아닙니다. 야곱과 에서로 표현하고 있습니다. 이삭은 믿음으로 에서보다 야곱을 선택했음을 말해 주고 있습니다. 이삭은 믿음으로 받아들였습니다. 아마도 하나님의 약속의 말씀을 기억해 냈을 것입니다. 그가 복 주기를 원했던 아들은 에서였지만 하나님의 계획이 아니었기에 그곳에 자기 자신을 내려놓고 하나님의 뜻에 순종합니다. 그가 하나님의 사람으로 이 땅을 떠나게 되었을 때 그는 정식으로 야곱을 다시 축복합니다.

이처럼 믿음의 문을 통과하는 사람은 자기의 주권보다도 하나님의 주권을 인정하고 따릅니다. 나의 계획에서 하나님의 계획으로 바뀝니다. 그러지 않고서는 믿음의 문을 통과하지 못합니다.

살다 보면 내 뜻과 하나님의 뜻이 충돌할 때가 있습니다. "이것을 하고 싶습니다!", "내가 보기에 저것이 옳습니다!"라고 하지만, 하나님의 뜻 앞에 나를 내려놓을 줄 아는 사람만이 하나님의 복을 열어 갑니다.

축복으로 이어지는 믿음은 하나님의 뜻과 내 뜻이 상충될 때 결정됩니다. 그 뜻이 상충될 때 내 뜻을 포기해야 합니다. 하나님의 뜻 앞에 순종하는 삶이 되어야 합니다. 혹시 아직도 하나님의 뜻과 내 뜻 사이에서 갈등을 겪고 있는 분이 있습니까? 이것만은 안 된다고 하는 분이 있습니까? 하나님의 뜻 앞에 나를 내려놓을 때 하나님은 우리 삶의 결단을 통해서 당신의 뜻을 이어가십니다. 당신의 계획이 하나님의 뜻과 비전에 상충되고 있다면 내려놓으십시오. 포기하십시오. 그리고 하나님의 주권적인 섭리에 뜻을 맞추어가십시오. 그 길만이 승리의 길입니다. 그 길만이 축복의 길이요, 축복의 통로가 되는 것입니다.

극복하는 믿음

이삭의 믿음은 자신의 욕심과 뜻을 극복하는 믿음이었습니다. 그저 이삭이 믿음으로 야곱에게 축복하였다고 하지 않고, "믿음으로 이삭은 장차 있을 일에 대하여 야곱과 에서에게 축복하였으며"라고 합니다. 다시 말하면, 이삭은 야곱과 에서를 축복하는 과정에서 믿음으로 행하였다는 것입니다.

그렇다면 그의 축복의 모습에는 어떤 믿음이 있었습니까? 창세기 25장 23절을 보면, 야곱과 에서가 이 세상에 태어나기 전에 이미 하나님께서는 그들을 향한 당신의 뜻을 정하시고 이삭과 리브가에게 알게 해주셨습니다.

"여호와께서 그에게 이르시되 두 국민이 네 태중에 있구나 두 민족이 네 복중에서부터 나누이리라 이 족속이 저 족속보다 강하겠고 큰 자가 어린 자를 섬기리라 하셨더라."

하나님께서는 그들이 태어나기 전부터 큰 자가 어린 자를 섬기도록 정하셨습니다. 하나님께서는 야곱을 들어 사용하시겠다는 것입니다. 그럼에도 불구하고 창세기 25장 27-28절을 보면, "그 아이들이 장성하매 에서는 익숙한 사냥꾼이었으므로 들사람이 되고 야곱은 조용한 사람이었으므로 장막에 거주하니 이삭은 에서가 사냥한 고기를 좋아하므로 그를 사랑하고 리브가는 야곱을 사랑하였더라"라고 하였습니다.

하나님의 뜻은 이미 정해졌지만, 이삭은 인간적으로 끌리는 정과 욕심 때문에 에서를 더 사랑하게 되었습니다. 드디어 이삭이 자신의 죽을 날이 가까워짐을 알고 엄숙한 관례에 따라 자녀들을 축복하게 되었습니다. 그런데 창세기 27장 1-4절을 보면 "이삭이 나이가 많아 눈이 어두워 잘 보지 못하더니 맏아들 에서를 불러 이르되 내 아들아 하매 그가 이르되 내가 여기 있나이다 하니 이삭이 이르되 내가 이제 늙어 어느 날 죽을지 알지 못하니 그런즉 네 기구 곧 화살통과 활을 가지고 들에 가서 나를 위하여 사냥하여 내가 즐기는 별미를 만들어 내게로 가져와서 먹게 하여 내가 죽기 전에 내 마음껏 네게 축복하게 하라"고 합니다.

여기에서 이삭은 결정적인 실수 두 가지를 합니다. 하나는 하나님의 뜻과 상관없이 에서에게 축복하려고 한 것이고, 또 하나는 자기 마음껏 생각대로 축복하려고 하였다는 것입니다. 에서가 장자의 명분을 가볍게 여겨 팥죽 한 그릇에 그 장자의 명분을 팔아먹은 것은 알지 못하고, 또 하나님께서 야곱을 들어서 당신의 뜻을 이루실 것을 알면서도 이삭은 자신의 육체의 정과 욕심을 따라 자기 마음껏 에서에게 축복하려고 하였던 것입니다.

계속해서 성경을 보면, 리브가와 야곱의 속임수로 말미암아 이삭은 자기의 뜻대로 에서에게 축복하지 못하고 야곱에게 축복하고 맙니다. 나중에 에서가 사냥에서 돌아와서 음식을 만들어 아버지에게 들어와 축복을 빌어줄 것을 구하자, 그 순간 이삭은 자신이 야곱에게 속은 줄을 비로소 알게 되었습니다.

그런데 창세기 27장 33절을 보면, 이 순간 이삭은 아주 중요하고도 의미심장한 반응을 보입니다.

"이삭이 심히 크게 떨며 이르되 그러면 사냥한 고기를 내게 가져온 자가 누구냐 네가 오기 전에 내가 다 먹고 그를 위하여 축복하였은즉 그가 반드시 복을 받을 것이니라."

이런 이삭의 반응에서 우리는 두 가지를 생각할 수 있습니다.

첫째로, 이삭은 자신이 하나님의 이름으로 빌어준 축복을 어떻게 생각하고 있었는가 하는 것입니다.

야곱이 자신을 속였다는 사실을 아는 순간, 이삭은 야곱에게 빌어주었던 축복을 취소하고 다시 에서에게 축복할 수도 있었을 것입니다. 야곱이 자신을 속여서 받아낸 축복이므로 원칙적으로 무효를 선언할 수도 있었을 것입니다. 그러나 이삭은 말하기를, "그를 위하여 축복하였은즉 그가 반드시 복을 받을 것이라"고 합니다. 이삭은 자신이 빌어준 축복을 하나님께서 들으시고 반드시 이루어주실 것을 믿었다는 것입니다. 그래서 자신이 사랑하는 아들 에서가 그렇게 방성대곡하며 소리 높여 울어도 그가 빌어준 축복을 취소하거나 무효화하지 않습니다.

"그 아버지 이삭이 그에게 대답하여 이르되 네 주소는 땅의 기름짐에서 멀고 내리는 하늘 이슬에서 멀 것이며 너는 칼을 믿고 생활하겠고 네 아우를 섬길 것이며 네가 매임을 벗을 때에는 그 멍에를 네 목에서 떨쳐 버리리라"(창 27:39-40).

자녀들을 위해서 기도해 줄 때 우리는 과연 그대로 이루어주실 것을 믿고 기도합니까, 아니면 그저 습관적으로 기도합니까? 비록 이삭은 자신의 육체의 정과 욕심대로 자녀들에게 축복하려고 했지만, 근본적으로 이삭에게는 자신이 빌어준 축복을 하나님께서 반드시 성취하실 것이라는 믿음이 있었다는 것입니다. 그렇기 때문에 더 이상 정과 욕심으로 에서를 위해 축복을 빌어주지 않았습니다. 그는 하나님의 축복에 대해서 경솔하게 생각하지 않았다는 것입니다.

둘째로, 왜 이삭이 그 순간 심히 크게 떨었는가 하는 것입니다.
이삭은 야곱이 자신을 속였다는 사실에 분이 나서 치를 떨었던 것입니까? 괘씸해서 치를 떨었던 것입니까? 아닙니다. 그 순간 이삭은 자신이 아무리 계획을 세우고 고집하여도 하나님께서는 끝내 당신의 뜻을 이루시고야 만다는 사실을 깨달았기 때문입니다. 하나님의 뜻과 상관없이 자신이 아무리 에서를 사랑하고 에서에게 장자의 축복을 주려 해도, 하나님께서는 이삭의 뜻을 산산이 부수시고 당신의 계획대로 일을 이루고 계심을 깨닫게 된 것입니다. 그 순간 이삭은 두려워하며 떨 수밖에 없었던 것입니다. 잠언 16장 9절을 보십시오.

"사람이 마음으로 자기의 길을 계획할지라도 그의 걸음을 인도하시는 이는 여호와시니라."

누가 하나님의 뜻을 바꿀 수 있으며, 누가 하나님의 계획을 거부할 수 있겠습니까? 이를 깨달은 이삭은 더 이상 에서에게 축복하려고 고집하지 않습니다. 창세기 28장 3-4절에서 이삭은 다시 한 번 야곱을 불러 축복합니다. 이번에는 타의에 의해서나 자신도 모르는 상태로 축복하는 것이 아니라, 하나님의 뜻과 계획대로 축복합니다. 더 이상 자신의 욕심과 정에 끌려 축복하지 않고, 오직 하나님의 뜻과 계획에 순종하여 믿음으로 축복합니다.

이처럼 이삭은 자신의 정과 욕심이 아니라 하나님의 뜻과 계획하심으로 믿음의 문을 통과하는 승리를 얻었습니다. 이삭이 그의 자녀를 축복하는 과정에서 보여준 믿음은 자신의 정과 욕심을 극복하고 하나님의 뜻과 계획에 자신을 맞추는 믿음이었습니다.

당신도 인간적인 정과 욕심을 내려놓고, 하나님의 말씀을 붙잡는 믿음의 사람이 되어야 합니다. 인간적으로 이삭은 에서에게 축복하려고 했지만, 하나님께서 간섭하셔서 야곱에게 축복하게 하셨습니다. 우리는 이삭처럼 자신의 욕심과 생각과 뜻을 극복해야 합니다.

오늘도 우리는 수없이 많은 하나님의 말씀을 듣고 삽니다. 그러나 정말 나에게 주신 말씀을 믿고 삽니까? 혹시 하나님의 뜻과는 상관없이 내 욕심과 정에 이끌려 고집스럽게 살고 있지는 않습니까?

이삭은 비록 처음에는 자신의 정과 욕심에 끌려 살았지만, 그의 자녀들을 축복하는 과정에서 그는 자신에게 주신 하나님의 약속의 말씀을 믿었습니다. 눈에 아무 증거와 결과가 보이지 않아도 그는 말씀을 신뢰하고, 말씀에 근거하여 야곱과 에서를 축복합니다. 끝내 그의 믿음은 자신의 정과 욕심을 뛰어넘어 하나님의 뜻에 자신을 맞추는 신앙으로까지 나아가게 되었습니다.

이제 당신에게 주신 하나님의 말씀과 약속을 믿고, 그 믿음으로 자녀를 축복하기를 바랍니다. 비록 당신 속에 욕심과 정이 있을 수 있지만, 하나님의 뜻과 계획에 순종하며 거기에 나를 맞추는 신앙의 사람이 되기를 바랍니다. 그때 하나님의 진정한 축복이 당신과 당신의 자녀들에게 있게 될 것입니다. 믿음의 유산은 그 무엇으로도 살 수 없는 가장 고귀하고 값진 것입니다.

Faith is…

믿음은 하나님의 약속을 전적으로 신뢰하는 것이다.
믿음은 그럼에도 불구하고 약속의 땅으로 나아가게 한다.
믿음은 내 씨가 대적의 성문을 차지하는 것을 바라보게 한다.
믿음은 내 씨가 번성하여 하늘의 별과 같고 바닷가의 모래와 같게 될 것을 보게 한다.
믿음은 하나님의 주권적 섭리를 인정하게 한다.
믿음은 자신의 욕심과 뜻을 극복하게 한다.
믿음은 공포와 두려움을 정복한다.
믿음은 태산을 옮기고 인생의 흙무더기를 파헤친다.
믿음은 단순히 하나님을 붙잡는 것 그 이상의 것이다. 이는 하나님이 당신을 붙잡고 계신 것이다.
믿음은 도(道)의 으뜸이요, 신앙의 어머니이다.
믿음은 인생의 두려움의 치료제이다.
믿음은 움츠러드는 손이 아니라 내뻗는 손을 가지게 한다.
믿음은 모든 아픔에서 독을 빼주고, 모든 손실에서 침을 빼주며, 모든 고통의 불을 삭힌다.
믿음은 부드럽지만 강하고 역동적이다.
믿음은 사랑과 같아 강압에 의해서 가질 수 없다.
믿음은 사용치 않을 때 이내 없어지고 사라진다.
믿음은 선물이지만 구하면 얻을 수 있는 특이한 것이다.

하나님의 뜻과 내 뜻

1. 약속을 신뢰하는 믿음

이삭은 자신의 두 아들이 아직 장가들기도 전에, 강한 민족이 자리 잡은 땅에 이주민으로 살고 있으면서도, 강성한 민족을 이룰 것이며, 네 땅이 복을 받을 것이라고 축복했습니다. 이는 하나님의 약속을 신뢰했기 때문입니다.

　묵상 질문

하나님의 약속이 이루지는 것을 어떻게 알 수 있나요?

------

2. 주권적 섭리를 믿는 믿음

하나님의 언약의 축복은 인간의 개인적인 정으로 이루어진 것이 아닙니다. 언약의 축복은 긍휼을 베푸시는 하나님의 주권적인 뜻에 의해 결정되는 것입니다. 그래서 우리는 하나님의 긍휼을 바라기만 할 뿐입니다.

　묵상 질문

하나님의 주권적 섭리를 우리는 어떻게 받아들여야 하나요?

------

3. 극복하는 믿음

이삭은 장자 에서를 사랑하여 그에게 장자의 축복을 주려 했지만, 하나님의 주권적 섭리에 의해 결국 야곱이 축복을 받게 됩니다. 하나님은 그 계획하신 것을 반드시 이루시는 분입니다.

📖 묵상 질문

욕심과 정에 이끌려 말씀을 외면했던 적은 언제였나요?

믿음의 축복

"믿음으로 야곱은 죽을 때에 요셉의 각 아들에게 축복하고 그 지팡이 머리에 의지하여 경배하였으며"(히 11:21).

야곱은 욕심과 야망이 많은 사람이었습니다. 허물이 많던 사람이었습니다. 야곱은 어머니 리브가의 뱃속에 있을 때부터 그의 쌍둥이 형 에서와 서로 다투었습니다. 야곱은 태어날 때도 형 에서의 발뒤꿈치를 쥐고서 태어났습니다. 야곱은 선천적으로 남에게 지기 싫어했던 사람이었습니다. 야곱은 자기에게 이득이 된다면 수단과 방법을 가리지 않았던 사람이었습니다. 야곱은 팥죽 한 그릇으로 배고픈 형 에서를 유혹해서 장자의 권리를 빼앗았습니다. 그리고 눈먼 아버지 이삭을 속여서 형 에서 대신에 장자의 축복을 받았습니다. 야곱은 외삼촌 라반의 집에서 부자가 되겠다고 생각하며 살았던 사람입니다. 그는 돈을 벌겠다고 수단과 방법을 가리지 않고 밤낮 없이 일했던 사람이었습니다. 이처럼 그는 지극히 현세적이고 육신적인 사람이었습니다.

이와 같은 부족함과 허물에도 불구하고 야곱이라는 이름이 영광스럽게 등장하게 된 이유가 무엇입니까? 이유는 한 가지뿐입니다. 야곱이 처음에는 자기의 욕심과 야망으로 살았지만, 인생을 살면서 하나님을 바라보며 믿음으로 살았기 때문입니다. 더욱이 나이가 들면서 믿음이 깊어졌습니다. 그리고 마지막 임종 시 그 믿음으로 후손들을 축복하는 사람이 되었습니다. 영적으로 깨어 있는 사람이 되었던 것입니다. 자기 조상 아브라함에게 약속하신 하나님의 축복의 통로를 이어가고 있음을 볼 수 있습니다. 그럼 야곱의 믿음은 어떤 믿음이었습니까?

고백하는 믿음

먼저 야곱은 자기가 믿었던 하나님에 대해서 고백하고 있습니다. 그 하나님의 이름으로 축복하고 있습니다(창 48장 참고).

야곱이 믿었던 하나님은 어떤 하나님이십니까? 야곱은 두 손자를 축복하는 자리에서 자신의 신앙고백을 통해 여호와 하나님을 '조상들이 섬기던 하나님'이라고 하였습니다. 자신을 '기르신 하나님'이라고 말하고 있습니다. 자신을 '환난에서 건지신 하나님'이라고 하였습니다. 야곱이 하나님에 대해 고백한 이 세 가지를 살펴보며 신앙의 교훈을 삼도록 합시다.

첫째로, 조상들이 섬기던 하나님이십니다.

야곱은 하나님을 말하면서 '내 조부 아브라함과 아버지 이삭이 섬기던 하나님'이라고 하였습니다. 이는 곧 야곱이 섬기는 하나님은 할아버지 아브라함과 아버지 이삭에게 당신의 모습을 보이시며 언약을 맺으시고, 또한 언약을 지키시는 하나님이시라는 의미를 갖습니다. 이 말씀은 결국 하나님은 당신이 택하신 백성에게 축복을 약속하시고 그 약속을 끝까지 신실하게 지키시는 분임을 말해 줍니다.

야곱은 바로 이 하나님을 철저하게 믿었습니다. 왜냐하면 야곱은 하나님을 굳게 믿고 섬기던 조상들이 신앙 가운데서 승리한 삶의 증거들을 눈으로 보았기 때문입니다. 또한 귀로 들었기 때문입니다.

야곱은 아마 그의 아버지 이삭이 조부 아브라함과 조모 사라의 믿음으로 잉태된 언약의 자손임을 들었을 것입니다. 또한 야곱은 자라면서 아버지 이삭이 하나님을 믿는 믿음 가운데서 말없이 하나님을 섬기는 신앙 하나로 온갖 역경 속에서도 승리의 삶을 사는 아름다운 모습을 보고 그것을 자신의 신앙으로 승화시켰을 것입니다. 따라서 그는 자신의 표현대로 나그네와 같은 험악한 세월을 살면서도 조상들의 신앙을 좇아 끝까지 하나님의 약속을 붙잡고 살아갈 수 있었습니다. 이처럼 하나님은 당신을 믿고 섬기며 그 신앙을 변개치 않는 자들에게 끝까지 언약을 지키시는 신실하신 분입니다.

야곱은 자손들에게 축복하면서 조상들이 섬겼던 하나님을 자손들이 바로 섬기기를 바라며 축복하고 있습니다. 이러한 믿음이 믿음의 문을 통과하는 축복의 통로로 이어지는 길이기 때문입니다.

둘째로, 자기를 기르신 하나님이십니다.
야곱은 하나님을 말하면서 '나의 출생으로부터 지금까지 나를 기르신 하나님'이라고 하였습니다. 이는 곧 하나님께서 연약한 양들을 먹이고 기르는 목자와 같은 분이시라는 의미입니다.
실제로 일평생 방랑자의 삶을 산 야곱에게 있어 하나님은 목자와 다를 바 없었습니다. 그는 77세의 나이에 800킬로미터나 떨어진 하란에서 20년을 지냈습니다. 그리고 97세의 나이로 가나안에 들어왔습니다. 그리고 33년간을 가나안에 거주했습니다. 또한 야곱은 130세의 고령으로 70명의 가족과 많은 가축들을 거느린 채 400킬로미터나 떨어진 애굽으로 이주하였습니다. 그리고 그곳에서 17년간을 살았습니다.
그러니 이제 돌이켜 볼 때, 야곱은 지금까지 자신을 지키고 보호하며 먹이고 입히고 기르신 분이 하나님이심을 겸손히 고백하지 않을 수 없었던 것입니다. 야곱은 조상들의 하나님만이 아니라 자기를 기르신 하나님을 고백하지 않을 수 없었던 것입니다.

셋째로, 환난에서 건지신 하나님이십니다.
야곱은 하나님을 말하면서 '나를 모든 환난에서 건지신 사자'라고 표현했습니다. 여기서 '건지신 사자'란 '구원자', '구속주'라는 의미입니다. 즉 야곱은 하나님을 환난 날에 위기 가운데서 생명을 건져주신 구원자로 고백한 것입니다.

야곱은 147년의 생을 살면서 잠시도 환난의 그림자를 벗어난 적이 없었습니다. 그가 당한 환난이 얼마나 고통스럽고 힘들었던지, 그는 바로 왕을 대하는 자리에서 말하기를 "나이가 얼마 못 되니 우리 조상의 나그네 길의 연조에 미치지 못하나 험악한 세월을 보내었나이다"(창 47:9)라고 할 정도였습니다.

즉 야곱은 조상들보다 짧은 세월을 살았지만 조상들과 비교할 수 없을 만큼 험난한 삶을 살았던 것입니다. 그럼에도 불구하고 야곱은 결코 이런 환난과 고통을 원망하거나 불평하지 않았습니다. 오히려 그는 환난 때마다 하나님의 구원의 손길을 체험하였습니다. 그리고 하나님이 자신을 구원하시리라 확신하였던 것입니다. 이러한 야곱의 신앙고백은 오늘날 신앙의 시련과 환난 가운데 고난 받는 우리 성도들에게 큰 힘과 용기가 됩니다.

이처럼 야곱은 그의 자손들에게 축복하면서 하나님을 소개하고 있습니다. 그 하나님은 '언약을 지키시는 신실한 하나님이시다', '목자처럼 자상한 분이시다', '환난 날에 너희들을 구원하는 은혜로운 분이시다'라고 축복하고 있습니다. 그러므로 자손들에게 '나의 조상의 하나님, 내가 만난 하나님, 나를 인도하시고 환난에서 건지신 하나님만 믿고 나아갈 것'을 축복했던 것입니다.

오웬(J. Owen)은 "나면서부터 죽을 때까지 자기 삶의 전 과정에 걸쳐 자기가 이 세상에서 필요한 모든 것을 부단하게 공급해 주신 하나님의 섭리를 기억하고 존귀하게 감사하는 것은 믿음의 역사이다"라고 말했습니다. 하나님께서 섭리로 우리를 다루고 계심을 정중하게 인정하는 것이 믿음의 행위이듯이, 하나님에 관하여 입으로 고백하는 것은 믿음의 열매입니다. 이러한 믿음의 고백과 믿음의 열매는 믿음의 문을 통과할 수 있는 초석이 됩니다.

그렇다면 이런 하나님은 4천 년 전의 야곱의 하나님만 되실까요? 그렇지 않습니다. 4천 년 전 야곱을 지키고 보호하며 인도하신 하나님은 오늘날 우리 택한 백성들의 하나님도 되십니다. 그리고 하나님께서 과거 언약의 후계자 야곱을 지키고 인도하셨듯이 오늘날 언약의 자녀 된 우리 성도들의 일거수일투족을 지키고 인도하십니다. 그러므로 우리 모든 인생을 겸손히 하나님께 맡기고 하나님만을 의지하는 자들이 되어야 합니다.

당신에게 있어서 하나님은 어떤 하나님이십니까? 어떤 하나님으로 날마다 고백하고 있습니까? 나를 기르시는 하나님이십니까? 나를 환난과 고난에서 건져주신 하나님이십니까? 아니면 지금도 하늘 높은 천상에만 계시는 거룩한 하나님이십니까? 삶에 지친 당신에게는 전혀 상관이 없는 하나님은 아니십니까? 야곱은 '내 조상의 하나님, 나를 기르신 하나님, 나를 환난에서 건져주신 하나님'이라고 고백하고 있습니다.

축복하는 믿음

야곱의 믿음은 축복하는 믿음이었습니다. "믿음으로 야곱은 죽을 때에 요셉의 각 아들에게 축복하고"라고 하였습니다.

야곱의 생애를 보면, 그의 생애의 전반부는 무엇인가를 더 가지기 위해서 애를 썼던 생애라고 할 수 있을 것입니다('야곱'이라는 이름, 팥죽 사건, 형의 축복을 빼앗음, 라헬을 얻기 위한 수고, 라반의 집에서 머리를 써서 자기 양 떼를 늘림……). 이 시절의 야곱을 보면 할 수만 있으면 더 많은 것을 취하기 위해 물불을 가리지 않았습니다. 그렇기 때문에 다른 사람을 축복할 겨를이 없었습니다. 이때의 야곱의 관심은 그저 자기 자신밖에 없었습니다.

그러던 야곱이 그의 인생 후반부에 들어서면서, 특히 애굽에 내려온 다음 놀랍게 변화됩니다. 가장 두드러진 것 중 하나는 이제 다른 사람을 축복하는 인생으로 변화되었다는 것입니다.

"요셉이 자기 아버지 야곱을 인도하여 바로 앞에 서게 하니 야곱이 바로에게 축복하매 바로가 야곱에게 묻되 네 나이가 얼마냐 야곱이 바로에게 아뢰되 내 나그네 길의 세월이 백삼십 년이니이다 내 나이가 얼마 못 되니 우리 조상의 나그네 길의 연조에 미치지 못하나 험악한 세월을 보내었나이다 하고 야곱이 바로에게 축복하고 그 앞에서 나오니라"(창 47:7-10).

130세의 늙은이가 당대 세계를 제패한 바로를 축복합니다. 창세기 48장에서는 요셉과 그의 두 아들을 축복하는 장면이 나옵니다.

"나를 모든 환난에서 건지신 여호와의 사자께서 이 아이들에게 복을 주시오며 이들로 내 이름과 내 조상 아브라함과 이삭의 이름으로 칭하게 하시오며 이들이 세상에서 번식되게 하시기를 원하나이다"(창 48:16).

계속해서 창세기 49장 28절을 보면, 야곱의 열두 아들을 축복하는 장면이 나옵니다.

"이들은 이스라엘의 열두 지파라 이와 같이 그들의 아버지가 그들에게 말하고 그들에게 축복하였으니 곧 그들 각 사람의 분량대로 축복하였더라."

이처럼 야곱의 마지막 인생의 특징은 다른 사람을 축복하는 인생이라고 말할 수 있습니다.

축복이란 무엇입니까? 축복이라는 것은 다른 사람에게 복을 빌어 주는 행위입니다. 그렇다면 누가 다른 사람을 축복해 줄 수 있습니까? 이미 복을 받았다고 믿는 사람만이 다른 사람을 축복해 줄 수 있습니다. 자신이 복 있는 사람이라는 인식 없이는 절대로 다른 사람을 축복할 수 없습니다. 이런 면에서 하나님을 믿는 사람들은 복을 받기 위해서 애쓰는 것이 아니라 다른 사람을 축복하는 삶을 살아야 한다고 생각합니다. 왜냐하면 이미 우리는 하늘의 복에 참여한 사람들이기 때문입니다.

야곱이 말년에 다른 사람을 축복할 수 있었던 이유는, 자신은 이미 하나님의 복을 받은 사람이라는 믿음이 있었기 때문입니다.

"요셉에게 이르되 이전에 가나안 땅 루스에서 전능하신 하나님이 내게 나타나사 복을 주시며 내게 이르시되 내가 너로 생육하고 번성하게 하여 네게서 많은 백성이 나게 하고 내가 이 땅을 네 후손에게 주어 영원한 소유가 되게 하리라 하셨느니라"(창 48:3-4).

야곱이 애굽에 내려올 때 그의 가족은 70명에 불과했습니다. 당시 야곱은 약속의 땅 가나안에 있는 것도 아니고 애굽에 피난 삼아 내려와 있었습니다. 눈으로 보기에는 아무것도 이룬 것이 없으며, 얻은 것이 하나도 없는 것만 같습니다. 그럼에도 불구하고 야곱은 전능하신 하나님께서 전에 자신에게 약속하신 것을 믿었기 때문에 바로도, 그의 자녀와 자손도 축복하는 삶을 살 수 있었던 것입니다. 이것이 야곱이 우리에게 보여준 믿음의 모습입니다.

믿음의 문을 통과하는 사람은 자기만의 만족에 빠져 있지 않습니다. 다른 사람들을 축복하는 삶을 살아갑니다. 야곱은 이러한 축복의 믿음을 사용하며 살았습니다.

당신은 축복의 사람입니까, 아니면 물질의 노예입니까? 야곱은 축복의 사람으로 바뀌었습니다. 물질의 노예였던 그가 이제는 다른 사람을 축복하는 사람으로 변했습니다. 당신도 사랑하는 이들을 위해서 축복하되 하나님의 뜻이 그들의 삶 속에 이루어지도록 축복하십시오. 하나님의 축복의 역사는 언제나 하나님의 뜻에 순종하는 자를 통해서 나타나게 되기 때문입니다.

경배하는 믿음

야곱의 믿음은 하나님을 경배함으로 인생을 마감하는 믿음이었습니다.

"믿음으로 야곱은 죽을 때에……그 지팡이 머리에 의지하여 경배하였으며"(히 11:21).

지팡이 머리에 의지하여 경배하였다는 말씀은 무엇을 의미하는 것입니까? 이 말씀의 배경은 창세기 47장입니다. 야곱이 죽을 날이 가까워지자 요셉을 불러 자신의 허벅지 밑에 손을 넣게 하고 맹세하게 합니다. "내가 죽거든 애굽 땅에 장사하지 말고 조상의 묘지에 장사지내도록 하라." 그리고 창세기 47장 31절을 보면, "야곱이 또 이르되 내게 맹세하라 하매 그가 맹세하니 이스라엘이 침상 머리에서 하나님께 경배하니라" 하였습니다.

본문에 나오는 '침상'(מטה)이라는 단어는 '밑타'(mittah)라고 읽으면 침상이라는 뜻이 되고, '맡테'(matteh)라고 읽으면 지팡이라는 뜻이 됩니다. 히브리 마소라 텍스트는 이것을 밑타라고 읽어 침상이라고 번역하였고, 헬라어 역본(LXX)에서는 맡테라고 읽어 지팡이라고 번역하였습니다. 이것은 야곱이 지금 지팡이 머리든, 침상의 머리든, 그것에 의지하고서야 일어날 정도로 죽을 때가 임박하였다는 것입니다.

그는 이제 앉고 일어서는 것마저 마음대로 할 수 없을 정도로 기력이 다 쇠진하였다는 것입니다. 그런데 그 순간 그가 무엇을 하였습니까? 그는 지팡이에 그의 몸을 의지하고 일어나서 그를 가까이서 도우셨던 하나님, 그를 인도하셨던 하나님, 그를 모든 환난 가운데서 건지셨던 하나님, 그리고 그의 조부 아브라함과 그의 아버지 이삭이 섬겼던 그 하나님께 경배를 드림으로 그의 생애를 마감하고 있습니다. 이것이 야곱이 우리에게 보여준 믿음의 모습입니다. 우리는 이 야곱의 모습을 보면서 두 가지를 생각해 볼 수 있습니다.

첫째로, 우리는 인생을 어떻게 마감할 것인가 하는 것입니다.
사람은 살아 있는 동안에는 천년만년 살 것처럼 생각하지만, 사실 우리의 인생에는 반드시 마감의 순간이 있습니다. 그 마감의 순간을 어떻게 맞느냐에 따라 우리의 인생은 전혀 다르게 평가되는 것입니다.
야곱은 그의 생애를 마감하는 순간을 믿음으로 하나님을 경배하면서 마감하였다는 것입니다. 얼마나 귀하고 멋있는 모습입니까? 믿음으로 사는 것도 중요하지만, 믿음으로 우리의 생을 마감하는 것은 더 중요하고 아름다운 것입니다. 우리 모든 성도들도 우리의 생애 마지막을 이렇게 믿음으로 하나님을 찬양하고 경배하면서 마감할 수 있기를 바랍니다.
그런데 생의 마지막을 이렇게 믿음으로 경배하면서 마감하는 것은 그냥 되는 것이 아닙니다. 믿음으로 살지 않고는 믿음으로 마감할 수 없는 것입니다. 따라서 믿음의 문을 통과하기 위해서는 날마다 하나님께 예배하는 삶을 살아야 합니다. 하나님께 경배하는 삶을 살아야 합니다.

야곱이 마지막 순간을 믿음으로 하나님을 경배하면서 마칠 수 있었던 것은 평소 늘 하나님을 경배하는 삶을 살았기 때문입니다. 이런 면에서 인생을 마감하는 모습은 그 사람의 인생 전체를 평가할 수 있는 잣대가 된다고 할 수 있습니다. 우리도 인생을 이렇게 믿음으로 하나님을 경배하면서 마감할 수 있기를 바랍니다.

둘째로, 야곱이 언제 하나님을 경배하였는가 하는 것입니다.

"야곱이 또 이르되 내게 맹세하라 하매 그가 맹세하니 이스라엘이 침상 머리에서 하나님께 경배하니라"(창 47:31).

요셉이 야곱에게 맹세하고 난 다음에 하나님께 경배하였다는 것입니다. 그러면 요셉이 야곱에게 맹세한 것이 무엇입니까? 30절에 의하면, 야곱이 죽은 다음 애굽에서 메어다가 조상의 묘지에 장사하겠다는 맹세였습니다. 하나님께서 약속하신 땅에 자신을 장사하겠다는 아들의 맹세를 듣고 난 후에, 야곱은 비로소 하나님께 경배하였습니다. 야곱은 화려하고 비옥한 애굽 땅보다 가나안 땅을 더 귀하게 여겼다는 말씀입니다. 애굽에서 얻을 수 있는 그 많은 것보다 가나안 땅을 더 바랐다는 말씀입니다. 그가 비록 지금은 애굽 땅에 머무르지만 믿음으로 하나님의 약속을 바라볼 때 하나님을 경배하게 된 것입니다. 우리 모두도 하나님의 약속을 믿음으로 바라보아야 합니다.

야곱의 인생을 보면, 태어날 때보다 죽을 때가 더 아름답고 귀한 사람이라는 생각이 듭니다. 야곱의 황혼이 이렇게 아름다울 수 있었던 이유는 오직 하나, 믿음으로 그의 생을 마감하였기 때문입니다. 야곱은 믿음으로 자녀들을 축복해 주고, 믿음으로 하나님의 섭리와 뜻을 따르며, 하나님의 약속을 믿음으로 바라보고 마지막에 경배함으로 믿음의 문을 통과하는 사람이었습니다.

당신은 예배에 목숨을 걸고 있습니까? 하나님을 경배하는 것에 인생의 초점을 두고 있습니까? 예배의 성공자는 인생 성공자가 될 수 있습니다. 하나님을 경배하는 것이 인생의 목적이 되어야 합니다.

당신의 삶은 얼마나 남았습니까? 아직도 젊음에 힘이 넘쳐흐릅니까, 아니면 이제 이 세상의 짐을 내려놓고 하나님 앞에 서야 할 시간이 가깝습니까? 이제는 지난 세월의 하나님의 도우심과 인도하심을 고백하십시오. 그리고 믿음의 자녀들에게 믿음으로 축복하십시오. 당신의 삶이 아름다운 마감을 할 수 있도록 늘 믿음으로 축복하고, 하나님의 섭리와 뜻에 순종하며 약속을 바라보는 삶을 살기를 바랍니다.

Faith is…

믿음은 축복의 권세를 누릴 수 있는 특권이다.
믿음은 하나님께서 자기를 지키고 보호하며 먹이고 입히고 기르신다는 것을 확신하는 것이다.
믿음은 최고의 은혜이며 축복이다.
믿음은 아무것도 혼자서 하지 않는 것이다. 모든 것을 하나님과, 하나님 안에서, 하나님을 통해서 하는 것이다.
믿음은 아직도 어두운 새벽에 노래 부르는 새와 같다.
믿음은 어둠 속에서도 자란다. 그를 만질 수 없으면서도 그를 의지하는 것, 이것이 믿음이다.
믿음은 인간 지성과 이성을 초월하는 능력이다.
믿음은 인간의 모든 가능성이 고갈된 후에 하나님만이 가진 가능성에 옮겨 타는 것을 말한다.
믿음은 장차 실체로 나타나는 실상이다.
믿음은 종달새의 알에서 종달새가 지저귀는 소리를 듣는 것이다.
믿음은 이성에 대한 반대행위가 아니다. 단지 인간의 5대 감각의 범위를 뛰어넘는 것이다.
믿음은 최상을 가져오고, 사랑은 최고를 실천하며, 겸손은 최대를 소유케 한다.
믿음은 하나님이 하실 수 있다는 가능성을 믿는 것이 아니라 하실 것임을 믿는 것이다.

믿음의 축복

1. 고백하는 믿음

야곱은 그의 자손들을 축복하면서 하나님을, 언약을 지키시는 하나님, 목자처럼 자상하신 하나님, 환난 날에 구원하시는 은혜의 하나님으로 소개합니다. 그러므로 후손들이 환난에서 건지신 하나님만 믿고 나아갈 것을 축복했던 것입니다.

  묵상 질문

내가 만난 하나님은 어떤 하나님이신가요?

....

....

....

2. 축복하는 믿음

야곱은 그의 인생 후반부에 들어서면서, 특히 애굽에 내려온 다음 놀랍게 변화된 삶을 살았습니다. 가장 두드러진 변화 중 하나는 이제 다른 사람을 축복하는 인생으로 변화되었다는 것입니다.

  묵상 질문

나의 삶에 가장 큰 변화가 있다면 무엇인지 나눠보십시오.

....

....

3. 경배하는 믿음

한 사람의 인생 전체를 가늠할 수 있는 것들 중 중요한 것이 그 사람이 임종을 어떻게 맞느냐 하는 것입니다. 따라서 우리는 야곱과 같이 믿음으로 임종을 맞아야 합니다.

☐ 묵상 질문

나는 임종을 어떤 모습으로 맞고 싶은지 함께 나눠보십시오.

....

....

....

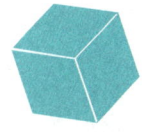

Part 2.
믿음의 순종

인생 마무리를 위한 비전

"믿음으로 요셉은 임종 시에 이스라엘 자손들이 떠날 것을 말하고 또 자기 뼈를 위하여 명하였으며"(히 11:22).

요셉의 생애는 한 편의 감동적인 드라마와도 같습니다. 그는 약 17세의 어린 나이로 외국 땅 이교도의 나라로 팔려갔습니다. 거기서 그는 여러 해 동안 우상숭배자들에게 둘러싸여 있었습니다. 그럼에도 불구하고 그는 모든 시험과 시련 중에서도 하나님께 대하여 진실하였습니다. 그는 하나님을 신뢰한 믿음의 사람이었습니다. 부모 슬하에서 가나안에 살 때나 애굽에서 살 때나 요셉은 믿음의 사람이었습니다. 이런 믿음의 사람도 세월 앞에서는 무력했습니다. 어느덧 세월이 지났습니다. 이제 요셉은 임종을 맞이하게 되었습니다. 인생 마무리를 할 때가 되었습니다. 그는 이때 이스라엘 자손들이 애굽에서 떠날 것을 말하고 있습니다.

요셉은 이방인이었지만 애굽에서 누릴 수 있는 최고의 권한과 영광을 다 누린 사람입니다. 그런 그가 임종 전에 출애굽을 예언하며 자신의 해골을 언약의 땅 가나안에 묻어 달라고 부탁합니다. 왜 요셉은 자신의 유골을 가나안에 묻어 달라고 유언했습니까? 그의 유골이 죄와 우상의 나라 애굽에 있으면 부활의 영광을 입을 수 없기 때문이었을까요? 그렇지 않습니다. 아마 요셉은 비록 그 육신은 죽어 땅에 묻히지만 죽은 육신이나마 믿음의 문을 통과하여 언약의 땅에 믿음의 조상들과 함께 묻혀 언약의 백성들과 영원히 거하기를 원했기 때문일 것입니다. 이처럼 믿음의 사람은 죽는 순간에도 하나님의 언약을 기억하며 그 언약 가운데 거하기를 사모합니다. 그렇다면 요셉의 인생 마무리를 위한 비전은 무엇일까요?

말씀 안에서의 비전

요셉은 임종을 앞두고 이스라엘 자손들이 종국에는 애굽을 떠나게 될 것을 말하고 있습니다. 여기서 '말한다'는 말은 그저 이야기하는 정도가 아니라, 기억에 남도록 언급한다는 의미입니다. '말하여 명심케 하였다'는 것입니다. 창세기 50장 24절을 보면, 요셉이 죽음에 임박하여 그의 형제들에게 유언의 말을 이르는 장면이 나옵니다.

"요셉이 그의 형제들에게 이르되 나는 죽을 것이나 하나님이 당신들을 돌보시고 당신들을 이 땅에서 인도하여 내사 아브라함과 이삭과 야곱에게 맹세하신 땅에 이르게 하시리라 하고."

요셉이 언급한 내용은 세 가지입니다. '첫째, 하나님께서 당신들을 돌보실 것이다. 둘째, 하나님께서 당신들을 이 땅에서 인도하여 내실 것이다. 셋째, 하나님께서 당신들을 아브라함과 이삭과 야곱에게 맹세하신 땅에 이르게 하실 것이다'라는 것입니다.

요셉이 살아 있을 때는 요셉이 그들을 돌봐줄 수 있었지만, 이제 요셉이 죽고 나면 누가 그 가족들을 돌봐줄 것입니까? 이것은 아마 다른 모든 형제들의 고민과 관심사였을 것입니다. 이에 대해 요셉은 말합니다. "하나님께서 당신들을 돌보아주실 것입니다."

그들은 어느덧 애굽의 생활에 익숙해졌을 것입니다. 애굽에서 어느 정도 대접을 받고 비옥한 땅도 차지하고 있으며, 가족과 재산이 엄청나게 늘었을 것입니다. 아마 그들은 이 애굽 땅에서 지내는 것도 괜찮겠다는 생각을 했을 것입니다. 그러나 요셉은 그 형제들에게 분명하게 말하기를, '하나님께서 당신들을 이 땅에서 인도하여 내실 것'이라고 하였습니다. 그리고 그는 그들이 가야 할 목적지를 분명히 말하고 있습니다. 하나님께서 아브라함과 이삭과 야곱에게 맹세하신 땅에 이르게 될 것이라는 말입니다.

요셉이 이렇게 형제들에게 말할 수 있었던 것은 하나님께서 그의 증조부 아브라함에게 하셨던 말씀을 믿었기 때문입니다.

"여호와께서 아브람에게 이르시되 너는 반드시 알라 네 자손이 이방에서 객이 되어 그들을 섬기겠고 그들은 사백 년 동안 네 자손을 괴롭히리니 그들이 섬기는 나라를 내가 징벌할지며 그 후에 네 자손이 큰 재물을 이끌고 나오리라"(창 15:13-14).

요셉은 이 하나님의 말씀을 철저히 믿었던 것입니다. 그래서 자신으로부터 시작하여 이스라엘 백성이 앞으로 400년을 그 땅에서 살겠지만, 하나님께서는 반드시 이스라엘 자손들을 그 땅에서 이끌어 내시고 약속의 땅으로 인도해 주실 것이며, 그러기 위해서는 하나님께서 그들을 돌보실 것이라는 확신이 있었던 것입니다. 요셉의 믿음은 바로 하나님의 말씀에 근거한 믿음이었습니다.

그런데 생각해 보십시오. 요셉이 이 하나님의 약속의 말씀을 쉽게 믿을 수 있었겠습니까? 요셉은 이 말씀을 자신이 직접 들은 것도 아닙니다. 그가 얼굴도 보지 못한 그의 증조부 아브라함이 하나님께 들었던 말씀입니다. 요셉이 어떻게 이 약속의 말씀을 알게 되었을까요? 그것은 아브라함이 이삭에게, 이삭이 야곱에게, 야곱이 요셉에게 전해 주었기 때문일 것입니다.

당대에 요셉의 말은 사람을 살리기도 하고, 죽이기도 하는 권세의 말이었습니다. 요셉의 눈에 그의 아버지 야곱의 말은 한 늙은 이민자의 추억과 같은 이야기였을 수 있습니다. 그러나 요셉은 자신의 권세를 믿고 산 것이 아니라, 그의 아버지 야곱이 전해 주는 하나님의 말씀을 의지하고, 그 말씀에 근거하여 믿음으로 살았다는 것입니다.

믿음의 문을 통과하는 사람은 말씀의 사람입니다. 말씀의 성취를 믿고 나아가는 사람입니다. 이것이 요셉이 우리에게 보여주는 믿음

1. 인생 마무리를 위한 비전

의 모범입니다.

　오늘날 과학이 발달하고 기술이 좋아지면서 사람들은 과학을 우상과 같이 여깁니다. 과학이 발표한 것만이 진리라고 믿으며, 그것을 맹종하고 삽니다. 그런 사람들에게 성경의 말씀은 종종 무시되고 옛날 옛적 전설과 같은 이야기로 여겨집니다. 그러나 하나님의 말씀은 어제나 오늘이나 영원토록 변함없는 진리이며, 우리에게 생명을 주시는 영생의 말씀입니다. 이것을 믿는 자들에게는 이 말씀이 능력이며, 창조이며, 생명이 되는 것입니다. 이것이 믿음입니다.

　당신은 하나님의 말씀을 어떻게 대하고 있습니까? 요셉은 결코 자신의 권세나 명예, 능력과 지혜를 앞세워 하나님의 말씀을 무시하지 않았습니다. 죽는 순간까지 그의 아버지를 통해 전해 주신 말씀을 믿었고, 그 말씀을 다음 세대에 전하는 삶을 살았습니다. 우리도 하나님의 말씀을 내 삶의 최고 권위로 삼아야 합니다. 그리고 그 말씀에 우리 삶을 전폭적으로 의지하고 그 말씀대로 사는 믿음의 사람들이 되어야 합니다.

　오늘 당신은 어떠합니까? 하나님의 비전을 가슴에 품고 있습니까? 그 비전을 품고 살아가고 있습니까? 그렇다면 삶에 어떤 시련이 와도 넘어지지 않습니다. 절망하거나 낙심하지 않습니다. 믿음의 문 앞에서도 담대할 것입니다. 왜냐하면 하나님께서 우리와 함께하시고 그 비전을 성취하시기 때문입니다. 그래서 자기 자신을 넘어 가족과 민족에게 큰 영향을 주는 삶을 살아갈 수 있는 것입니다. 이런 하나님의 비전을 가슴에 품고 살아가는 삶이 되어야 합니다.

죽음 이후의 비전

인생의 마무리를 잘하는 사람은 죽음 앞에서도 의연합니다. 죽음 앞에서도 흔들리거나 두려워하지 않습니다. 또한 후회나 원망도 하지 않습니다. 왜냐하면 죽음 이후의 세계를 믿고 있기 때문입니다. 요셉은 죽음 이후의 세계를 알았습니다. 그가 갈 곳을 알고 있었습니다. 그런 면에서 요셉은 참으로 훌륭한 신앙적인 인물이었습니다. 가나안 땅에 있을 때나 애굽에 있을 때나, 낮아졌을 때나 높아졌을 때나, 괴로울 때나 즐거울 때나, 살아 있을 때나 죽음 앞에서나 변함없이 한결같은 믿음으로 산 인물이었습니다.

그런데 히브리서 기자는 요셉이 믿음을 따라서 어떻게 살았는가에 대해서는 일체 언급을 하지 않고 있습니다. 단지 그가 믿음을 따라서 죽었다는 사실만 우리에게 말씀하고 있습니다. 왜 그렇습니까? 믿음을 따라서 사는 것도 중요하지만, 더 중요한 것은 믿음을 따라서 죽는 것이기 때문입니다.

요셉은 죽음의 때를 잘 알았습니다. 요셉이 지상에서의 삶을 마무리하는 때가 되었습니다. 그는 자기의 긴 생애를 애굽에서 보냈습니다. 그리고 그 생애의 후반부 동안은 지극히 높은 자리에 올라 있었습니다. 사도행전 7장 10절에 말하듯이, 그는 애굽과 그 온 집의 치리자요 주(主)였습니다. 그러나 존귀와 부귀와 영화도 그 거룩한 사람으로 하여금 하나님의 약속을 잊게 하거나, 그 영혼으로 하여금 땅에 매이게 하지 못했습니다. 요셉의 생각은 이 세상의 명예와 쾌락보다 더 높은 곳을 향해 있었습니다.

요셉의 경우에 지상의 부귀와 영화는 일부분이었습니다. 물질적인 것들은 하나님의 은사입니다. 그러므로 그것들로 하나님을 찬양하도록 선용해야 합니다. 우리가 아무것도 가진 것이 없을 때에 일용할 양식을 위해서 하나님을 의지하는 것은 믿음이 있는 증거입니다. 그러나 재산을 엄청나게 많이 가졌음에도 불구하고 그 마음의 생각이 겸손하다면 그만큼 더 많은 믿음이 있는 것입니다. 이처럼 생각이 하나님께 머무르게 하고, 마음이 하나님께 향하도록 하기 위해서는 많은 경건의 연습이 필요합니다. 그러므로 성령은 우리에게 이렇게 말씀합니다.

"……재물이 늘어도 거기에 마음을 두지 말지어다"(시 62:10).

우리는 주신 재물에 대하여 하나님께 감사하며, 그것들을 하나님의 영광을 위하여 사용해야 할 것입니다.

애굽의 부귀영화도 요셉을 죽지 못하게 할 수는 없었습니다. 요셉은 자기 생애의 마지막이 임박했음을 알고 확신에 찬 신념으로 그때를 맞았습니다. 아무리 명성이 있어도 준비해야 합니다. 많은 부귀와 재물이 넘쳐나도 준비해야 합니다. 요셉은 애굽의 부귀영화 때에도 죽음을 준비했던 것입니다. 믿음으로 준비했습니다. 자기에게 임할 죽음을 명예와 재물로 거부하지 않았습니다. 그 때와 그 시기를 알았던 것입니다.

믿음의 문을 통과하는 사람은 마지막을 준비합니다. 믿음의 문 앞에서 실패하지 않도록 준비해야 합니다. 어떤 것도 장애물이 되어서는 안 됩니다. 죽음 이후의 세계를 알지 못하면 부귀와 영화 앞에서 무릎 꿇고 말 것입니다. 그러나 죽음 이후의 비전을 가지고 있는 사람은 어떤 장애물도 극복하며 나아갑니다. 어떤 두려움도 정복하며 나아갑니다. 결코 포기할 수 없는 길이기 때문입니다. 죽음 이전의 삶이냐, 죽음 이후의 비전이냐입니다.

당신은 죽음을 어떻게 생각합니까? 나에게는 죽음이 임하지 않을 것이라고 생각하지는 않습니까? 그러나 죽음은 누구에게나 오는 것입니다. 그래서 죽음을 준비해야 합니다. 당신은 이를 위하여 평생 그 시간을 준비하고 있어야 합니다. 인생이란 매우 불확실한 조건에 매달려 있습니다. 하나님께서 당신이 사는 날 동안 재림하지 아니하시면 죽음이야말로 당신이 맞아야 하는 마지막 큰 시험이 될 것입니다. 따라서 당신은 믿음의 갑주를 입고 의의 흉배와 구원의 투구로 무장해야 합니다.

믿음을 따라서 사는 것은 중요합니다. 그러나 더 중요한 것은 당신이 믿음을 따라서 아름답게 당신의 삶을 마무리하는 것입니다. 당신은 내일 일을 알지 못합니다. 언제 하나님께서 당신을 부르시더라도 당신의 믿음이 더욱더 아름답게 빛나기를 바랍니다. 인생의 마무리를 잘하는 것이 면류관입니다.

약속의 땅을 향한 비전

인생의 마무리를 잘하는 사람은 소망이 있는 사람입니다. 요셉에게는 소망이 있었습니다. 그 소망이 무엇이었습니까? 그 소망은 바로 약속의 땅 가나안이었습니다. 그곳에서 민족 공동체를 이루는 것이었습니다. 그는 비록 애굽에서 임종을 맞이하지만 언젠가는 하나님께서 인도하실 가나안을 바라보는 것입니다. 그리고 그 가나안에 들어갈 것을 믿는 것입니다. 그래서 소망이 있는 요셉은 자기만 이곳에서 매장되어 있는 것이 아니라 반드시 함께할 것을 말하고 있습니다. 동행하며 살 것을 말하고 있습니다. 이것이 요셉의 소망이었습니다. 요셉은 마지막으로 죽기 전 이렇게 유언을 합니다.

> "요셉이 그의 형제들에게 이르되 나는 죽을 것이나 하나님이 당신들을 돌보시고 당신들을 이 땅에서 인도하여 내사 아브라함과 이삭과 야곱에게 맹세하신 땅에 이르게 하시리라 하고 요셉이 또 이스라엘 자손에게 맹세시켜 이르기를 하나님이 반드시 당신들을 돌보시리니 당신들은 여기서 내 해골을 메고 올라가겠다 하라 하였더라"(창 50:24-25).

여기서 요셉의 소망을 발견할 수 있습니다. 요셉의 소망은 당당했습니다. 요셉의 소망은 믿음의 행동이었습니다. 요셉의 소망은 애굽에서 벗어나 약속의 땅 가나안으로 들어가는 것이었습니다. 애굽과의 결별이자 주변국과의 동맹의 결렬이었습니다.

요셉의 믿음은 다른 사람은 아무도 모르게 자기 마음속에 감추어둔 비밀스런 것이 아니었습니다. 요셉은 그처럼 오랫동안 높은 자리를 차지하고 있었지만 자기가 하나님의 약속을 믿고 확신하고 있음을 다른 사람들이 알까봐 부끄럽게 여기는 그런 사람이 아니었습니다.

그는 애굽 사람들 속에서 큰 영광과 권위를 가지고 있었습니다. 지혜와 분별력으로 그의 명성은 여러 나라에 알려졌습니다. 그러므로 그러한 자들과의 모든 동맹을 공개적으로 기각시켜 버리는 것이 그에게 더욱 필요하였습니다. 그렇게 해야만 그의 후손들이 그가 애굽 사람이 되었다고 생각하지 않을 것입니다. 만일 그가 애굽 사람들을 좋아했고 사랑했다면, 자기 무덤이 그들 가운데 있기를 원하였을 것입니다. 그러나 그의 마음은 다른 데 가 있었습니다. 그래서 요셉은 자신의 시신을 애굽에 묻지 말고 해골을 메고 가나안으로 올라가라고 했습니다.

후에 이스라엘 사람들이 모세의 지도를 따라 애굽을 떠날 때를 상상해 보십시오. 약 200만 명이나 되는 무리들이 애굽을 떠나는 행렬은 바로 요셉의 장례 행렬이라 해도 무방합니다. 그중에 요셉의 해골을 메고 가는 자가 섞여 있기 때문입니다. 역사상 그 누구의 장례식이 200만 명의 조객들이 약 40여 년간 행진함으로 진행되겠습니까? 참으로 장엄하고 길고 긴 장례 행진이라 하지 않을 수 없습니다.

요셉의 해골을 메고 떠나는 그 사건의 의미는 매우 강렬합니다. 단순한 장례식이 아닙니다. 그것은 요셉의 신앙 간증이기도 합니다. 곧 '나의 소망은 가나안'이라는 고백입니다. "애굽이여, 그대의 나라에서 내가 살았으며 많은 권세를 누렸으나 나는 가노라, 하나님의 약속의 땅으로 가노라" 하고 외치는 묵시입니다.

요셉은 애굽을 영원한 기초로 삼지 않았습니다. 이 땅에서는 영구한 처소가 없으며 하나님의 나라만이 영원히 머물 곳임을 안 이상, 그는 죽음을 통하여 자신의 믿음을 간증하고 있습니다.

그리고 요셉의 해골은 시각적인 행렬 속에서 옮겨졌습니다. 그것은 하나의 시위이기도 합니다. 약속의 땅을 향한 비전이기도 합니다. '애굽이여, 나를 보라'는 뜻입니다. 그는 자신이 믿고 신뢰한 하나님께로 가고 있음을 보여주고 있습니다. 만약 요셉이 애굽에 장사 지낸 바 되었다면 아마 그는 애굽 사람으로서 숭상을 받았을지도 모릅니다. 애굽인들은 요셉이 생존해 있을 때에도 그를 존경했기 때문에 얼마든지 숭상의 대상이 될 여지가 있다고 볼 수 있습니다. 그래서 요셉은 해골을 통하여 강력한 믿음을 선포하고 있습니다.

마음으로 믿고 입으로 표현해야 합니다. 믿음이 입으로 표현되지 않으면 비겁한 침묵이 되고 맙니다. 또한 삶이 말 이상으로 믿음을 표현하고 간증해야 합니다. 요셉은 말로나 삶으로뿐 아니라, 죽어서 말라버린 해골까지도 믿음을 선포하면서 애굽을 떠나 가나안으로 올라가고 있습니다.

우리는 소위 숨은 그리스도인이 되지 말아야 합니다. 요셉은 애굽에 묻히지 않음으로써 소망이 약속의 땅에 있었다는 것을 증거했습니다. 이것이 요셉의 소망이었습니다. 요셉의 당당함이었습니다. 요셉의 소망은 죽어서도 당당했습니다. 이것이 믿음의 문을 통과하는 자의 당당함입니다.

당신에게는 어떤 소망이 있습니까? 당신은 가슴속에 품은 소망에 당당합니까? 죽어서도 외칠 수 있는 소망입니까? 당신은 하나님의 비전을 가슴에 품고 있습니까? 그렇다면 삶에 어떤 시련이 와도 넘어지지 않습니다. 왜냐하면 하나님께서 당신과 함께하시고 그 비전을 성취하시기 때문입니다.

    인생은 매우 불확실한 조건에 매달려 있습니다. 따라서 우리는 믿음의 갑주를 입고, 의의 흉배와 구원의 투구로 무장해야 합니다. 우리가 믿음을 따라서 사는 것이 중요합니다. 그리고 인생의 마무리를 잘하는 것이 면류관입니다. 우리는 요셉처럼 인생을 마무리할 때에도 믿음으로 해야 합니다.

Faith is…

믿음은 하나님의 비전을 가슴에 품고 살아가는 것이다.
믿음은 죽음 이후의 세계까지도 바라보고 준비하게 한다.
믿음은 우리의 삶을 아름답게 마무리할 수 있는 결정적 요소이다.
믿음은 해 아래의 인생이 아니라 해 위의 인생을 바라보게 한다.
믿음은 단순한 맡김이며, 인간이 소유할 수 있는 것 중 최고의 유산이다.
믿음은 그리스도를 보는 눈이 있을 뿐만 아니라 그리스도에게 날아가는 날개도 있다.
믿음은 하나님에 의해 완전히 압도를 당할 때 일어나는 확신이다.
믿음은 소유이다. 이것을 가지지 못한 자는 걸어 다니는 송장과 같다.
믿음은 근육과 같고, 기도는 이를 강화하는 운동이다.
믿음은 마음속의 앎이요, 증거의 테두리를 넘어서는 앎이다.
믿음은 보지 못하는 것을 보는 것이며, 믿을 수 없는 것을 믿는 것이며, 불가능한 것을 갖는 것이다.
믿음은 보는 것보다 더 나아갈 수 있는 영혼의 과감성을 말한다.
믿음은 당신의 영의 눈이요, 마음이요, 생각이다.

🔷 인생 마무리를 위한 비전

1. 말씀 안에서의 비전

요셉은 "하나님께서 당신들을 돌보실 것이다. 이 땅에서 인도해 내실 것이다. 아브라함과 이삭과 야곱에게 맹세하신 땅에 이르게 하실 것이다"라고 비전을 제시했습니다.

☐ 묵상 질문

하나님보다 더 신뢰했던 세상의 가치들은 무엇인가요?

....

....

....

2. 죽음 이후의 비전

믿음을 따라서 사는 것만큼 중요한 것은 믿음을 따라서 아름답게 삶을 마무리하는 것입니다. 언제 하나님께서 우리를 부르시더라도 우리의 믿음이 더욱더 아름답게 빛나기를 바랍니다. 인생의 마무리를 잘하는 것이 면류관입니다.

☐ 묵상 질문

우리 각자가 생각하는 죽음이란 무엇인지 함께 나눠보십시오.

....

....

3. 약속의 땅을 향한 비전

요셉의 소망은 애굽과의 결별이자 주변국들과의 동맹의 결렬이었습니다. 이 땅에서는 영구한 처소가 없으며 하나님의 나라만이 영원히 머물 곳임을 알고 죽음을 통하여 자신의 믿음을 간증하고 있습니다.

☐ **묵상 질문**

복음의 삶을 위해 나타내야 할 신앙의 고백은 무엇인가요?

....

....

....

극복하는 믿음의 행동

"믿음으로 모세가 났을 때에 그 부모가 아름다운 아이임을 보고 석 달 동안 숨겨 왕의 명령을 무서워하지 아니하였으며"(히 11:23).

출애굽기 2장에서는 모세의 출생에 대해서 말씀하고 있습니다. 모세가 태어날 때는 정치적으로 매우 좋지 않은 상황이었습니다. 하나님을 알지 못한 왕이 집권하게 되었습니다. 그는 애굽의 집권을 위해서 이스라엘을 인정하지 않았습니다. 오히려 이스라엘 민족을 두려워했습니다. 그리하여 애굽의 바로 왕은 히브리인 신생 남아는 무조건 하수에 던져 죽이라는 명령을 내립니다. 이런 바로의 무서운 대학살 정책이 애굽 전역에 한창 벌어지고 있었던 무렵입니다. 이때 한 레위 지파의 가정에서 남자아이가 탄생하였습니다. 그 아이가 바로 장차 이스라엘 백성들을 애굽의 압제에서 구출하여 출애굽시킬 모세였습니다.

이처럼 모세는 핍박과 박해의 소용돌이가 한창 휘몰아치던 그 고난의 현장 가운데서 태어났습니다. 따라서 모세의 생명은 극히 위험했습니다. 그리고 어쩌면 당시 바로의 마음을 장악하고 있던 사탄은 그 누구보다도 이 아이의 생명을 찾기 위해 혈안이 되었는지도 모릅니다.

그러나 우리는 여기서 믿음의 전승을 볼 수 있습니다. 위기 가운데서도 모세의 부모로부터 시작된 믿음이 모세에게 이어지는 것을 보여주고 있습니다. 그래서 이스라엘 백성들에게서 어떻게 열매 맺고 있는가를 보여줍니다. 따라서 히브리서 기자는 모세의 부모가 믿음으로 행동했다고 증거하고 있는 것입니다. 그렇다면 모세의 부모의 믿음은 어떤 믿음이었습니까? 그 믿음의 행동이 어떤 것이었기에 모세를 지켜낼 수 있었을까요?

위기와 절망을 극복하는 믿음

모세의 부모의 믿음은 위기와 절망을 극복하는 믿음이었습니다. 그 믿음의 행동은 모세가 태어났을 때의 시대적 상황을 보면 잘 알 수 있습니다. 그 시대는 매우 어려웠습니다.

히브리서 11장 22절에 기록된 것과 23절에 기록된 것 사이에는 상당한 시간 간격이 있습니다. 그 시간적인 틈이 출애굽기 1장에 기록된 것으로 연결됩니다. 출애굽기 1장에서는 히브리 사람들의 지위에 현저한 변화가 일어났음을 보여줍니다. 과거 요셉의 때에는 애굽 사람들이 친절하였습니다. 그들이 거할 고센 땅도 주었습니다. 그런데 요셉을 알지 못하는 또 다른 왕조의 왕이 일어났습니다. 이 새로운 왕조는 가장 불친절한 폭군이었습니다. 아브라함의 후손들을 지독히 압제하였습니다. 그러므로 개인이나 민족 모두가 그 무서운 변화를 겪어야 했던 것입니다.

애굽의 새로운 통치자의 정책은 아주 빠르게 확연히 드러났습니다. 새로운 왕조는 하나님의 진리를 알지 못했습니다. 그리고 이스라엘의 수적인 면에 위축되었습니다. 전쟁이 나면 배신해서 오히려 자기들을 대적할까 봐 두려워했습니다. 그래서 왕조는 대안을 세웠습니다.

그 대안으로 애굽 왕은 산파에게 명령을 내려 히브리인들에게서 출생하는 모든 남자아이는 죽이라고 명령합니다. 그러나 이방 사람들이 하나님께서 자기 백성에게 주신 약속을 거역하는 어떠한 법을 만든다 할지라도 그 모든 법은 확실히 실패하고 맙니다. 왜냐하면 하나님께서는 아브라함에게 헤아릴 수 없이 많은 자손을 주리라고 약속하셨기 때문입니다. 그리고 야곱에게도 '너로 큰 민족을 이루게 하리라' 하고 말씀하셨습니다.

그러니 바로가 태양을 비추지 못하게는 할 수 있어도 이스라엘 자손의 번식을 막을 수는 없는 것입니다. 애굽 왕 바로는 자기의 실패를 인정치 않고 이렇게 선언합니다. "남자가 나거든 그를 하수에 던지라." 아마도 바로는 이렇게 생각했을 것입니다. 이 야만스러운 법령의 집행을 자기 백성에게 맡겼으니 자기의 악한 계획이 틀림없

2. 극복하는 믿음의 행동

이 성공하리라고 말입니다.

그러나 하나님께서 고난받는 이스라엘 민족을 해방시킬 자를 태어나게 하신 것이 바로 그 시기였습니다. 바로 왕이 극악할 때였습니다. 하나님은 반전의 역사를 준비하셨던 것입니다.

가장 힘든 시기입니다. 상황이 좋지 않은 때였습니다. 그러나 하나님의 계획하심과 섭리의 역사 앞에는 어떠한 장애도 걱정이 없습니다. 모세의 부모는 이러한 믿음으로 위기와 절망을 극복했습니다. 그들은 바로 왕의 권세 앞에서도 굴복하지 않았습니다. 그의 명령 앞에서도 굴복하지 않았습니다. 이것이 믿음의 문을 통과할 수 있는 믿음입니다. 믿음의 문을 통과하는 사람은 위기와 절망을 두려워하지 않습니다.

우리는 여기서 하나님의 전능성을 깨달을 수 있습니다. 모세는 한가하고 행복한 시절에 태어난 것이 아닙니다. 어려운 상황이었습니다. 그럼에도 불구하고 하나님은 구원의 역사를 이루어가십니다. 하나님은 울부짖는 이스라엘 백성의 신음 소리를 외면치 않으셨습니다.

우리는 불가능해 보여도 하나님은 가능한 분이십니다. 우리의 상황은 어렵고 고통스러워도 하나님의 섭리는 진행 중입니다. 그리고 마침내 이스라엘 백성을 출애굽시키시고 구원으로 인도하시는 것입니다.

당신의 삶이 어려운 상황 속에 있습니까? 당신의 삶이 위기와 절망에 처해 있습니까? 앞뒤가 막혀 있습니까? 그래도 두려워하지 마십시오. 하나님께서는 반드시 반전으로 인도하실 것입니다. 그 길이 열릴 것입니다.

행동하는 적극적인 믿음

모세의 부모의 믿음은 행동하는 적극적인 믿음이었습니다. 그들의 믿음은 행동하는 적극성이 있었습니다. 그들이 아이를 석 달 동안 숨겼다고 하였습니다. 그들은 하나님을 믿었기에 될 대로 되라는 식으로 모세를 방치해 두지 않았습니다. 석 달 동안을 몰래 숨기면서 키웠습니다. 이 석 달은 그들이 할 수 있는 최선의 기간이었습니다.

> "더 숨길 수 없게 되매 그를 위하여 갈대 상자를 가져다가 역청과 나무 진을 칠하고 아기를 거기 담아 나일 강가 갈대 사이에 두고"(출 2:3).

이제 더 이상 숨기면서 키울 수 없게 되자, 그들은 갈대 상자를 짭니다. 역청과 나무 진을 칠하고, 거기에 아이를 담아 강가 갈대 사이에 둡니다. 이것이 믿음입니다.

사람들은 종종 믿음이라는 것을 추상적인 것, 혹은 사변적인 것으로 생각할 때가 있습니다. 그래서 믿음이 있다는 것은 아무것도 하지 않고 그저 '될 줄로 믿습니다'를 큰 소리로 반복하는 것이라고 생각합니다.

그러나 성경은 우리에게 믿음을 그렇게 가르치지 않습니다. 믿음은 하나님을 믿기에 아무것도 하지 않는 것이 아니라, 하나님을 믿기에 최선을 다하는 것입니다. 믿음의 문을 통과하는 믿음은 행동하는 적극적인 믿음입니다. 골리앗 앞에 선 다윗을 보십시오.

"다윗이 블레셋 사람에게 이르되 너는 칼과 창과 단창으로 내게 나아오거니와 나는 만군의 여호와의 이름 곧 네가 모욕하는 이 스라엘 군대의 하나님의 이름으로 네게 나아가노라"(삼상 17:45).

그렇다고 다윗이 앞에 나와 기도만 하고 있었습니까? 아닙니다. 물매와 매끄러운 돌을 준비하고 나아갑니다. 그리고 그 물매를 던집니다. 이것이 믿음입니다. 그때 하나님께서 그의 준비된 도구를 들어 골리앗을 넘어뜨리신 것입니다.

오늘날 그리스도인들 중에는 신앙적 패배주의에 빠져 살고 있는 사람들이 많이 있습니다. 겉으로는 신앙이 있고 믿음이 있는 것 같지만 실지로 신앙의 삶, 믿음의 삶을 살지 않음으로 패배하는 삶을 사는 것입니다. 그래서 믿음의 문 앞에서 포기하고 맙니다. 실패하는 인생을 사는 것입니다. 따라서 하나님을 믿음으로 내게 주어진 삶에 최선을 다하는 신본주의적인 적극적인 행동의 삶이 우리에게 필요한 것입니다. 이것이 믿음입니다.

야고보서 2장 17절을 보면, "이와 같이 행함이 없는 믿음은 그 자체가 죽은 것이라"고 하였습니다. 야고보서 2장 26절에서도 "영혼 없는 몸이 죽은 것같이 행함이 없는 믿음은 죽은 것이니라"고 말씀합니다. 데살로니가전서 1장 3절을 보면, 신앙의 세 가지 덕의 모습을 이렇게 설명하였습니다.

"너희의 믿음의 역사와 사랑의 수고와 우리 주 예수 그리스도에 대한 소망의 인내를 우리 하나님 아버지 앞에서 끊임없이 기억함이니."

진정한 사랑에는 수고가 따르게 되어 있습니다. 진정한 소망은 인내합니다. 그렇다면 진정한 믿음에는 무엇이 있어야 합니까? 역사(役事)가 있어야 한다고 하였습니다. 수고 없는 사랑이 거짓된 것처럼, 인내 없는 소망이 거짓된 것처럼, 역사와 행함이 없는 믿음은 거짓된 것입니다.

당신의 믿음은 행동하는 삶입니까, 아니면 그저 기도만 하고 있는 삶입니까? 당신이 믿음이 있다 해도 그 믿음으로 행동하지 않는다면 역사는 없습니다. 기적은 이루어지지 않습니다. 이제는 믿음으로 행동하십시오. 당신이 비록 위기를 만나지만 믿음으로 최선을 다할 수 있기를 바랍니다. 그때 위기는 새로운 기회로 당신에게 다가올 것입니다.

인간적인 두려움을 극복하는 믿음

모세의 부모의 믿음은 인간적인 두려움을 극복하는 믿음이었습니다. 히브리서 11장 23절에 "믿음으로 모세가 났을 때에 그 부모가 아름다운 아이임을 보고 석 달 동안 숨겨 왕의 명령을 무서워하지 아니하였으며"라고 하였습니다.

모세의 부모가 가진 믿음의 모습 중 하나는 왕의 명령을 두려워하지 않았다는 것입니다. 당대에 바로는 세계의 패권자였습니다. 그런데 그들이 왕의 명령을 무서워하지 않았던 이유가 무엇입니까? 그것은 바로의 권위보다 더 높은 권위를 가지신 분을 믿었기 때문입니다.

"여호와는 나의 빛이요 나의 구원이시니 내가 누구를 두려워하리요 여호와는 내 생명의 능력이시니 내가 누구를 무서워하리요" (시 27:1).

우리가 위기를 만나고 시련이 다가오면 두려워하는 이유가 무엇입니까? 그 위기와 시련 때문에 내 인생이 끝날 것 같다고 느껴지기 때문입니다. 그러나 우리 인생의 최고 결정권은 위기나 시련에 있는 것이 아닙니다. 여호와 하나님께 달려 있습니다. 천지를 창조하시고 다스리시는 하나님께만 우리 인생을 결정할 권세가 있는 것입니다. 예수님께서도 마태복음 10장 29절에서 말씀하시기를, "참새 두 마리가 한 앗사리온에 팔리지 않느냐 그러나 너희 아버지께서 허락하지 아니하시면 그 하나도 땅에 떨어지지 아니하리라"고 하셨습니다.

우리가 온 우주의 최고 권위자이신 여호와 하나님을 믿는다면, 하나님을 두려워할망정 우리에게 다가오는 시련과 위기를 두려워하지 말아야 할 것입니다. 아무리 위기가 다가와도 하나님이 허락하지 않으시면 절대로 위기는 나를 넘어뜨릴 수 없기 때문입니다.

믿음의 문을 통과하는 믿음은 인간적인 두려움을 극복하는 믿음입니다. 공의회 앞에 선 베드로와 요한의 모습을 보십시오.

"베드로와 요한이 대답하여 이르되 하나님 앞에서 너희의 말을 듣는 것이 하나님의 말씀을 듣는 것보다 옳은가 판단하라"(행 4:19)

하나님의 권세가 더 큰 것을 믿었기 때문입니다. 이 믿음이 있는 자는 결코 위기 앞에 넘어지지 않습니다. 위기를 극복하게 되는 것입니다.

모세의 부모, 아므람과 요게벳이 이런 믿음, 즉 하나님의 관점으로 자신들의 위기를 보며 행동하는 적극성을 보이고, 왕의 명령을 두려워하지 않는 믿음을 가질 수 있었던 이유가 무엇입니까? 그들의 인간적인 신념, 개인적인 성향, 부모로서 가지는 모성애와 부성애 때문입니까? 아닙니다. 사도행전 7장 23-25절을 보십시오.

"나이가 사십이 되매 그 형제 이스라엘 자손을 돌볼 생각이 나더니……그는 그의 형제들이 하나님께서 자기의 손을 통하여 구원해 주시는 것을 깨달으리라고 생각하였으나 그들이 깨닫지 못하였더라."

무슨 말입니까? 40세가 된 모세의 의식 속에 무엇이 있었다는 말씀입니까? 하나님께서 이 민족을 구원해 주실 때가 되었다는 생각이 그의 속에 가득하였다는 것입니다. 이 생각을 누가 넣어주었습니까? 그의 어머니 요게벳이 유모가 되어 그를 키울 때 심어준 것이었습니다. 그녀는 애굽에서의 처세술, 철저히 자신을 감추는 법을 가르친 것이 아니라, 신앙과 민족성을 심어주었습니다. 그래서 40년 동안 바로의 궁에서 애굽 교육을 받지만, 그 형제 이스라엘을 돌볼 생각과 하나님의 구원을 생각하게 된 것입니다.

그렇다면 모세가 태어났을 때 이미 아므람과 요게벳은 옛날 아브라함에게 주셨던 하나님의 약속을 믿었고, 그때가 지금인 줄로 확신하고 있었다는 것입니다.

"너는 장수하다가 평안히 조상에게로 돌아가 장사될 것이요 네 자손은 사 대 만에 이 땅으로 돌아오리니"(창 15:15-16).

다시 말하면, 그들이 맞는 위기 속에서도 믿음으로 일관하여 나아갈 수 있었던 이유는, 바로 하나님의 말씀에 대한 신뢰와 확신이 있었기 때문이라는 것입니다. 말씀이 있는 자는 위기 속에서도 끝까지 믿음으로 나아갑니다. 믿음으로 나아가는 자는 인간적인 두려움에 빠지지 않습니다.

당신의 믿음의 삶은 두려움을 극복하는 믿음입니까? 앞이 보이지 않는 두려움 속에서 행동하지 못하고 있습니까? 두려움과 의심에 굶주려 있습니까? 모세의 부모를 보십시오. 그들은 믿음으로 두려움을 극복했습니다. 믿음은 인간적인 두려움을 극복하는 에너지입니다.

믿음이 있는 자에게 위기는 또 다른 기회가 되는 것입니다. 아므람과 요게벳은 아들을 잃어버릴 위기를 만났지만, 그 위기를 하나님의 관점으로 바라보았습니다. 자신들이 할 수 있는 최선을 다했습니다. 그리고 환경을 두려워하지 않았습니다. 하나님을 신뢰하는 믿음을 가졌기에 아들을 살릴 뿐만 아니라, 그 아들을 통하여 이스라엘 전체를 구원하게 되었습니다.

당신에게도 수많은 위기가 있지만, 믿음으로 위기를 하나님의 기회로 바꾸는 자들이 되기를 바랍니다. 믿음은 바라는 것들의 실상입니다. 바라는 것은 곧 꿈과 비전과 희망입니다. 믿음을 소유하십시오. 그 믿음만 있으면 어떠한 상황 속에서도 하나님의 역사하심을 바라볼 수 있습니다. 그리고 마침내 승리하는 삶을 살 수 있는 것입니다. 하나님은 지금도 이런 믿음의 행동을 보시기 원하십니다.

Faith is…

믿음은 위기와 절망을 극복하는 능력의 힘이 있다.
믿음은 행동하는 적극적인 모습으로 나아가게 한다.
믿음은 인간적인 두려움을 극복하는 에너지이다.
믿음은 인간의 두려움과 의심을 굶주려 죽게 한다.
믿음은 온 힘을 다해 노력하는 것이며, 과감한 모험이며, 어떤 상황에서도 두려워하지 않는 것이다.
믿음은 자신을 하나님의 약속 위에 던지는 것이다.
믿음은 전망을 밝게 하고, 관망을 환하게 하며, 소망을 솟아나게 한다.
믿음은 항상 더 나은 것을 위해 보다 못한 것을 포기함을 전제로 한다.
믿음은 모든 것을 가능하게 한다. 그러나 그것이 없다면 사람은 아무것도 해낼 수가 없다.
믿음은 학자가 한 말을 다루는 것이 아니라, 하나님이 말씀하신 것을 다루는 것이다.
믿음은 선행을 따른다. 그러나 악행은 믿음을 철저하게 약화시킨다.
믿음은 순종이다. 순종하지 못하기 때문에 믿음을 갖기가 어려운 것이다.
믿음은 태양이다. 믿음 없이 사는 것은 짙은 안개 속으로 차를 운전해 가는 것과 같다.

극복하는 믿음의 행동

1. 위기와 절망을 극복하는 믿음

모세의 출생은 결코 한가하고 행복한 시절에 이루어진 것이 아니었습니다. 그러나 하나님은 그 위기의 상황 속에서도 구원의 역사를 이루어가셨습니다. 우리의 상황이 어렵고 고통스러워도 하나님의 섭리는 진행 중이십니다.

📖 묵상 질문

상황을 반전시키는 주님의 은혜는 무엇인가요?

....

....

....

2. 행동하는 적극적인 믿음

믿음은 적극적인 행동을 수반합니다. 모세의 부모가 석 달간 아이를 숨기고, 더 이상 숨길 수 없게 되자 갈대 상자에 아이를 담아 하수에 흘려보냈던 것처럼 믿음의 사람은 적극적으로 행동하며 순종합니다.

📖 묵상 질문

당신의 위기 대처법은 무엇인지 함께 나눠보십시오.

....

....

3. 인간적인 두려움을 극복하는 믿음

모세의 부모는 왕의 명령을 두려워하지 않았습니다. 그들이 왕의 명령을 무서워하지 않았던 이유는 왕의 권위보다 더 높은 권위를 가지신 분의 말씀을 믿었기 때문입니다.

☐ 묵상 질문

나에게 가장 두려운 것이 무엇인지 함께 나눠보십시오.

....

....

....

거절과 선택 그리고 결단

"믿음으로 모세는 장성하여 바로의 공주의 아들이라 칭함 받기를 거절하고"
(히 11:24).

모세는 120세를 살았습니다. 모세의 삶은 40년씩 3기로 구분되는데, 애굽에서 살았던 40년, 광야에서 보낸 40년, 그리고 출애굽의 지도자로서의 40년입니다.

하나님은 먼저 모세를 애굽에서 40년 동안 훈련시키셨습니다. 그리고 모세를 광야로 인도하셨습니다. 하나님은 모세의 자아가 완전히 깨어지게 하는 데 40년을 쓰셨습니다. 그리고 난 후 하나님은 모세를 40년 동안 출애굽의 영웅으로 귀한 삶을 살도록 인도하셨습니다.

모세의 생애는 영웅적이고 모험적인 생애라 할 수 있습니다. 그의 생애는 출생부터 성장까지 극적인 발자취였습니다. 그리고 미디안 광야의 훈련과 소명의 순간은 잊을 수 없습니다.

　모세는 유월절을 체험했습니다. 출애굽의 대 사역으로서 홍해를 건너는 기적을 경험했습니다. 시내 산의 율법 전수를 통해 하나님의 말씀을 선포했습니다. 광야의 기적들을 체험했습니다. 그리고 그의 죽음도 신비로 가려져 있습니다. 참으로 신비롭고 장엄한 사건들로 가득 차 있는 생애입니다. 그는 120년의 나이에도 기력이 조금도 쇠하지 않았습니다. 특별한 시대에 특수한 사명을 수행한 인물이었습니다.

　성경에서는 그를 여러 가지 호칭으로 기록했습니다. '하나님의 사람 모세', '여호와의 종 모세', '하나님께서 대면하시던 자' 또는 '선지자'라고 칭했습니다. 또는 '친구' 같았습니다. 그러나 모세에게서 가장 본받을 것은 바로 그의 결단하는 믿음입니다. 모세는 결단하는 믿음을 소유했습니다. 그는 포기할 건 포기할 줄도, 버릴 건 버릴 줄도 아는 믿음의 소유자였습니다. 그렇다면 무엇을 어떻게 결단했는지 교훈을 얻고자 합니다.

거절할 줄 아는 믿음

　모세가 하나님께 인정받고 쓰임 받고 믿음의 문을 통과할 수 있었던 이유 중 하나는 그가 거절할 줄 아는 사람이었기 때문입니다.

　모세는 왕궁의 여러 특권과 즐거움을 포기했습니다. 모세의 생애를 소개하는 히브리서 기자는 모세의 생애를 이렇게 기록합니다.

"믿음으로 모세는 장성하여." 그리고 기자는 모세의 위대한 인생관을 소개합니다.

"바로의 공주의 아들이라 칭함 받기를 거절하고"(히 11:24).

즉 모세는 거절해야 할 것을 거절하는 신앙을 간증하고 있습니다. 자기를 양자로 삼은 여자에게 아들이 아니라고 버림을 받았다든지, 양자의 위치에서 떨어진 것이 결코 아닙니다. 그는 자원하여 안락한 지위를 포기하고 부요한 삶을 경멸하였습니다. 그것은 경험 없는 젊은 사람의 충동적인 경솔한 행동이 아니었습니다. 이미 40세에 이른 사람이 심사숙고하여 내린 결정이었습니다.

바로의 공주의 아들이란 그 당시 부귀영화를 다 소유한 사람입니다. 바로의 공주의 아들이란 자리는 세상 사람들이 추구하는 부귀영화의 극치라고 할 수 있습니다.

역사에 의하면, 그때 바로의 공주는 무남독녀였습니다. 더군다나 그에게는 아이가 없었습니다. 어느 날 바로의 공주는 시녀들을 데리고 나일 강으로 목욕을 하러 갔습니다. 그 당시 애굽 사람들은 나일 강을 신으로 섬기고 있었습니다. 특별히 생산의 신이었습니다. 그래서 아이가 없는 사람은 나일 강에 가서 목욕을 하면 아이가 생길 수 있다고 생각했습니다. 바로 그때 바로의 공주는 갈대 상자에 들어 있는 모세를 발견했습니다. 그러니 바로의 공주가 얼마나 기뻤겠습니까? 아마도 이런 생각을 했을 것입니다. '이 아이야말로 하늘이 내게 내려준 아이로구나. 내가 이 아이를 아들로 삼아서 훌륭한 인물로 키워야지.' 그래서 모세는 바로의 공주의 아들로 입적이 되었습니다.

왕궁은 부, 권세, 존귀, 영광, 향락, 그리고 세상에서 구할 수 있는 모든 것이 다 있는 곳입니다. 세상 사람들은 그것을 얻기 위하여 온갖 몸부림 속에서 살아가고 있습니다. 그러나 모세는 모든 사람이 추구하고 갈망하는 그 부귀와 영광을 거절했습니다. 이러한 모세의 결정이 충동적인 경솔한 행동이었겠습니까? 결코 그렇지 않습니다. 모세는 부귀와 영광 자체를 잘못 이해한 사람이 아닙니다. 또 부귀와 영광 그 자체를 버린 것도 아닙니다.

하나님은 솔로몬의 지혜와 부를 쓰셨습니다. 에스더의 영광도 사용하셨습니다. 다윗의 권세도 사용하셨습니다. 삼손의 용맹도 쓰셨습니다. 그리고 사도 바울의 지식도 다 사용하셨습니다. 이 세상의 것들은 하나님께로부터 오지 아니한 것이 하나도 없습니다. 또 모든 것이 하나님께 필요한 만물들입니다. 모세도 인간적인 사람입니다. 그도 본능적인 탐욕이 있는 사람입니다. 그렇기에 그는 부귀영화를 거절하기 어려운 여건 속에서 거절한 것입니다. 그래서 모세는 모든 면에 있어서 탁월한 사람인 것입니다.

그렇다면 모세로 하여금 이 고상한 희생을 치르도록 자극한 것은 무엇입니까? 모세의 결정이 애국적인 충동이었습니까? 아니면 자기 형제에 대한 환상적인 사랑입니까? 아닙니다. 모세의 결정에는 분명한 이유가 있고 목표가 있었습니다. 무작정의 거절이 아닙니다. 그의 거절에는 성스러운 사명이 숨어 있었습니다. 먼저 믿음으로 하나님의 뜻을 받들기 위함이었습니다. 애굽의 왕권도, 군대의 힘도,

부귀영화도 하나님의 뜻을 순종하는 데 방해물이기에 그는 거절한 것입니다.

그러나 모세의 이러한 행동은 마치 바보 같은 결정이 아닐 수 없습니다. 흔히 인간적으로 생각해 보면, 바로의 공주의 아들이라는 자리에서 이스라엘 백성을 가나안으로 인도한다면 더 쉬우리라고 여겨집니다. 애굽의 풍요한 곡식으로 먹이고 군대의 힘으로 호위하면서 당시 세계 최대 강국인 애굽의 국력을 총동원하여 출애굽의 일을 지원한다면 얼마든지 가능한 길도 있었으리라고 여겨집니다.

그러나 모세는 애굽의 부귀와 영광이 결코 하나님의 사역에 도움이 되지 않는다는 것을 알았습니다. 하나님은 약속을 이루실 때 친히 이루시기를 원하십니다. 애굽을 의지하여 일하시지 않는 하나님이십니다. 그래서 믿음으로 모세는 하나님이 무엇을 기뻐하시는가를 알고 애굽의 부귀영화와 모정을 거절하였던 것입니다. 이는 놀라운 믿음의 선택이었습니다. 애굽의 궁정에 사는 사람이 그러한 믿음을 가졌으니 얼마나 놀라운 일입니까? 그리고 모세는 이교도의 궁정에서 길러졌습니다. 이교도의 궁정에는 참 하나님을 아는 지식이 전혀 없습니다. 우상과 허망과 신성모독만이 있습니다. 그래서 모세는 거절했습니다.

지금 우리의 인격 속에는 거절했어야 할 것들이 이미 자리 잡고 있는가 하면, 꼭 붙잡고 있어야 할 것들은 놓쳐버린 지 오래된 것들이 있습니다. 율법에서 이미 하지 말라는 것은 범해 버렸고, 하라는 명령은 하지 않는 것과도 같은 상태입니다. 쾌락과 인간과의 인정은 우리가 분명한 과정에서 적절하게 선택하고 또 거절해야만 합니다.

그것들 자체가 악한 것이 아니라, 거절해야 할 경우에 거절을 못함으로써 악이 발생하기 때문입니다.

당신의 인격 속에 그리고 신앙의 삶 속에 당연히 거절되어야 할 것들을 거절하고 있습니까? 허망한 것에 취해서 살아가고 있지는 않습니까? 세상의 쾌락에 젖어 살아가고 있지는 않습니까? 이제는 거절해야 합니다. 이제는 제거하시기 바랍니다. 믿음으로 나아가는 자는 결단할 때에 바로 결단합니다. 그것은 인간의 감정이나 순간적인 판단이 아닙니다. 그 결정은 바로 믿음으로 결정하는 것이어야 합니다. 하나님은 우리의 선택에 책임을 지시는 분이십니다. 하나님은 임마누엘 하나님이십니다. 당신이 거절하고 포기할 때 하나님은 또 다른 것을 준비하고 계십니다.

선택할 줄 아는 믿음

모세가 하나님께 인정받고 쓰임 받고 믿음의 문을 통과할 수 있었던 이유 중 하나는 그가 선택할 줄 아는 사람이었기 때문입니다. 우리는 모세의 단호한 선택의 믿음을 보게 됩니다.

우리 각자는 생명과 죽음 중에서 한 가지를 선택해야 합니다. 죄와 거룩 중 어느 한 가지를 선택해야 합니다. 그리고 세상과 그리스도 중 한 가지를 선택해야 합니다. 하나님의 자녀들과 동행하든지, 아니면 세상의 자녀들과 친교를 갖든지 둘 중 하나를 선택해야 합니다.

모세는 애굽을 등지고 이스라엘 편을 선택했습니다. 자기는 애굽 사람들과 함께하는 것보다 이스라엘 사람들과 함께하는 것이 더 좋음을 분명히 선언했습니다. 그리고 하나님의 약속이 세상의 명성과 향락보다 훨씬 은혜가 있음을 밝혔습니다.

모세는 누구보다도 현실적인 영광이 풍성한 사람이었습니다. 그 눈앞의 영광만을 추구하려면 얼마든지 성공할 수 있는 사람이었습니다. 그러나 그에게는 자신의 인생관을 기뻐하시는 하나님의 놀라운 약속이 있었습니다. 그 약속 때문에 모세는 갈등과 선택의 기로에서 씨름해야 했습니다. 그는 애굽의 영광을 거절하고 모정을 거절했습니다. 그리고 그것보다 더 좋은 가치관을 향하여 단호한 선택을 하였습니다. 모세가 붙잡은 가치관은 바로 이것이었습니다.

"도리어 하나님의 백성과 함께 고난 받기를 잠시 죄악의 낙을 누리는 것보다 더 좋아하고"(히 11:25).

바로 이것이 모세의 믿음입니다. 나일 강에서 자기가 취할 수 있는 매력적인 전망을 기꺼이 거절하고, 일부러 역경의 길을 더 좋아하는 것, 그것이 바로 믿음입니다. 하나님께로부터 들은 것이 그에게는 그처럼 컸고 위대하고 영광스러웠습니다. 그래서 이것과 저것을 사려 깊게 달아 보고 영적 부요를 위해서 물질적 중대함을 거절한 것입니다. 그는 바로의 딸의 아들로 칭함을 받는 것보다 아브라함의 한 자손으로 칭찬받는 것이 훨씬 더 존귀하다고 생각했던 것입니다.

하나님의 백성과 함께 받는 고난은 모세의 사역이 하나님의 공동체와 일정한 관련을 가지는 고난입니다. 모세는 자기를 통하여 이루시려는 하나님의 사역을 확신하고 있습니다. 그는 개인적으로 이렇게 고백했습니다.

"그리스도를 위하여 받는 수모를 애굽의 모든 보화보다 더 큰 재물로 여겼으니 이는 상 주심을 바라봄이라"(히 11:26).

이것은 이스라엘의 장래를 결정짓는 중대한 신앙적 고백입니다. "그리스도를 위하여 받는 수모"란 말은 매우 특이한 표현입니다. 그 시대에는 그리스도라는 말이나 고백이 일반화되어 있지 않은 시대입니다. 예수 그리스도가 숨겨져 있던 시대입니다. 그러나 모세가 선택한 고난은 그리스도를 위하여 받는 고난이었습니다. 하나님의 백성을 위한 삶은 이스라엘 공동체를 위한 사역입니다. 나아가 그리스도를 위하여 받는 고난의 사역이었습니다.

모세의 선택이 거절하기 위한 거절이 아니었음을 보여줍니다. 오히려 기쁨에 차서 자원하는 마음으로 선택한 것입니다. 그는 더 나은 가치 때문에 그 이하의 것을 버릴 줄 알았습니다. 그러한 선택의 저력은 오직 하나님의 약속을 믿는 믿음이었습니다.

모세는 후회 없는 확고한 선택을 했습니다. 먼저 모세는 세상의 존귀를 경멸했습니다(24절). 그리고 세상의 즐거움을 경멸했고(25절), 세상의 부요를 경멸하였습니다(26절). 26절에 "그리스도를 위하여 받는 수모를 애굽의 모든 보화보다 더 큰 재물로 여겼으니 이는 상 주심을 바라봄이라"고 했습니다.

여기서 '여겼다'는 말은 '간주한다', '평가한다'는 의미가 있습니다.

즉 이미 선택한 사실을 확고히 붙잡고 기뻐하는 자세를 가르쳐줍니다. 사람들은 선택한 후에 후회하는 일들이 허다합니다. 그러나 모세는 확신하고 기뻐했습니다.

그가 거절했던 것들은 "잠시 죄악의 낙을 누리는 것"에 불과합니다. 세상의 낙이란 잠깐 지나가는 것입니다. 그러나 모세는 고난을 선택했습니다. 수모를 선택했습니다. 왜냐하면 상 주심을 믿었기 때문입니다. 더 좋은 것이 예비되었음을 믿었기 때문입니다. 이것이 바로 모세의 믿음을 강화시켰고, 지탱해 주었던 것입니다. 모세의 마음이 영원한 상급에 고착되어 있지 않았으면 애굽 궁전의 존귀와 안일을 결코 포기하지 않았을 것입니다.

믿음은 양심의 평안이 은행에 예금이 찼을 때의 만족감보다 더 나음을 압니다. 하나님과 교통하는 것이 이 세상의 왕궁에서 받는 총애보다 무한하게 더 좋은 것임을 압니다. 모세는 자기가 그러한 선택을 했다고 해서 조금도 손실이 없음을 알았습니다. 그리스도를 위하여 버린 것은 그 어떤 것이라도 상실이 아님을 믿었던 것입니다. 그래서 모세는 그 길을 선택한 것입니다.

지금 당신의 선택은 세상의 부와 권력과 명예입니까, 아니면 하나님 나라의 백성들과 함께 당하는 고난입니까? 우리도 모세처럼 상 주심을 믿고 바른 선택을 해야 합니다.

결단할 줄 아는 믿음

모세가 하나님께 인정받고 쓰임 받고 믿음의 문을 통과할 수 있었던 이유 중 하나는 그가 애굽을 떠날 줄 아는 사람이었기 때문입니다. 모세의 믿음의 결단이 애굽을 떠나게 했습니다.

모세가 애굽을 떠난 것은 두 경우였습니다. 히브리서 저자는 그 두 경우를 말합니다. 그러나 우리는 어떤 경우를 여기에서 말하는지에 대해서 하등 의심할 여지가 없다고 생각합니다.

첫 번째 경우는, 모세가 사람을 죽였고 그 사실을 바로가 알자 애굽에서 나와 미디안 땅으로 도망간 것입니다. 두 번째 경우는, 믿음으로 애굽을 떠난 것입니다. 이 두 사건을 정리하면, 먼저 모세는 범죄자로 도망했습니다. 그러나 여기에서는 하나님의 백성들을 지휘하는 지휘관으로 나선 것입니다. 과거에는 두려움으로 애굽을 떠났지만 이제는 믿음으로 나선 것입니다. 모세는 애굽에 계속 머물기를 거절하였고, 애굽을 떠날 다부진 결심을 계속 견지하였음을 볼 수 있습니다.

이제 하나님께서는 자신의 약속을 따라 이스라엘 백성을 출애굽시켜 가나안으로 인도하시려고 합니다. 그 놀라운 하나님의 사역에 모세가 등장하고 있습니다. 약 80여 년의 훈련은 바로 이 일을 위하여 준비된 것이었으며, 바로 오늘을 위한 사역의 섭리였습니다.

모세가 겪은 신앙적인 체험과 그 믿음이 만난 여러 시금석들은 결코 보통의 것들이 아니었습니다. 먼저 그는 바로 앞에 가서 하나님의 명령을 전달했습니다. 여기서 우리는 40년 동안 모세가 미디안에서 목자 생활을 했음을 신중히 생각해 보아야만 합니다. 그리고 모세에게는 훈련된 군대가 없었고, 애굽의 바로의 궁전에는 그의 요청을 후원할 사람이 하나도 없었습니다. 그런데도 그는 그 당시 지상에서 가장 큰 제국을 통치하고 있던 그 많은 군대에게 이 요청을 해야 했습니다.

모세는 바로에게 그의 말에 대해서 인정받지 못했습니다. 오히려 바로가 묻습니다.

"여호와가 누구냐?"

"나는 여호와를 알지 못한다."

"보내지 아니하리라."

이처럼 우상을 섬기는 왕은 모세의 요청을 정면으로 거절하였을 뿐 아니라 이렇게 말합니다.

"너희가 어찌하여 백성의 노역을 쉬게 하려느냐. 가서 너희의 노역이나 하라."

이러한 처지에서 아무리 용감하고 담대한 마음을 가진 사람일지라도 흔들릴 수 있습니다. 뿐만 아니라 이스라엘 백성들조차도 모세의 말에 동참하지 않습니다. 오히려 원망합니다. 대적합니다. 또한 하나님께서는 모세에게 '내가 바로의 마음을 강퍅하게 하였다'는 말씀을 하십니다. 더욱더 절망입니다.

이처럼 노예 부류에 속한 무의미한 히브리 사람들이었습니다. 그리고 그 히브리 노예들을 지원하기 위해서 준비된 강력한 군대나 연합군도 없었습니다. 반면에 애굽의 군주는 매우 강력하였습니다. 그는 인간적으로 말해서 자기 부하에게 말 한마디만 하면, 모세를 잡고 고문하여 죽일 수도 있었습니다. 그럼에도 불구하고 모세는 임금의 노함을 무서워하지 않았습니다. 그리고 믿음으로 백성들을 이끌고 애굽에서 나왔던 것입니다.

이렇게 결단할 수 있었던 비결이 무엇이었습니까? 히브리서 저자는 믿음이었다고 증언합니다. 모세는 믿음으로 결단했습니다. 그는 믿음으로 바로 왕에게 말했고, 믿음으로 백성들을 설득시켜 나갔던 것입니다. 그는 믿음으로 애굽의 모든 현실 앞에서 두려워하지 않았습니다. 무서워하지 않았습니다. 믿음으로 인내하며 참았습니다. 그리고 마침내 애굽에서 떠나는 대 역사의 장정에 오르게 된 것입니다. 믿음은 두려움을 이기게 합니다. 믿음은 노함도 이기게 합니다.

이는 곧 모세의 출애굽 역사가 인간의 힘과 노력이 아닌, 하나님의 능력과 약속의 말씀을 믿는 믿음 가운데서 행해졌음을 보여줍니다. 모세가 당시 중근동 지역의 패권을 차지했던 대 제국 애굽을 상대하여 노예 상태에 있던 이스라엘 백성을 거느리고 애굽을 벗어날 수 있었다는 사실은 전능하신 하나님을 믿는 믿음 없이는 도저히 불가능한 일이었습니다.

그렇다면 모세는 과연 무엇을 믿고 이런 엄청난 출애굽을 결단할 수 있었을까요? 히브리서 기자는 모세를 가리켜 "곧 보이지 아니하는 자를 보는 것같이 하여 참았으며"라고 말합니다. 이는 곧 모세가 보이지 아니하는 하나님을 보는 것같이 믿고 결단했다는 것입니다. 이것이 모세의 믿음이었습니다. 하나님을 믿는 믿음이 있었기에 그렇게 결단할 수 있었던 것입니다. 이것이 모세의 결단 있는 믿음입니다.

우리는 여기서 결단하는 모세의 믿음을 엿볼 수 있었습니다. 모세는 거절할 줄 아는 믿음이 있었습니다. 애굽은 세상을 상징하며, 바로는 사탄을 상징합니다. 닻줄을 올려야 배가 항진을 하듯이 애굽의 무서운 유혹을 이기며 포기하고 떠나야만 가나안으로 나아갈 수 있습니다. 그리고 모세는 선택할 줄 아는 믿음이 있었습니다. 그는 하나님을 선택했습니다. 그는 하나님을 신뢰했습니다. 그래서 세상의 부귀영화를 포기하고 떠날 수 있었던 것입니다.

전능하신 하나님을 믿고 나아갈 때만이 애굽을 떠날 수 있는 것입니다. 이제 우리도 모세처럼 결단할 수 있는 믿음을 소유함으로 하나님 앞에 인정받고 쓰임 받고 믿음의 문을 통과하는 믿음의 일꾼들이 되어야 합니다.

당신의 인격 속에 그리고 신앙의 삶 속에 당연히 거절되어야 할 것들을 거절하고 있습니까? 허망한 것에 취해서 살아가고 있지는 않습니까? 세상의 쾌락에 젖어 살아가고 있지는 않습니까? 이제는 거절해야 합니다. 하나님은 임마누엘 하나님이십니다. 당신이 거절하고 포기할 때 하나님은 또 다른 것을 준비하고 계십니다.

당신의 선택은 세상의 부와 권력과 명예입니까, 아니면 하나님 나라의 백성들과 함께 당하는 고난입니까? 우리는 하나님의 상 주심을 믿고 바른 선택을 해야 합니다. 모세는 보이지 아니하는 하나님을 보는 것같이 믿고 결단했습니다. 이런 거절과 선택과 결단이 당신의 믿음이 되어서 하나님께 존귀하게 쓰임 받는 일꾼이 되어야 합니다.

Faith is…

믿음은 때로 자기가 붙잡고 있는 것을 과감하게 포기할 줄 아는 것이다.
믿음은 부도, 권세도, 존귀도, 영광도, 향락도 내려놓는 것이다.
믿음은 더 좋은 것을 선택할 줄 아는 시야를 가지게 한다.
믿음은 모든 선택의 처음이 아니라 끝이다.
믿음은 믿는 것으로, 사랑은 사랑하는 것으로 키워진다.
믿음은 뿌리를 내려야 산다. 식물의 뿌리처럼 믿음도 더 깊이 뿌리를 내리지 못하면 이내 말라 죽고 만다.
믿음은 시냇가를 보고 대양이 존재함을 믿는 것이다.
믿음은 번민이 시작하는 곳에서 끝나고, 번민은 믿음이 시작하는 곳에서 끝난다.
믿음은 실험으로 시작되고, 경험과 체험으로 끝난다.
믿음은 이성과 지성보다 더 고귀한 능력이다.
믿음은 인생의 힘이요, 에너지요, 활력소이다.
믿음은 본능이요 확신이다. 왜냐하면 모든 외부의 가르침에 앞서기 때문이다.
믿음은 사랑스러운 자식을 가진다. 그 자식은 바로 기적이다.
믿음이 건강할 때 소망은 결코 병들지 않는다.

거절과 선택 그리고 결단

1. 거절할 줄 아는 믿음

모세는 왕궁의 여러 특권과 즐거움을 포기했습니다. 왜냐하면 애굽의 부귀영화가 하나님의 사역에 도움이 되지 않는다는 것을 알았기 때문입니다. 모세는 하나님이 무엇을 기뻐하시는가를 알았습니다.

📖 묵상 질문

거절할 것과 거절하지 말아야 할 것의 기준은 무엇인가요?

2. 선택할 줄 아는 믿음

모세는 후회 없는 확고한 선택을 했습니다. 모세가 선택한 것은 주를 위하여 받는 능욕이었습니다. 그러므로 이미 선택한 사실을 확고히 붙잡고 기뻐하는 자세가 중요합니다.

📖 묵상 질문

믿음의 선택이 가져오는 결과는 어떤 것인가요?

3. 결단할 줄 아는 믿음

모세는 두 번 애굽을 떠났습니다. 첫 번째는 사람을 죽여서, 두 번째는 이스라엘 백성의 지도자로 떠났습니다. 처음에는 두려웠지만 두 번째에는 믿음으로 나선 것입니다.

☐ 묵상 질문

말씀에 순종할 수 있는 삶의 비결은 무엇인가요?

....

....

....

유월절의 예식

"믿음으로 유월절과 피 뿌리는 예식을 정하였으니 이는 장자를 멸하는 자로 그들을 건드리지 않게 한 것이며"(히 11:28).

우리가 살펴보려는 것은 모세의 믿음에 있어서 하나의 독특한 복된 절정을 이루는 것입니다. 다른 모든 요점들은 바로에게 초점이 모아지고 있습니다. 그는 '바로의 딸의 아들'이라 일컬음 받기를 거절했습니다. 그는 죄악의 낙을 누리는 것보다 하나님의 백성과 함께 고난 받기를 더 좋아했습니다. 또한 애굽의 보화보다 그리스도의 책망을 더 큰 보화로 여겼습니다. 또한 그는 애굽을 떠났습니다. 그러나 이 모든 것들이 그의 구원에 있어서는 영적으로 아무런 도움이 되지 못했습니다.

다시 말하면, 그가 '어린 양과 그 피의 효력'을 믿었기 때문에 한 것이 아니라면 아무 소용이 없다는 말씀입니다. 그리스도인들이 세상에 등을 돌리는 것만으로는 충분치 못합니다. 하나님께 돌아오는 행동이 있어야 합니다. 그리고 죄를 버리는 것만으로는 충분치 못합니다. 그리스도를 붙잡는 행위가 있어야 합니다.

하나님은 유월절을 통해서 이스라엘 백성에게 구원의 길을 제시해 주셨습니다. 그렇다고 해서 유월절 그 자체가 그들에게 구원을 준 것은 아니었습니다. 그들은 어린 양을 잡아서 그 피를 뿌려야 했습니다. 어린 양의 피가 없이는 구원을 받을 수 없었습니다. 이스라엘 백성은 믿음으로 순종했습니다. 그들은 피 뿌리는 예식을 통해서 구원을 받았습니다.

그들은 이제 출애굽을 해서 하나님께서 약속하신 땅 가나안을 향해서 올라갔습니다. 그렇다고 해서 그들의 앞길에 아무런 장애가 없었습니까? 그렇지 않았습니다. 그들의 눈에는 거대한 홍해가 나타났습니다. 뒤에서는 바로의 군대가 추격해 오고 있었습니다. 그러나 그들은 믿음으로 홍해를 마른 땅같이 건너게 되었습니다. 왜냐하면 유월절에 대한 하나님의 구원의 은총이 있었기 때문입니다. 재앙이 넘어가는 은혜가 있었기 때문입니다. 그럼 유월절의 믿음을 통해서 하나님의 구원의 은혜를 살펴보겠습니다.

유월절의 믿음

이스라엘의 출애굽 사건의 전후를 통하여 가장 엄숙했던 사건을 말한다면 유월절(The Passover)이라고 할 수 있습니다. 유월절 제도는 노아가 방주를 예비한 것과 유사한 믿음의 행사였습니다. 그 믿음이 어떠했는가를 알아보기 위해서 우리는 '그 밤'으로 돌아가서 그 특별한 경우들을 살펴보아야 합니다. 그래야만 '믿음으로'라는 말의 의미를 설명할 수 있습니다.

애굽의 왕과 백성들에게 하나님의 심판이 내려지고 있었습니다. 죽음의 위기가 왔던 것입니다. 그때까지 아홉 가지 재앙이 있은 후에도 바로와 애굽 사람들은 여전히 고집을 부렸습니다. 그래서 바로는 모세에게 말하기를 다시 한 번만 자기 앞에 나타나면 죽게 될 것이라고 모세를 위협했습니다. 반면에 히브리 사람들은 그전보다 더 심한 고통 가운데 있었습니다. 그들을 구원해 낼 것이라고 하던 모세는 약속을 이행치 못하고 있었습니다.

그런 상황에서 모세는 하나님께서 명하신 일을 들었습니다. 그러나 모세는 이 말씀이 눈에 보기에 또는 얼른 느껴지기에 참으로 부당하게 보였을 것입니다. 그리고 이 일로 바람직한 결과를 얻기란 거의 불가능하게 보였을 것입니다. 이 마지막 재앙이 지금까지 누적된 실패의 공포와 함께 아홉 가지 재앙이 이루지 못한 일을 해결할 수 있을 것이라고 어떻게 믿겠습니까? 그저 피 뿌리는 일로 그런 주목할 만한 결과를 어떻게 얻겠는가 말입니다. 그것도 이스라엘 백성들은 '그 밤'에 애굽을 떠나야 합니다. 매우 긴박한 상황입니다. 따라서 떠날 준비를 마땅히 하고 있어야 할 바로 그 시간에 그 모든 세밀한 의식들을 백성들이 어떻게 다 감당해 낼 수 있겠습니까?

여기에서 그 믿음이 아니고는 그 어떤 것도 설명할 수 없습니다.

모든 것은 인간의 이해와 이성에 대치되는 것이었습니다. 성공할 가망이 거의 없다는 것을 의식할 수밖에 없었습니다. 그럼에도 불구하고 모세로 하여금 백성들에게 가서 유월절을 지키는 모든 복잡한 규례들을 알려주고, 그 달 제십일에 어린 양을 극히 조심하여 선별하고, 제십사일에 죽여 의식과 함께 먹으라고 일러주게 한 것이 무엇입니까? 살아 계신 하나님과 그 하나님께 들은 것을 신실하게 믿는 믿음이 아니면 무엇이겠습니까?

모세가 하나님께 들은 것을 그냥 보통으로 신뢰한 정도로는 그 형제들에게 가서 말하지 못했을 것입니다. 이스라엘 백성들은 깊은 침체에 빠져 그의 말을 들으려 하지 않았던 자들이 아닙니까? 오히려 모세를 향하여 원망하고 불평하던 백성들이 아닙니까? 육신의 눈으로 볼 때 지금까지 그의 노력으로 사람들을 설득하는 것은 어려운 일입니다. 그리고 유월절 규례의 모든 상세한 부분들을 지키도록 하는 일도 어려운 일입니다. 그러나 바로 여기에 믿음이 개입된 것입니다. 믿음의 가장 큰 승리를 거둘 마당이 바로 여기였습니다. 그래서 우리는 '믿음으로' 모든 어려움이 극복되었다고 읽는 것입니다. 그리고 그 유월절 전체는 지켜졌습니다. 마침내 애굽을 빠져나오는 일이 이루어졌습니다.

그 모든 일은 '믿음의 청종(聽從)'을 기초로 한 것입니다. 여호와의 말씀은 믿음을 산출하였고, 단번에 모든 복락의 원인과 결과였던 것입니다. 믿음의 문을 통과하기 위한 입장권은 역시 믿음뿐입니다. 유월절은 이러한 믿음을 요구하였던 것입니다.

당신에게도 이런 피 뿌림의 은혜가 임하고 있습니까? 어린 양의 보혈의 은혜를 체험하고 있습니까? 그 보혈을 지나 하나님께 나아가고 있습니까? 유월절의 은총이 넘쳐야 합니다. 그 보혈에 젖어 살아야 합니다. 그래야 '넘어가는 은혜'가 임합니다. 그래야 믿음의 문을 통과하는 은혜를 얻게 되는 것입니다.

유월절의 구원

모세는 믿음으로써 유월절 예식을 거행하였습니다. 하나님께서는 출애굽 직전 모세에게 유월절 의식을 제정하시고 문설주에 양의 피를 바르도록 명령하셨습니다. 이 예식은 너무나 생소합니다. 또 터무니없기도 합니다. 그러나 이 명령에 모세는 군소리 없이 순종했습니다. 그런데 그 결과는 어떠했습니까? 애굽의 장자들은 빠짐없이 죽임을 당하는 가운데 이스라엘 백성들은 모두 죽음에서 건짐 받고, 하나같이 당당하게 애굽에서 나올 수 있었던 것입니다.

뿐만 아니라 이 유월절 의식은 이후 신약에 이르러 세상 죄인을 위해 하나님의 어린 양으로 대속의 죽임을 당하신 예수 그리스도의 구속사역에 대한 예표요, 그림자가 되었던 것입니다. 이와 같이 모세의 순종하는 믿음은 당대 모든 동족들의 생명을 구원하였고, 나아가 하나님의 구속 원리를 밝히 보여준 기념비적 역사를 창출해 낸 것입니다.

유월절은 이스라엘 백성들이 지켰던 3대 절기 중 하나입니다. 하나님께서 애굽 땅에 내리셨던 열 가지 재앙 가운데서 마지막 열 번째 재앙과 관련된 것이 바로 유월절입니다. 하나님은 모세에게 말씀하셨습니다.

"모세야, 내가 애굽 땅을 두루 다니면서 사람과 짐승을 막론하고 애굽 나라 가운데서 처음 난 것을 다 치리라. 그러나 너는 이스라엘 백성들에게 고하여 어린 양을 잡아 그 피를 그들의 집 좌우 문설주와 인방에 바르도록 하여라. 그리하면 내가 그 피를 보고 그 집을 넘어가리라."

'유월'은 바로 '넘어간다'는 것입니다. 넘을 '유(逾)' 넘을 '월(越)', 영어로는 'pass over'입니다. 그런데 이 유월절은 모세가 스스로 생각하여 고안해 낸 것이 아닙니다. 하나님께서 말씀하신 것을 모세가 믿음으로 순종해서 제정했을 뿐입니다.

"하나님, 잠시만요. 제게 멋진 생각이 있습니다. 어린 양을 잡아서 피를 칠하면 피비린내도 나고, 집도 지저분해지지 않겠습니까? 그러니 차라리 이스라엘 백성들 집 앞에 어린 양을 한 마리씩 매어놓도록 하면 어떻겠습니까? 그러면 하나님께서 애굽의 장자를 치실 때, 어린 양을 보시고 그 집을 그냥 넘어가시면 되지 않겠습니까?"

모세는 그렇게 말하지 않았습니다. 그는 하나님이 말씀하시는 대로 순종해서 유월절 예식을 제정했습니다.

구원의 길은 언제나 하나님께서 제시해 주십니다. 우리는 믿음으로 하나님의 말씀에 순종하고 따르는 길밖에 없습니다. 믿음으로 나아갈 때 믿음의 문은 열리게 되어 있습니다. 인간의 경험과 선행도 아닙니다. 인간의 이성과 지식도 아닙니다.

"무릇 우리는 다 부정한 자 같아서 우리의 의는 다 더러운 옷 같으며"(사 64:6).

거룩하신 하나님 앞에서 인간의 의는 더러운 옷에 불과합니다. 인간의 선행, 인간의 생각, 인간의 지식, 인간의 의로는 구원에 이를 수가 없습니다. 하나님이 말씀하신 것을 그대로 믿고 따르며 순종하는 자만이 구원을 얻을 수 있습니다. 하나님은 노아를 향해서 말씀하셨습니다.

"노아야, 내가 세상을 홍수로 심판하리라. 너는 방주를 만들어라. 누구든지 방주 안에 들어가는 사람은 구원을 얻으리라."

구원의 길은 명확합니다. 구원의 길은 쉽습니다. 구원의 길은 간단합니다. 누구든지 방주 안에만 들어가면 다 구원을 받게 되어 있습니다. 노아는 그 시대의 사람들에게 하나님의 심판을 경고했습니다. 그러나 그 시대의 사람들은 노아의 말에 귀를 기울이지 않았습니다. 그들은 홍수가 나서 다 멸하기까지 먹고 마시고 장가들고 시집가는 일에만 바빴습니다. 그들은 하나님이 제시하신 구원의 길인 방주 속에 들어가는 일에는 전혀 관심이 없었습니다. 결국 그들은 심판을 당하고 말았습니다. 하나님은 롯에게 말씀하셨습니다.

"이제 내가 곧 소돔과 고모라를 유황불로 멸하리라. 그러니 너는 너에게 속한 자들을 속히 성 밖으로 이끌어 내어라."

구원의 길은 간단합니다. 소돔과 고모라를 벗어나기만 하면 됩니다. 롯은 자기 사위들을 불러서 하나님의 심판을 그대로 전했습니다. 그러나 롯의 사위들은 농담으로 여겼습니다. 불행하게도 그들은 구원을 바로 앞에서 놓쳐버리고 말았습니다.

이스라엘 백성들이 광야를 방황할 때였습니다. 많은 사람들이 불뱀에 물려서 죽게 되었습니다. 하나님은 모세를 향해서 말씀하셨습니다.

"모세야, 너는 놋뱀을 만들어서 장대 위에 높이 매달아라. 누구든지 믿음으로 그것을 바라보는 자는 살리라."

믿음으로 놋뱀을 바라보는 자는 다 살았습니다. 그러나 믿음이 없어서 놋뱀을 쳐다보지 않은 자는 다 죽었습니다. 믿음으로 나아가지 않고서는 믿음의 문을 통과하지 못합니다. 하나님은 오늘도 우리를 향해서 말씀하십니다.

"누구든지 믿음으로 십자가에 달린 예수 그리스도를 바라보는 자는 살리라."

믿음으로 예수 그리스도를 바라보는 자는 삽니다. 누구든지 예수 그리스도를 믿기만 하면 구원을 받습니다. 그러나 예수 그리스도를 믿음으로 바라보지 않는 자는 멸망할 수밖에 없습니다.

당신은 무엇을 바라보고 있습니까? 당신은 무엇을 행하고 있습니까? 내 생각과 노력으로 구원에 이르려고 하지는 않습니까? 구원은 하나님의 선물입니다. 구원은 하나님이 이루시는 것입니다. 당신은 이 사실을 믿고 마음으로 받아들이기만 하면 됩니다. 어린 양의 보혈을 의지하고 따라가기만 하면 됩니다.

유월절의 예표

하나님은 모세에게 양을 잡으라고 하셨습니다. 따라서 흠 없는 어린 양이 죽어 피 흘리는 제물이 되어야 합니다. 그것은 철저히 예수 그리스도의 계시이며, 그 피는 그리스도의 속죄의 피였습니다. 예수님 자신이나 사도들은 유월절 양이 예수 그리스도라고 확증하였습니다. 그리고 선진들의 믿음을 증거하는 히브리서는 특히 어린 양 되신 그리스도의 사역을 논증하고 있습니다. 피의 효능에 대해서는 히브리서 9장 22절에서 이렇게 말씀하고 있습니다.

"율법을 따라 거의 모든 물건이 피로써 정결하게 되나니 피 흘림이 없은즉 사함이 없느니라."

그러나 그리스도께서 피 흘리심은 더욱 탁월한 사역입니다. 예수님은 자신이 제사장으로서 친히 제물이 되어 피를 흘리셨습니다. 또한 그 효능도 단번에 드려짐으로써 사죄가 완전히 이루어질 수 있게 된 것입니다. 다시 말하면, 그리스도의 피 흘리심은 곧 사죄의 사역을 위한 것입니다. 피 흘림과 피 뿌림은 전혀 다른 형식입니다. 두 가지는 각각 시행될 때에 하나의 사역이 되며 거기서 구원이 성취되는 것입니다.

여호와께서는 모세에게 출애굽기 12장 7절에서 이렇게 명하셨습니다.

"그 피를 양을 먹을 집 좌우 문설주와 인방에 바르고."

피는 반드시 발라져야 합니다. 양이 아무리 많은 피를 흘렸다 하더라도 그 피가 뿌려져야만 표적이 되며, 구원의 약속이 되는 것입니다.

신약에서는 유월절의 피 뿌리는 예가 예수 그리스도를 믿는 행위로 적용되었습니다.

"영접하는 자 곧 그 이름을 믿는 자들에게는 하나님의 자녀가 되는 권세를 주셨나니"(요 1:12).
"내가 진실로 진실로 너희에게 이르노니 내 말을 듣고 또 나 보내신 이를 믿는 자는 영생을 얻었고 심판에 이르지 아니하나니 사망에서 생명으로 옮겼느니라"(요 5:24).

그리고 사도 바울은 더욱더 강력하게 증거합니다.

"이 예수를 하나님이 그의 피로써 믿음으로 말미암는 화목제물로 세우셨으니……곧 이때에 자기의 의로우심을 나타내사 자기도 의로우시며 또한 예수 믿는 자를 의롭다 하려 하심이라"(롬 3:25-26).

유월절의 피 뿌림은 곧 구원의 표적입니다. 그와 같이 그리스도를 구주로 믿는 것은 곧 영생의 길이 되었습니다.
그리스도는 십자가에서 피 흘림이 되셨습니다. 그 피는 내게 뿌림이 되어야 합니다. 곧 그리스도를 영접하는 믿음이 있어야 합니다. 우리는 근본적인 질문을 나누어야 합니다.

"당신은 피 뿌림을 받았습니까?"

진실로 당신에게 예수 그리스도는 주가 되셔야 합니다. 그것만이 영생이요, 부활입니다. 그리스도의 피 뿌림을 받지 못한 자마다 하나님의 진노를 받게 되었습니다. 그러나 그리스도의 피 뿌림 아래에 있는 사람들은 너무 완전한 나머지 멸하는 자가 건드리지도 못합니다. 예수 그리스도의 피 뿌림을 받는 자들은 당당히 믿음의 문을 걸어서 통과할 수 있습니다. 그 누구도 제지할 수 없습니다. 어떤 장애물도 소용이 없습니다. 왜냐하면 유월절의 피 뿌림은 곧 구원의 표적이기 때문입니다.

여호와는 모세에게 구원의 약속을 주셨습니다. 그것은 피를 보고 죽음이 넘어간다는 구원의 약속입니다. 구원의 약속은 언제나 시작이며 완성이 되고 있습니다. 모세는 믿음으로써 유월절 예식을 거행하였습니다. 하나님께서는 출애굽 직전 모세에게 유월절 의식을 제정하시고 문설주에 양의 피를 바르도록 명령하셨습니다.

우리는 유월절 의식을 통해 하나님의 구원하심의 은혜를 알게 되었습니다. 하나님은 유월절을 통해 구속의 은총을 예비하셨습니다. 그리고 믿고 행하는 그들에게 놀라운 구원으로 인도하셨습니다. 구원은 하나님께 달려 있습니다. 유월절의 피가 흘려져야 했듯이 예수 그리스도의 피가 흘려짐으로 말미암아 죄 사함의 은총이 임하게 되는 것입니다. 이런 예수 그리스도의 보혈이 당신의 심령 속에 흐름으로 말미암아 날마다 구원의 은총과 죄 사함의 은혜가 넘쳐나는 삶을 살아가기를 바랍니다.

　당신은 예수 그리스도의 보혈로 말미암아 구원을 받았습니까? 유월절은 예수 그리스도의 예표입니다. 예수 그리스도의 보혈을 힘입지 않고서는 구원에 이르지 못합니다. 다른 이름은 주지 않으셨습니다. 다른 길도 말씀하지 않으셨습니다. 다른 피도 예비하지 않으셨습니다. 오직 예수 그리스도의 보혈로만 구원에 이르게 됩니다.

Faith is…

믿음은 인간의 이해와 이성에 대치한다.
믿음은 애굽을 넘어 가나안으로 가게 하는 발걸음이다.
믿음은 장대에 높이 달린 놋뱀을 바라보게 한다.
믿음은 예수 그리스도의 보혈로 죄 씻음 받는 것이다.
믿음은 귀로 보고 눈으로 경험하는 것이다.
믿음은 그대의 손을 하나님 손안에 놓은 것이다.
믿음은 어린아이 같은 심령 속에서 가장 밝게 빛난다.
믿음은 영혼의 생명이며, 그리스도는 믿음의 생명이다.
믿음은 오직 가능한 것만 믿는 것이 아니다.
믿음은 우리가 보지 못하는 것을 믿게 하는 능력이다.
믿음은 우리가 믿는 것을 보게 하는 상급을 얻게 한다.
믿음은 우리가 가장 모르는 것을 가장 잘 보게 한다.
믿음은 기적이 실현될 수 있는 최고의 요소이다.
믿음은 인격이다. 그러나 인격을 보고 믿음을 판단해서는 안 된다.
믿음은 의심을 끝내는 것이다.
믿음은 신뢰를 부르고, 의심은 절망을 부른다.
믿음은 태양의 빛이다.
믿음은 일용할 양식을 주신 하나님께 마음으로부터 뜨거운 감사를 드리면서 밥을 먹게 한다.
믿음은 인간으로 하여금 빵으로만 살지 않고 말씀으로 살게 한다.

유월절의 예식

1. 유월절의 믿음

유월절의 구체적인 예식과 까다로운 절차는 믿음 없이는 감당할 수 없습니다. 그러나 이 믿음을 통해 결국 애굽을 탈출할 수 있었음을 기억해야 합니다.

📄 묵상 질문

현재 우리가 하나님 앞에서 순종해야 할 것은 무엇인가요?

....
....
....

2. 유월절의 구원

유월절의 명령은 이스라엘 백성들에게 생소하고 터무니없는 것이었습니다. 그러나 모세가 믿음으로 온전히 순종함으로 이스라엘 백성들이 죽음 가운데서 건짐을 받았습니다.

📄 묵상 질문

하나님의 뜻에 우리는 어떤 반응을 보여야 하나요?

....
....
....

3. 유월절의 예표

우리는 유월절 의식을 통해 하나님의 구원하심의 은혜를 알게 되었습니다. 하나님은 유월절을 통해 구속의 은총을 예비하시고, 믿음으로 순종하는 자들에게 놀라운 구원을 주셨습니다. 구원은 하나님께 달려 있습니다.

📖 **묵상 질문**

유월절이 왜 예수 그리스도를 예표하나요?

홍해 속 고속도로

"믿음으로 그들은 홍해를 육지같이 건넜으나 애굽 사람들은 이것을 시험하다가 빠져 죽었으며"(히 11:29).

모세는 믿음으로써 이스라엘 백성들을 인도하여 홍해를 건넜습니다. 히브리서 기자는 히브리서 11장 29절에서 "믿음으로 그들은 홍해를 육지같이 건넜으나……"라고 말합니다. 여기서 '그들'이란 모세뿐 아니라 출애굽한 이스라엘 백성 전체를 가리킵니다. 그렇다면 이스라엘 백성들은 과연 무엇을 근거로 하여 홍해를 육지와 같이 건넜을까요? 그것은 바로 그들을 애굽에서 구원해 내신 전능하신 하나님의 능력을 믿는 믿음 때문이었습니다. 뿐만 아니라 이 믿음은 지도자 모세를 통해 생겨난 믿음이었습니다.

이스라엘 백성들은 애굽의 오랜 노예 생활로 인해 하나님에 대한 믿음을 상실한 지 이미 오래였습니다. 그래서 그들은 더 이상 출애굽에 대한 희망도, 약속의 땅에 대한 소망도 갖지 못하였습니다. 그러나 이들은 출애굽 직전 모세를 통해 끊임없이 역사하시는 하나님의 능력을 보게 되었습니다. 즉 이스라엘 백성들은 애굽에 내려진 열 가지 재앙을 통해 하나님에 대한 믿음을 다시 회복하게 되었습니다. 아무리 바로 왕의 훼방이 극심하다 하더라도 문제가 되지 않습니다. 왜냐하면 하나님께서는 모세를 통해 끝내 바로 왕의 악한 뜻을 꺾으시기 때문입니다. 그리고 이스라엘 백성들을 쫓아왔던 바로 왕의 군대를 오히려 물속에 수장시키셨습니다.

이렇게 더 이상 살아날 방법도 희망도 없던 이스라엘 백성이 홍해를 건너서 다시 소생할 수 있었던 이유가 무엇일까요? 성경은 이것이 믿음으로 가능하게 되었다고 말하고 있습니다. 믿음으로 절망의 상황을 극복하고 새로운 희망으로 나아갈 수 있었던 것입니다. 그 믿음은 이스라엘 백성에게만 필요한 것이 아닙니다. 이 시대를 살아가는 우리에게도 가장 필요한 것이 아닐까 생각합니다. 홍해를 가르고 그 현실을 이겨낼 수 있었던 믿음은 어떤 믿음이었습니까?

하나님의 싸움

홍해를 마른 땅같이 건널 수 있었던 것은 하나님께서 싸워주셨기 때문입니다. 모세의 힘이 아닙니다. 이스라엘 백성들의 전술도 아닙니다. 백성들의 숫자도 아닙니다. 이는 하나님께서 싸워주셨기 때문입니다. 하나님의 싸움은 우리의 구원을 위한 일입니다. 하나님의 싸움은 대상이 분명합니다. 싸움의 목적이 분명합니다. 하나님은 아무하고나 싸우지 않으십니다. 아무 일에나 싸우지 않으십니다. 하나님은 악과 싸우십니다. 우리를 구원하기 위하여 싸우십니다. 하나님은 마귀와 더불어 대적하기 위하여 싸우십니다.

밥 얀디안(Bob Yandian)은 《다윗, 섬김의 리더십》이란 그의 책에서 교만한 사람들이 두각을 나타내지 못하는 이유는 하나님을 상대로 싸우기 때문이라고 하였습니다. 우리의 싸움의 상대가 누구냐 하는 것이 중요합니다. 우리는 때로 싸움의 상대를 잘못 선택할 때가 있습니다. 존 버니언(John Bunyan)은 "이상하다. 마귀와 더불어 대적해야 할 성도들이 자기끼리 싸우고 있다니"라고 하였습니다. 그러나 하나님의 싸움은 언제나 상대가 명확합니다. 악의 세력인 마귀입니다. 목적이 분명합니다. 하나님의 백성을 구원하시기 위함입니다.

하나님은 이스라엘 백성들이 출애굽할 때 열 가지 재앙을 애굽 사람들에게 내리십니다. 피, 개구리, 이, 파리, 생축병, 독종, 우박, 메뚜기, 암흑, 장자의 죽음으로 이어지는 열 가지 재앙은 갈수록 강해지는 재앙입니다. 하나님이 왜 애굽 사람들에게 그렇게 야박하십니까? 그것은 이스라엘 백성들을 구원하시기 위함입니다. 그 외에는 아무 이유도 없습니다. 하나님의 싸움은 우리의 구원을 위함입니다. 우리의 구원이라면 하나님은 지금도 싸우십니다. 모든 인류를 구원하시기 위하여 마귀와 끝없는 대결을 하고 계십니다.

예수님의 겟세마네 동산의 기도도 그렇습니다. 전쟁의 죽음 같은 기도입니다. 땀이 흘러 피가 되는 결사적인 기도입니다. 십자가에서의 싸움이 그렇습니다. 사탄은 "내려와 보라"고 유혹하지만 예수님은 내려가지 않고 끝까지 이기십니다. 예수님의 부활은 원수를 다 이기고 싸움에서 승리하신 하나님의 모습입니다.

지금도 하나님 아버지의 그 싸움은 우리가 시험당할 때, 유혹이 밀려올 때, 그때마다 막아주시고 싸우십니다. 우리 속에는 선과 악의 싸움이 계속됩니다. 내가 싸우려고 하면 번번이 집니다. 나는 도저히 사탄을 이길 수 없습니다. 내가 싸우는 것이 아니라, 우리 속에 계시는 하나님이 우리 대신 싸우시게 해야 합니다. 하나님은 우리를 위해 싸우시고 승리하실 것입니다. 우리의 구원을 위하여 싸우시는 하나님은 사탄이 멸망할 때까지 계속하십니다.

오늘날 세계는 완전히 싸움터입니다. 무한경쟁 시대의 경제도 싸움터입니다. 앞 다투어 차지하는 최신 정보도 싸움터입니다. 혹자는 현대 세계는 정글의 법칙에 의해 진행된다고 했습니다. 강자가 약자를 잡아먹는 참혹한 전쟁터입니다.

아프리카의 세렝게티(Serengeti) 초원은 매일 아침 생사의 달리기가 벌어집니다. 세렝게티 초원에 살고 있는 임팔라나 가젤은 아침에 눈을 뜨면 달립니다. 자신을 잡아먹으려는 사자보다 더 빨리 달리지 않으면 죽으리라는 것을 알기 때문입니다. 아침이 되면 사자도 눈을 뜹니다. 사자는 가장 느리게 달리는 임팔라나 가젤보다 빨리 달리지 않으면 굶어 죽는다는 것을 알기 때문입니다. 우리 모두는 사자이거나 아니면 임팔라나 가젤입니다. 잡아먹는 사자이건, 잡아먹히는 임팔라나 가젤이건 상관없이 매일 아침 눈만 뜨면 달려야 합니다. 세렝게티 초원의 동물이나 지구촌의 인간이나 다 싸움판에서 무한경쟁을 하며 살고 있습니다.

구원하기 위하여 싸우신 하나님께서 이스라엘 백성들을 인도하셨습니다. 그리고 애굽에서 건져주셨습니다. 바로 왕에게서도 건져주셨습니다. 홍해에서도 건져주셨습니다. 약속을 지키시기 위해 싸우셨습니다. 약속의 땅으로 인도하시기 위해 싸우셨습니다.

마침내 이스라엘 백성들을 홍해에서 건지셔서 살려주셨습니다. 전쟁은 여호와께 있습니다. 인생의 길도 여호와께 달려 있습니다. 따라서 우리는 그 하나님께 믿음으로 나아가면 됩니다. 믿음으로 나아갈 때 역사가 나타나는 것입니다. 승리가 주어지는 것입니다. 살리시는 은혜가 임하는 것입니다.

당신이 이 세상과 싸워서 이기려고 한다면 그것은 바로 실패입니다. 죽음입니다. 지금도 당신을 위해 싸워주시는 하나님을 바라보십시오. 믿음으로 동행하며 나아가십시오. 그렇지 않고는 믿음의 문을 통과할 수 없습니다. 지금도 당신을 위해서 싸우시는 하나님과 동행해야 합니다. 싸우시는 하나님과 믿음으로 동행함으로 마침내 당신에게도 이런 승리의 은혜가 임할 것입니다.

홍해를 마른 땅같이

홍해를 마른 땅같이 건널 수 있었던 것은 믿음이 있었기 때문입니다. 모세는 믿음으로 이스라엘 백성들과 함께 홍해를 건넜습니다. 모세와 이스라엘 백성들은 출애굽을 했습니다. 믿음으로 구원받게 된 것입니다. 그들은 종살이하던 애굽에서 구원을 받고 하나님께서 약속하신 가나안 땅을 향해서 올라갑니다. 그들이 출애굽을 했다고 해서 그들이 가는 길에 아무런 난관이 없었습니까? 그렇지 않았습니다. 그들의 눈앞에 홍해가 나타났습니다. 그들은 홍해를 건너야만 가나안 땅으로 갈 수 있습니다. 그곳에는 그들을 실어 나를 배가 준비되어 있는 것도 아닙니다. 설상가상(雪上加霜)으로 바로의 군사가 바로 뒤에서 추격해 오고 있습니다. 앞에는 홍해입니다. 뒤에는 바로의 군사입니다. 진퇴양난(進退兩難)이었습니다. 그때 이스라엘 백성들은 두려움에 떨면서 모세를 향해서 불평과 원망을 했습니다.

"애굽에 매장지가 없어서 우리를 이끌어 내어 이 광야에서 죽게 하느냐?"

그러나 모세는 이스라엘 백성들을 향해서 담대하게 외쳤습니다.

"너희는 두려워하지 말고 가만히 서서 여호와께서 오늘날 너희를 위하여 행하시는 구원을 보라."

무슨 뜻입니까?

"저 넓은 홍해를 만드신 분이 하나님이 아니시냐? 그런데 하나님이 능력이 부족해서 너희를 홍해에 빠뜨려 죽게 만드시겠느냐? 그러니 쓸데없는 인간의 소리, 곧 불평과 원망을 그만두고 가만히 서서 하나님이 너희를 위하여 행하시는 구원의 일을 보라."

그러면서 모세는 지팡이를 든 손을 바다 위로 내밀었습니다. 그러자 홍해가 갈라지기 시작했습니다. 좌우로 물 벽이 높이 섰습니다. 그리고 그 사이로 마른 땅이 드러났습니다.

"믿음으로 그들은 홍해를 육지같이 건넜으나 애굽 사람들은 이것을 시험하다가 빠져 죽었으며"(히 11:29).

히브리서 기자는 '육지같이'라고 표현하고 있습니다. 그런데 모세는 '마른 땅'이라고 말하고 있습니다. 이 표현은 같은 의미를 가지고 있습니다. 마른 땅 육지같이 건너갔다는 것입니다. 이는 하나님이 개입하셔서 그 길을 예비하신 것입니다. 홍해 속에 고속도로를 예비해 두신 것입니다. 그 누가 홍해 속에 고속도로 같은 길을 예비하시리라고 상상이나 했겠습니까? 그러나 하나님은 밤새도록 큰 동풍을 예비하셔서 길을 닦아놓으셨던 것입니다.

모세는 이스라엘 백성들을 향해서 외쳤습니다.

"앞으로 나아가라."

물 벽이 언제 무너질지 모릅니다. 만에 하나 물 벽이 무너지게 되면 이스라엘 백성들은 다 홍해에 빠져 죽을 수밖에 없습니다. 그러나 이스라엘 백성들은 모세의 명에 따라 믿음으로 앞을 향해 나아갔습니다. 그 결과 그들은 홍해를 마른 땅같이 무사히 다 건널 수 있었습니다. 그런데 그들을 추격하던 애굽 사람들은 어떻게 되었습니까?

"이스라엘 백성들이 건너는 바다를 우리인들 왜 건너지 못하겠는가?"

그들도 바다 속으로 들어갔습니다. 그러나 한가운데에 이르렀을 때 물 벽이 무너져 모두 빠져 죽고 말았습니다.

이스라엘 백성들이나 애굽 사람들이나 똑같이 바다 가운데로 들어갔습니다. 그런데 이스라엘 백성들은 살았습니다. 그러나 애굽 사람들은 죽었습니다. 그 이유가 무엇입니까? 이스라엘 백성들은 믿음으로 들어갔기 때문입니다. 그러나 애굽 사람들은 믿음으로 들어간 것이 아닙니다. 그들은 인간의 생각으로 들어갔던 것입니다. 그들은 하나님을 시험하며 들어갔기 때문입니다. 자기들의 오기로 들어갔던 것입니다. 믿음의 유무가 그들의 생사를 갈라놓고 만 것입니다.

"오직 의인은 믿음으로 말미암아 살리라"(롬 1:17).

믿음이 있어야 삽니다. 우리에게도 홍해를 가르는 믿음이 있어야 합니다. 홍해를 건너가는 믿음이 있어야 합니다. 믿음의 유무가 그들의 생사를 갈라놓고 만 것입니다. 믿음이 있어야 믿음의 문을 통과할 수 있는 것입니다. 믿음 없이는 홍해를 건널 수 없습니다. 믿음 없이는 문을 통과할 수 없습니다.

우리가 살다 보면 홍해와 같이 막다른 골목이 나타나기도 합니다. 또 바로의 군사가 추격해 오듯이 쫓기는 삶을 살아갈 때도 있습니다. 그러나 우리에게는 믿음이 있습니다. 얼마든지 우리는 홍해를 건너갈 수가 있습니다. 우리에게 믿음이 있을 때 하나님께서 홍해를 갈라주십니다. 가만히 쳐다보고만 있지 말고 믿음으로 전진하십시오. 얼마든지 우리는 홍해를 건너갈 수 있습니다. 우리를 뒤쫓는 바로의 군사들은 홍해 속으로 다 사라져버리고 말 것입니다.

그렇다면 왜 이스라엘 백성들 앞에 홍해가 나타났습니까? 이스라엘 백성들의 믿음이 강해져야 하기 때문입니다. 왜 하나님께서 바로의 군사들로 하여금 이스라엘 백성들을 추격하게 만드셨습니까? 이스라엘 백성들의 믿음을 촉진시키시기 위해서였습니다. 만일 뒤에서 애굽 군사들이 따라오지 않았다면 이스라엘 백성들이 쉽사리 홍해 속으로 들어가려고 했겠습니까? 그들의 믿음을 촉진시키기 위해서 하나님은 바로의 군사들이 이스라엘 백성들을 뒤쫓는 것을 그대로 허용하신 것입니다.

당신의 인생길 앞에 홍해 같은 장애물이 있습니까? 당신을 삼키려는 죽음이 있습니까? 앞으로 나아갈 수도 없고, 뒤로 물러설 수도 없습니까? 그러나 두려워하지 마십시오. 하나님의 방법이 있습니다. 당신이 믿음으로 나아가기만 하면 진퇴양난의 위기 속에도 길이 있습니다. 하나님께서 예비하신 고속도로가 있습니다. 당신에게 필요한 것은 바로 믿음입니다.

당신이 감당치 못할 시험 당함을 하나님은 결코 허락지 않으십니다. 시험당할 즈음에 피할 길을 당신에게 주신다고 말씀하셨습니다. 믿음이 있을 때 당신은 얼마든지 홍해를 가르고 건너갈 수 있습니다. 홍해를 건너가는 믿음, 당신의 삶의 현장에서 살아 역사하는 믿음의 소유자가 되어야 합니다. 날마다 이 믿음으로 모든 난관을 헤치고 승리하면서 하나님께서 당신에게 예비하신 영원한 가나안을 향해 힘차게 전진하고 올라가는 믿음의 사람이 되어야 합니다.

순종하는 믿음

홍해를 마른 땅같이 건널 수 있었던 것은 순종하는 믿음이 있었기 때문입니다. 홍해를 건넌 믿음은 하나님 말씀을 듣고 순종하며 나아가는 믿음입니다.

> "여호와께서 모세에게 이르시되 너는 어찌하여 내게 부르짖느냐 이스라엘 자손에게 명령하여 앞으로 나아가게 하고 지팡이를 들고 손을 바다 위로 내밀어 그것이 갈라지게 하라 이스라엘 자손이 바다 가운데서 마른 땅으로 행하리라"(출 14:15-16).

히브리서 11장에 나오는 말씀은 순종을 전제로 한 것입니다. 어떤 말씀을 들을 때 그 말씀을 듣는 것으로 끝나는 것이 아니라, 그 말씀에 순종하는 행동이 나와야 합니다. 그것이 믿음의 삶입니다. 하나님의 음성을 듣거나 하나님의 말씀을 들은 다음에 해야 할 일은 믿음을 가지고 그 음성을 따라 한 걸음 내딛는 것입니다. 그렇게 순종하며 따라가는 것이 홍해를 건너는 믿음이 됩니다.

홍해에 뛰어든 두 부류의 사람이 있습니다. 하나는 이스라엘 백성입니다. 홍해에 뛰어들었어도 그들은 죽지 않았습니다. 죽음의 길로 여겨졌던 홍해가 구원의 길로 변했습니다. 왜 그럴까요? 하나님의 약속이 있었기 때문입니다. 하나님의 말씀이 있었기 때문입니다. 그리고 그 말씀을 믿고 순종했기 때문입니다. 이처럼 말씀에 대한 믿음의 순종이 마침내 홍해 속에 고속도로를 예비하게 하신 것입니다.

다른 하나는 애굽 군대입니다. 그들도 홍해에 뛰어들었습니다. 애굽 군대에게 갈라진 홍해는 열린 통로 같았지만 죽음의 길이었습니다. 왜 그랬을까요? 그들은 하나님의 말씀과 약속을 듣고 나아간 것이 아닙니다. 그들은 순종하며 나아간 것이 아닙니다. 그들은 왕의 분노에서 나온 지시에 따라 움직였기 때문입니다. 노예로 부리던 이스라엘 백성을 놓아주니까 아깝고 분하고 억울하여 바다에 뛰어들어 결국 죽게 되었습니다.

곤고하고 어려울 때 우리는 생각합니다. 분별없이 말을 하거나 어떻게 해야 될지 몰라 좌충우돌(左衝右突)합니다. 하나님께서 말씀하십니다.

"잠잠하고 조용히 하라. 그리고 네 판단을 내려놓으라. 네 속에서 끊임없이 일어나는 죄의 기억을 멈추라. 그리고 뒤로 물러서서 하나님께서 약속하신 말씀을 기억해 내라."

오늘 하나님께서 우리에게 이렇게 명령하실 수 있습니다.

"기도는 그만해! 이제는 기도할 때가 아니야. 이제는 내가 네게 한 약속을 따라 나아가야 할 때야. 계속 그 자리에 앉아 어떻게 해야 하느냐고 물을 때가 아니야. 이제는 그 약속의 말씀을 붙잡고 순종하여 나아갈 때야."

왜냐하면 믿음은 우리의 행동을 전제로 하고 있기 때문입니다. 그래서 야고보서는 '행함이 없는 믿음은 죽은 믿음'이라고 말씀하는 것입니다.

이스라엘 백성들은 한 번도 홍해를 보지 못했습니다. 그리고 애굽 군대가 쫓아오고 있는 상황입니다. 진퇴양난의 상황입니다. 홍해는 넘실대고 있습니다. 그것도 캄캄한 밤이었습니다. 어떻게 해야 할지 모르는 때입니다. 그때 하나님은 말씀하십니다. 모세를 통해서 지팡이를 바다에 내밀게 하셨습니다. 그러자 홍해가 갈라지기 시작했습니다. 홍해 물이 갈라지자 양 벽으로 쌓이게 되었습니다. 이때 건너가야 합니다. 어떻게 건너갈 수 있었습니까? 그것은 말씀을 의지하는, 순종하는 믿음이 있었기 때문입니다. 하나님을 신뢰하며 나아가는 순종의 믿음이 있었기 때문입니다.

하나님은 순종하는 삶을 원하십니다. 행함 있는 삶을 원하십니다. 죽은 믿음이 아니라 행함 있는 믿음을 원하십니다. 그 행함은 바로 순종으로 나타나는 것입니다. 순종하지 않으면 행함이 뒤따를 수 없습니다. 순종하지 않고 어떻게 홍해를 건너갈 수 있겠습니까? 하나님은 순종하는 믿음에 은혜를 주십니다. 길을 열어주십니다. 하나님의 말씀을 믿고 순종하며 나아갈 때 믿음의 문도 열리는 것입니다.

인생 사는 것이 만만치 않습니다. 뒤에서 점점 죄어 오는 현실 속에 있지는 않습니까? 그렇다고 좌우로도 나아갈 수 없습니다. 사방을 둘러봐도 희망이 없습니다. 무엇을 하며 인생을 살아가야 할지, 어디서 힘을 공급받아야 할지 알지 못하는 현실 속에서 어떻게 살아가겠습니까? 힘들고 어려운 일이 있을 때마다 아파트에서 떨어질 수는 없지 않습니까? 지금 어떤 기억이 당신을 가득 채우고 있습니까? 당신을 죽이는 기억들로 마음을 가득 채우고 있습니까, 아니면 당신이 살아야 할 생명의 기억들이 마음속에 가득합니까?

이때 당신이 행해야 할 것은 무엇입니까? 그것은 바로 하나님의 말씀에 순종하는 것입니다. 그 말씀을 믿고 순종하며 나아갈 때 당신을 가로막는 모든 문제들은 갈라질 것입니다. 열릴 것입니다.

하나님께서 '내가 너희를 위해 싸우리라'고 말씀하십니다. 인생은 여호와께 있습니다. 전쟁도 여호와께 있습니다. 하나님께서 싸워주시면 모든 문제가 해결되는 것입니다. 다만 우리에게 요구되는 것은 믿음입니다. 홍해를 건너는 믿음이 있어야 합니다.

절망의 현장에서 하나님께서 나에게 말씀하셨던 약속의 말씀을 믿어야 합니다. 절망과 두려움에서 거품처럼 올라오는 생각들을 멈추어야 합니다. 그 문제로부터 한 걸음 물러서서 하나님께서 나를 통해 이루고자 하시는 뜻이 무엇인지 생각해 보아야 합니다. 그러면 하나님의 놀라운 계획과 변치 않는 구원의 음성을 들을 수 있을 것입니다.

내 앞에 홍해의 두려움이 있다 할지라도 말씀을 따라 믿음으로 한 걸음 내딛게 될 때에 길이 열리는 것입니다. 그 걸음은 좌절과 절망의 홍해를 하나님의 살아 계심과 인도하시는 신앙의 체험 현장으로 바꾸어갈 것입니다. 나를 죽이고 무너뜨릴 것 같았던 홍해는 하나님께서 나를 인도하시는 통로가 되는 것입니다. 홍해가 열리는 기적을 체험하게 될 것입니다. 마침내 당신도 홍해 속의 고속도로를 신나게 달리게 될 것입니다.

Faith is…

믿음은 애굽을 넘어 홍해를 건너게 하는 힘을 준다.
믿음은 절망의 상황을 극복하고, 새로운 희망으로 나아가게 한다.
믿음은 홍해를 마른 땅과 같이 건너게 한다.
믿음은 설상가상(雪上加霜)과 진퇴양난(進退兩難)을 무색하게 한다.
믿음은 원망과 불평 대신 감사와 기적을 맛보게 한다.
믿음은 홍해의 좌우 물 벽을 바라보며 통과하게 한다.
믿음은 홍해 속에 고속도로를 바라보며 달리게 한다.
믿음은 홍해 앞에 멈추지 않고, 홍해 너머 가나안을 바라보게 한다.
믿음은 홍해 앞에서 우리를 잠잠하게 하며, 하나님의 행하심을 보게 한다.
믿음은 의심하지 않는다. 의심하는 믿음은 죽은 신앙이다.
믿음은 휴식을 취하기 위한 것이 아니다. 그것은 오로지 삶에 대한 힘을 얻기 위한 것이다.
믿음은 인생 성공의 제1의 비결이다.
믿음은 이해하고 믿음을 갖는 것이 아니요, 믿은 후에 이해가 오는 것이다.
믿음은 이성이 걸어갈 수 없는 곳에서 헤엄 칠 수 있게 한다.

홍해 속 고속도로

1. 하나님의 싸움

홍해를 마른 땅같이 건널 수 있었던 것은 하나님께서 대신 싸워주셨기 때문입니다. 하나님의 싸움은 우리의 구원을 위함입니다. 하나님은 분명한 목적과 대상을 향하여 승리의 싸움을 우리를 위해 싸워주십니다.

☐ 묵상 질문

전쟁이 하나님께 속한 이유는 무엇인가요?

....

....

....

2. 홍해를 마른 땅같이

이스라엘 백성들은 믿음으로 홍해를 건넜지만, 애굽 병사들은 믿지 않고 건넜기 때문에 물에 빠져 죽었습니다. 인생의 홍해를 만났을 때 믿음으로 그 문제를 향해 나아가야 합니다.

☐ 묵상 질문

홍해를 건널 때 이스라엘 백성들이 의지한 것은 무엇인가요?

....

....

3. 순종하는 믿음

믿음은 순종을 전제로 합니다. 하나님의 음성을 들었고 말씀을 깨달았다면, 믿음을 가지고 순종해야 합니다. 그것이 홍해를 건너는 믿음의 역사를 일으키기 때문입니다.

📖 묵상 질문

믿음이 행함으로 나아가지 못하는 이유는 무엇인가요?

무너지는 쌍벽

"믿음으로 칠 일 동안 여리고를 도니 성이 무너졌으며"(히 11:30).

여리고 성(城) 정복은 언약의 땅 가나안 정복 사업의 전초전이자 하나님의 언약 성취를 위한 전주곡이었습니다. 이 여리고 정복 전쟁은 성경에 기록된 전쟁사 가운데서도 믿음의 위력을 확실히 보여주는 매우 독특한 전쟁이었습니다. 당시 여리고 성은 요단 대평원의 서부에 위치하여 주변을 한눈에 내려다볼 수 있는 높은 곳에 세워졌습니다. 그래서 이 성을 공격하기 위해 성 주변으로 접근한다는 것은 거의 불가능한 일이었습니다. 이처럼 가나안은 이스라엘 백성이 자력으로 획득할 수 없는 곳이었습니다. 그러나 그들은 가나안을 점령하였습니다. 어떤 인간적인 힘이나 원군의 도움에 의해 정복한 것이 아닙니다. 하나님을 믿고 철저히 하나님의 명령에 순종함으로써 가나안을 점령했습니다.

세상의 역사에는 세 종류가 있습니다. 하나는 인간에 의해 만들어지는 역사입니다. 사람이 모여 계획하고 행동하며 결과를 낳는 것입니다. 인간은 종교나 이념, 혹은 정당이라는 이름으로 모여 역사를 이루어 나가려고 합니다. 다른 하나는 자연에 의해 만들어지는 역사입니다. 인간은 천재지변(天災地變)을 어찌하지 못하는 존재입니다. 자연에 의한 역사의 흥망성쇠(興亡盛衰)는 인위적으로 만들 수 없는 것입니다. 마지막으로 하나님께서 직접 개입하셔서 만드시는 역사입니다. 하나님께서 주권적으로 인간과 자연에 개입하셔서 친히 하나님의 나라를 만들어가시는 것입니다.

여리고 성 정복은 인간의 힘에 의해서 성취된 것이 아닙니다. 자연적이거나 천재지변으로 성이 무너진 것도 아닙니다. 전적으로 하나님이 개입하셔서 정복해 가신 것입니다. 전쟁은 여호와께 있음을 다시 한 번 깨닫게 됩니다. 그럼 어떻게 난공불락(難攻不落)의 여리고 성이 함락되었을까요?

철통 같은 쌍벽

고고학자들의 설명에 의하면, 여리고 성은 국방력이 강하고 쌍벽을 쌓을 만큼 경제력이 풍부한 성이었다고 합니다. 여리고 성을 발굴한 1930년대 존 가스탱(John Garstang) 일행과 1950년대 캐서린 케니언(Cathlin Kenyon) 일행은 이렇게 말합니다. 당시 여리고 성은 지형적으로 가파른 바위 산 위에 축성된 고대 도시였습니다. 요단 서쪽 9킬로미터 그리고 예루살렘 동북쪽 30킬로미터 지점에 위치한 여리고 성은 그 규모 면에서 대략 8에이커(acre) 곧 32제곱킬로미터 정도입니다. 전체 가나안 성읍들의 중간 규모 정도에 해당되지만 그것이 차지하는 비중은 대단했습니다. 그 성벽은 2중 벽으로 되어 아주 견고했다고 합니다. 외벽 두께가 1.8미터입니다. 내벽이 4-5미터 가량입니다. 성벽 높이도 9미터 정도 되었다고 합니다. 그리고 두 성벽 사이의 공간 역시 4미터 통로에 36도의 경사를 이루고 있었습니다.

이뿐 아니라 이 성에는 적의 공격과 접근을 막기 위해 바깥으로 약 5미터 높이의 장애물이 설치되어 있었습니다. 따라서 여리고 성으로 접근하는 자는 누구든지 사전에 발각되어 적의 화살을 피할 은폐물도 발견하지 못한 채 죽임을 당할 수밖에 없었습니다. 혹 이 성에 가까이 접근했다 하더라도 이 성을 무너뜨리는 것은 거의 불가능하였습니다.

그런데 하나님께서는 이런 난공불락의 요새를 정복하는 비결을 이스라엘 백성들에게 가르쳐주셨습니다. 더욱이 이스라엘이 홍해를 건너고 요단 강까지 마른 땅처럼 건넜다는 소문이 퍼져서 여리고 백성들이 철통 같은 수비를 하고 있었습니다. 여호수아 6장 1절에도 "여리고는 굳게 닫혔고……"라고 했습니다.

이스라엘 백성이 애굽 군대의 추격을 저지하고 홍해를 건너 출애굽을 감행하였습니다. 그리고 요단 동편의 강력한 두 아모리 왕국 곧 시혼과 옥의 왕국을 정복하였습니다. 이스라엘 백성들은 더 나아가 요단 강을 기적적으로 건넜습니다. 그렇게 가나안 땅으로 진군해 들어온 사실은 가나안 거민들의 간담을 녹게 하기에 충분했습니다. 더군다나 가나안 땅의 첫 관문에 해당하는 여리고 성읍은 이 일로 인해 거의 정신을 잃을 정도였습니다. 그래서 여리고 성은 여호수아 군대의 공격에 대비하여 성문을 굳게 닫고 있었습니다. 한마디로 난공불락이요 금성철벽(金城鐵壁)의 요새입니다. 이런 성을 이스라엘의 군사력으로 정복한다는 것은 도저히 불가능합니다.

그런데 여리고 성은 요단 동편에서 가나안 본토의 중부로 진입하는 교통의 요로에 위치한 오아시스의 성읍으로서 매우 중요한 군사적 요충지였습니다. 따라서 이스라엘은 여리고 성을 장악해야만 가나안 땅의 중심부로 곧장 진입할 수 있었습니다. 그리고 그 결과 가나안 남북의 군사적 연합을 차단할 수 있었습니다. 그래서 가나안 땅을 정복할 이스라엘로서는 어떤 희생을 감수하고서라도 반드시 여리고 성을 정복해야 했습니다.

반면 여리고 성으로서는 무슨 수를 동원해서라도 그 성을 사수해야만 했습니다. 그래서 기선을 잡느냐 꺾이느냐 하는 최초의 전투요, 최대의 전투였습니다. 여리고 성이 펼친 성문 봉쇄 작전은 그들로서는 최선의 전략이요, 최고의 기술이었습니다. 그만큼 정상적인 군사적전으로는 거의 공략이 불가능한 천연적인 요새와 방벽을 갖추고 있었습니다. 따라서 섣불리 공격하다가는 여리고 성에 접근도 하기 전에 엄청난 사상자만 내고 말 것입니다.

여리고 왕은 이 같은 천연적인 방어 요새를 굳게 믿었습니다. 그리고 성문을 봉쇄한 다음 수비적 태세를 갖춘 것입니다. 따라서 이스라엘이 펼칠 수 있는 전략은 포위 작전이었습니다. 하지만 이스라엘은 여리고 성의 식량과 물이 다 떨어지기까지 몇 달이고 마냥 포위만 하고 있을 형편이 못 되었습니다. 왜냐하면 그럴 경우 시간적 여유를 가지고 충분히 전세를 가다듬은 가나안 땅의 다른 성읍 국가들이 연합전선을 형성하여 뒤에서 이스라엘을 공격해 들어올 것이기 때문입니다. 사실 이스라엘은 난처한 입장에 처하고 만 것입니다.

당신의 삶 속에도 이런 철통 같은 문제가 있습니까? 인간의 힘으로 해결할 수 없는 난제가 있습니까? 절망하지 마십시오. 포기하지 마십시오. 해결할 수 있는 길이 있습니다. 방법이 있습니다. 그럼 어떻게 여리고 성을 정복할 수 있을까요?

쌍벽 성을 정복

이런 난공불락의 여리고 성이 함락될 수 있었던 것은 이스라엘의 믿음 때문이었습니다. 이스라엘이 여리고 성을 무너뜨리는 과정에서 우리에게 보여준 믿음을 보면서 몇 가지 특성을 교훈받고자 합니다.

첫째로, 믿음에는 순종이 따라야 합니다.
하나님께서 이미 이루신 역사를 받아들이기 위해서 믿음은 순종을 요구한다는 사실입니다. 여호수아 6장 3-5절을 보면, 하나님께서 여리고 성을 무너뜨릴 작전을 알려주셨습니다.

"너희 모든 군사는 그 성을 둘러 성 주위를 매일 한 번씩 돌되

엿새 동안을 그리하라 제사장 일곱은 일곱 양각 나팔을 잡고 언약궤 앞에서 나아갈 것이요 일곱째 날에는 그 성을 일곱 번 돌며 그 제사장들은 나팔을 불 것이며 제사장들이 양각 나팔을 길게 불어 그 나팔 소리가 너희에게 들릴 때에는 백성은 다 큰 소리로 외쳐 부를 것이라 그리하면 그 성벽이 무너져 내리리니 백성은 각기 앞으로 올라갈지니라 하시매."

지금 하나님께서 이스라엘에게 내놓으신 작전은 소위 말해 '여리고 성 돌기 작전'입니다. 이스라엘의 모든 군사가 하루에 한 번씩 여리고 성을 돌되, 엿새 동안 그렇게 하고, 일곱째 날에는 일곱 바퀴를 돌고, 그 후 제사장들이 나팔을 불면 큰 소리로 외쳐 부르라는 것입니다. 전쟁에 문외한인 사람도 전쟁은 이렇게 하는 것이 아님을 알 것입니다. 적어도 전쟁을 하려면 칼을 갈고 창을 준비해야만 합니다. 그리고 전술과 작전이 있어야 합니다. 또한 전쟁에 나갈 군사들을 훈련시키고 정신 무장을 시켜야 할 것입니다. 그런데 하나님께서 그런 것은 하지 않고, 그저 여리고 성을 하루에 한 바퀴씩 돌라는 것입니다.

여호수아 6장 9절을 보면, "그 무장한 자들은 나팔 부는 제사장들 앞에서 행진하며 후군은 궤 뒤를 따르고 제사장들은 나팔을 불며 행진하더라"라고 했습니다. 여호수아나 이스라엘은 이 하나님의 말씀에 대해 일언반구(一言半句)의 이의도 제기하지 않습니다. 그저 따를 뿐입니다. 그저 순종할 뿐입니다. 내 생각과 경험에 비추어서 맞지 않는다고 해도 하나님의 말씀에 순종할 때 여리고의 쌍벽 성이 무너지는 것입니다. 믿음의 문을 통과하는 것은 내 생각과 경험으로 통과하는 것이 아닙니다. 철저히 하나님의 말씀에 순종하는 것입니다. 이것이 믿음입니다.

　믿음으로 행한다는 것은 곧 하나님께서 말씀하신 것에 대해 액면 그대로 따르는 것을 의미합니다. 순종 없는 믿음은 참된 믿음일 수 없습니다. 보십시오. 아무리 이스라엘이 하나님께서 그들을 위해 예비해 주신 승리를 믿는다 해도 하나님의 말씀에 순종하여 여리고 성을 돌지 않았다면 그 승리는 그들의 것이 될 수 없었을 것입니다. 믿음은 순종을 요구합니다. 믿음이 있다는 것은 하나님을 믿기에 하나님의 말씀대로 행하는 것을 의미합니다. 그러므로 믿음으로 산다는 것은 때로 우리의 이성과 맞지 않을 수 있습니다. 그러나 우리의 이성보다 하나님의 말씀을 붙잡을 때, 우리는 믿음의 행보를 걸을 수 있는 것입니다. 믿음이 있다고 하면서도 하나님의 뜻에 순종하지 않는다면 결코 믿음의 역사를 이룰 수 없습니다.

　우리가 하나님의 말씀에 순종해야 할 이유가 무엇입니까? 하나님의 생각은 우리의 생각보다 높기 때문입니다. 이사야 55장 9절을 보면, "이는 하늘이 땅보다 높음같이 내 길은 너희의 길보다 높으며 내 생각은 너희의 생각보다 높음이니라"라고 하였습니다. 우리는 기껏해야 3차원 정도밖에 생각하지 못하지만 하나님은 4차원, 아니 차원을 넘어 생각하시고 아시는 분이십니다. 그렇기 때문에 그의 말씀에 순종해야 하는 것입니다.

　고린도전서 1장 25절을 보면, "하나님의 어리석음이 사람보다 지혜롭고 하나님의 약하심이 사람보다 강하니라"라고 하였습니다. 우리가 아무리 지혜롭다 해도 하나님의 어리석음보다 지혜로울 수 없으며, 우리가 아무리 강하다 해도 하나님의 연약함보다 강할 수 없다는 것입니다. 그러므로 우리는 하나님의 말씀에 순종해야 하는 것입니다. 그리고 그렇게 하는 것이 안전하고, 정확하며, 진실하고, 확실한 것입니다.

둘째로, 믿음에는 인내가 있어야 합니다.

하나님께서 이루신 역사를 받아들이기 위해서 믿음은 인내를 요구합니다. 다시 말하면, 인내 없는 믿음은 온전한 믿음이 아니라는 것입니다.

하나님의 말씀에 의하면, 여리고 성이 언제 무너진다고 했습니까? 이스라엘이 7일 동안 여리고 성을 모두 13바퀴 다 돌고 난 후, 제사장들이 나팔을 불 때 큰 소리로 외쳐 부르면 여리고 성이 무너질 것이라고 하셨습니다. 그들이 첫날 한 바퀴를 돌았을 때는 성이 끄떡도 하지 않았습니다. 둘째 날도, 셋째 날도, 마지막 날 일곱 바퀴를 다 돌아도 성은 끄떡도 하지 않았습니다. 제사장들이 나팔을 불 때까지도 여리고 성은 그저 그대로 있었습니다. 이스라엘이 마지막으로 큰 소리를 내며 외쳐 부를 때 여리고 성은 비로소 무너지기 시작하였습니다.

만일 이스라엘 백성들이 한 3일을 돌고 나서 성에 아무 변화가 없다고 포기했다면 어떻게 되었을까요? 마지막 13바퀴를 다 돌고 난 다음에도 성이 무너지지 않는다고 포기했다면 어떻게 되었을까요? 여리고 성은 하나님께서 말씀하신 마지막 순간에 가서야 무너졌습니다. 하나님의 역사를 보기 원하며 하나님의 뜻과 섭리가 당신의 삶에 나타나기를 원한다면 끝까지 인내해야 합니다. 이것이 믿음입니다.

믿음은 하나님을 신뢰하기에 마지막까지 참고 기다리는 것입니다. 그때 하나님의 역사가 이루어지는 것입니다. 나아만 장군을 보십시오. 열왕기하 5장 14절에 "나아만이 이에 내려가서 하나님의 사람의 말대로 요단 강에 일곱 번 몸을 잠그니 그의 살이 어린아이의 살 같이 회복되어 깨끗하게 되었더라" 하였습니다.

조금씩 치료가 된 것이 아닙니다. 일곱 번째에 갑자기 깨끗하게 나은 것입니다. 믿음은 언제나 인내를 요구합니다. 우리가 한두 번 하는 것은 쉽습니다. 그러나 끝까지 하는 것은 쉽지 않습니다.

혹시 당신은 믿음으로 시작하였다가 회의와 의심으로 끝난 적은 없습니까? 하나님께서 맡겨 주신 일에 대해 처음에는 열심을 품고 의욕을 가지고 일하다가 중간에는 흐지부지 하는 둥 마는 둥 하면서 끝낸 적은 없습니까? 그리스도인들은 하나님의 말씀을 따르되 끝까지 인내하며 따르는 믿음의 사람이 되어야 합니다. 그래야 하나님이 주시는 승리를 얻을 수 있기 때문입니다.

셋째로, 믿음에는 자기부정이 있어야 합니다.

하나님께서 주신 승리를 나의 것으로 받아들이기 위해서는 우리의 소리를 내지 말고 하나님의 음성만을 들어야 합니다.

"여호수아가 백성에게 명령하여 이르되 너희는 외치지 말며 너희 음성을 들리게 하지 말며 너희 입에서 아무 말도 내지 말라 그리하다가 내가 너희에게 명령하여 외치라 하는 날에 외칠지니라 하고"(수 6:10).

왜 하나님께서는 이스라엘에게 침묵하라고 하십니까? 먼저 기도하지 않고 하는 말은 불신앙적이고 부정적일 가능성이 높기 때문입니다. 기도하지 않았다면 차라리 침묵하는 것이 돕는 길입니다. 다음은 불평하는 말은 불평하는 자들을 모으기 때문입니다. 유유상종(類類相從)입니다. 그러다 보면 백성 전체가 불신앙과 불평의 늪에 빠지게 되는 것입니다. 이렇게 될 때 결코 하나님의 역사를 이루어 받을 수 없게 되는 것입니다. 그래서 하나님께서는 행진 중에 철저히 침묵하게 하셨습니다. 철저히 자신을 부인하라는 것입니다.

대신 행진의 맨 앞에는 하나님의 언약궤가 가게 하셨습니다. 무슨 의미입니까? 오직 하나님의 말씀만 바라보고 가라는 의미입니다. 하나님께서 우리에게 예비해 주신 승리와 축복을 받기 원한다면, 철저히 내 소리를 죽여야 합니다. 오직 하나님의 음성만 들어야 합니다. 이것이 믿음입니다.

우리 속에서 일어나는 세 종류의 음성이 있습니다. 사람의 소리가 있고, 사탄의 소리가 있고, 성령의 소리가 있습니다. 사람의 소리를 들으면 문제가 더 꼬입니다. 더 복잡해집니다. 사탄의 소리를 들으면 죽습니다. 성령의 소리를 들을 때 우리는 살아나며 온전해지는 것입니다. 우리가 오늘까지 살면서 사람의 소리를 내고 사람의 소리를 듣느라고 하나님께서 주신 약속과 축복을 잃어버린 적이 얼마나 많이 있습니까? 그리스도인들은 사람의 소리를 듣기 전에 하나님의 음성을 먼저 듣는 믿음의 성도가 되어야 합니다. 그때 우리는 하나님의 은총과 축복을 빼앗기지 않고 나의 것으로 받게 되는 것입니다.

당신에게 철통 같은 겹겹의 문제가 있더라도 해결방법이 있습니다. 그것은 하나님의 말씀에 순종하며 나아가는 것입니다. 그리고 그 말씀을 붙잡고 인내하는 것입니다. 또한 철저한 자기부정이 있어야 합니다. 내가 하려고 하면 안 됩니다. 하나님의 손에 맡겨야 합니다.

전쟁의 승리는 말이 아닌 믿음

전쟁의 승리는 말이 아니라 믿음에 있습니다.

1967년 6월 5일부터 시작된 6일 중동 전쟁을 아십니까? 이는 엿새 동안의 전쟁으로 시나이 반도, 요단 강, 서안 골란 고원을 몽땅 다 빼앗은 전쟁입니다. 당시 국방장관이었던 모세 다얀(Moshe Dayan) 장군은 그가 가진 모든 정보와 과학적인 데이터를 컴퓨터에 입력해 보았습니다. "과연 300만으로 아랍족속 3억을 이길 수 있겠는가?" 컴퓨터의 대답은 뻔했습니다. "승리 불가. 불가능"이었습니다. 그때 모세 다얀 장군은 컴퓨터를 내동댕이치고 "우리는 과학으로 싸우지 않는다, 믿음으로 싸운다"라고 외쳤습니다. 그리고 안식일이 지난 다음날 싸움을 시작했습니다. 그러고는 다음 안식일이 돌아오기 전에 그 싸움을 마치고 안식일을 지킬 것이라고 믿음으로 선언했습니다. 과연 이스라엘은 엿새 만에 그 엄청난 아랍 연합군을 무찌르고 대

승리를 거두었습니다.

믿음이 이깁니다. 하나님은 승리의 하나님이십니다. 세상 군인들은 전략과 무기로 싸우지만 우리는 하나님의 말씀에 의한 믿음으로 싸우는 것입니다. 하나님의 능력으로 싸우는 것입니다. 믿음으로 싸우는 것입니다. 이것이 영적 전쟁이요 싸움입니다. 따라서 우리는 항상 전쟁의 주관자 되시는 하나님을 바라보아야 합니다. 내 눈이 하나님만 바라보아야 합니다. 내 귀로는 하나님의 음성을 들어야 합니다.

여호수아 6장 10절에 "여호수아가 백성에게 명령하여 이르되 너희는 외치지 말며 너희 음성을 들리게 하지 말며 너희 입에서 아무 말도 내지 말라 그리하다가 내가 너희에게 명령하여 외치라 하는 날에 외칠지니라" 하였습니다. 이 한 절 말씀 속에 침묵에 관한 명령이 세 번씩이나 반복적으로 등장합니다. 이 장면을 상상해 보십시오. 모두 아무런 말도 하지 않고 침묵하면서 성을 돌고 있습니다. 들려오는 소리는 울려퍼지는 나팔 소리뿐입니다.

성경에서 나팔 소리는 하나님의 음성이요, 하나님의 위엄이요, 하나님의 행동을 의미합니다. 왜 하나님은 이스라엘 백성들에게 침묵하라고 하셨습니까? 그것은 나팔 소리를 통해서 선포되는 하나님의 음성을 들어야 했기 때문입니다.

만약 그들이 자유롭게 떠들며 성을 돌았다면 어떻게 되었을까요? 그들 대부분이 나팔 소리를 듣지 못했을 것입니다. 혹시 그 나팔 소리를 들었다 할지라도 그 나팔 소리에 담긴 하나님의 음성을 깨닫지 못했을 것입니다.

그들은 모두 열세 번에 걸쳐서 성을 돌았습니다. 돌면서 무슨 생각을 했겠습니까? 굳게 닫힌 성을 보면서 한편으로는 더 절망적인 생각이 들지 않았을까요? 도저히 열릴 것 같지 않은 그 높고 굳게 닫힌 성을 볼 때 절망할 수밖에 없었을 것입니다. 그러므로 만약 자유롭게 말하도록 두었다면 상황은 달라졌을 것입니다. 오히려 그들은 나팔 소리를 듣는 것보다 그들 스스로 절망에 찬 말을 서로가 주고받아서 서로가 서로를 낙심시켰을 것입니다. 부정적인 말이, 불평의 언어가 난무했을 것입니다. 어떤 이는 "야, 돌고 돌다가 돌겠다." 그리고 어떤 이는 "돈다고 성이 무너지냐? 돈 사람만 도는 거야. 너도 돌면서 돈 척하는 거야." 어떤 이는 이렇게 대답할 것입니다. "돌았니, 돌게? 돌고 있네." 이러한 부정적인 불평의 말로 인해서 정복할 수 없었을 것입니다. 그렇기 때문에 하나님은 침묵하게 하셨습니다.

우리는 침묵해야 합니다. 그러나 믿음은 고백하게 합니다. 믿음은 말하게 합니다. 가능하게 합니다. 우리의 말이 아니라 우리의 믿음이어야 합니다. 우리의 생각이 아니라 믿음이어야 합니다.

지금 막다른 골목에 있습니까? 도저히 내 힘으로 감당할 수 없는 절망에 처해 있습니까? 그렇다면 조용히 하나님의 음성에 귀를 기울이십시오. 그분의 음성 속에 당신의 살 길이 있습니다. 절망을 헤치고 일어설 수 있는 새 힘은 오직 하나님께로부터 나오는 것입니다. 그러므로 아무 말이나 하지 말고 조용히 하나님의 음성에 귀를 기울이시기 바랍니다. 그리고 믿음으로 나아가시기 바랍니다. 하나님의 음성을 듣고 믿음으로 나아갈 때 승리는 우리의 것이 되는 것입니다.

철통 같은 쌍벽인 여리고 성은 무너졌습니다. 인간의 방법이나 전술로 무너뜨린 것이 아닙니다. 전적으로 하나님의 방법으로 무너졌습니다. 그 방법은 하나님의 말씀에 순종하며 나아가는 것입니다. 그리고 그 말씀을 붙잡고 인내하는 것입니다. 또한 철저한 자기부정이 있어야 합니다. 그렇게 할 때 문제가 해결되는 것입니다. 내가 하려고 하면 안 됩니다. 하나님의 손에 맡겨야 합니다.

당신에게 있어서 삶의 문제가 철통 같은 쌍벽으로 가로막혀 있습니까? 그래서 절망됩니까? 문제 해결의 길과 방법이 있습니다. 믿음으로 나아갈 때 철옹성 같은 여리고의 쌍벽도 무너질 것입니다. 당신 앞에 있는 문제의 철옹성도 무너질 것입니다. 그것은 사람의 입의 말이 아니라 믿음의 고백입니다. 믿음의 외침입니다. 마침내 당신의 믿음이 철옹성 같은 문제를 이기며 승리할 것입니다.

Faith is…

믿음은 여리고 성을 모래성으로 만들어버린다.
믿음은 하나님의 언약 성취를 위한 전주곡이다.
믿음은 세상의 역사가 아니라, 하나님의 역사를 보게 하는 것이다.
믿음은 하나님께서 주관적으로 인간과 자연에 개입하시는 것을 보게 한다.
믿음은 난공불락의 여리고 성을 무너뜨린다.
믿음은 인생의 삶 속에서 굳게 닫혔던 문도 열게 한다.
믿음은 난공불락과 금성철벽도 뛰어넘는다.
믿음은 말씀에 대한 참된 순종을 요구한다.
믿음은 우리의 생각과 경험보다도 훨씬 높다.
믿음은 그것이 이루어질 때까지 인내를 요구한다.
믿음은 하나님을 신뢰하고 마지막까지 참고 기다리게 한다.
믿음은 회의와 의심으로 끝나지 않는다.
믿음은 철저한 자기부정과 자기부인이다.
믿음은 기도를 요구하고 침묵을 요구한다.
믿음은 전쟁의 승리를 가져오게 한다.
믿음은 절망을 헤치고 희망을 바라보게 하는 원동력이다.
믿음은 위대한 사업의 제1의 필요조건이다.
믿음은 영혼을 하늘로 인도하지만, 커다란 믿음은 영혼에게 하늘을 안겨 준다.

무너지는 쌍벽

1. 철통 같은 쌍벽

여리고 민족은 국방력이 강하고 쌍벽을 쌓을 만큼 경제력이 풍부했습니다. 따라서 난공불락의 지형적 이점과 풍부한 경제력을 바탕으로 철옹성과 같은 성벽을 둘러 웬만한 공격으로는 절대 함락시킬 수 없는 성이었습니다.

□ 묵상 질문

우리의 삶에서 여리고 성은 어떤 것인가요?

....
....
....

2. 쌍벽 성을 정복

여리고 성을 점령하기 위해서 첫째, 믿음의 순종이 있어야 합니다. 둘째, 믿음에는 인내가 있어야 합니다. 셋째, 자기부정이 있어야 합니다.

□ 묵상 질문

인내하지 못해 일을 그르친 경험이 있다면 나눠보십시오.

....
....

3. 전쟁의 승리는 말이 아닌 믿음

세상 군인들은 전략과 무기로 싸우지만 우리는 하나님의 말씀에 의한 믿음으로 싸우는 것입니다. 따라서 우리는 항상 전쟁의 주관자 되시는 하나님만을 바라보아야 합니다.

☐ 묵상 질문

불평의 말과 믿음의 말을 했을 때 결과는 어떠했나요?

....

....

....

목숨을 건 용기 있는 결단

"믿음으로 기생 라합은 정탐꾼을 평안히 영접하였으므로 순종하지 아니한 자와 함께 멸망하지 아니하였도다"(히 11:31).

이스라엘이 싯딤에 진을 치고 있었습니다. 싯딤은 모압 땅에 있는 골짜기로, 요단 강 동편 12킬로미터 지점에 위치해 있었습니다. 이곳에서 여호수아는 가나안 정복 전쟁을 위한 제1단계 전략을 세웠습니다. 그것은 대대적인 공격에 앞서 가나안 땅을 정탐하는 일이었습니다. 그래서 여호수아는 비밀리에 두 명의 정탐꾼을 뽑아 가만히 가나안 땅으로 보냈습니다. 이처럼 이들의 임무가 막중했습니다.

한편 가나안 땅에 파견된 두 명의 정탐꾼은 기생 라합의 집에 유숙했습니다. 이 기생 라합의 집은 정탐꾼이 숨기에 적합했습니다. 음식과 술을 파는 곳이기에 사람들이 많았습니다. 그곳은 각양 각

처의 사람들이 아무 거리낌 없이 사담을 나누는 곳이었습니다. 그리고 그 집은 성벽 위 높은 곳에 위치하고 있었기에 모든 지역을 바라볼 수 있었습니다. 정탐꾼들이 활동하고 정보를 입수하기에 아주 적합한 장소였습니다.

하지만 어떤 경로를 통했는지는 몰라도 그들의 정체가 드러나게 되었습니다. 여리고 왕은 두 정탐꾼의 여리고 성 잠입을 눈치 챘습니다. 그것도 기생 라합의 집이라는 정보까지 입수하게 되었습니다. 그래서 여리고 성 왕은 급히 군사를 그곳으로 파견하였습니다. 그러자 군사들은 정탐꾼들을 생포하고자 혈안이 되었습니다.

이제 여리고 성의 기생 라합은 결단해야 할 때가 온 것입니다. 자신의 집에 유숙하고 있는 그들을 내어줄 것인지, 아니면 그들을 숨겨 줄 것인지를 결정해야 했습니다. 바로 여기에서 기생 라합은 믿음의 선택을 했습니다. 그녀는 두 정탐꾼을 숨겨 주기로 결정했습니다. 이는 목숨을 건 용기 있는 믿음입니다. 과연 기생 라합은 어떠한 신앙으로 그러한 행동을 취했을까요?

목숨을 건 용기 있는 믿음

기생 라합의 믿음은 목숨을 건 용기 있는 믿음이었습니다. 고대 도시국가의 왕은 절대 권한을 가지고 있었습니다. 따라서 왕의 명령을 거역하는 것은 곧 죽음이었습니다. 하물며 왕 앞에서 일개 기생의 신분은 미미했습니다. 따라서 상식대로라면 왕의 명령을 도저히 거역할 엄두도 못 내었을 것입니다. 하지만 기생 라합은 왕을 두려워하지 않고 소신껏 행동했습니다. 그녀는 정탐꾼들을 숨겨 주었습니다. 또한 그들의 행방을 쫓는 왕의 군사들을 다른 길로 보냈습니다. 만약 차후에라도 일이 발각되면 응당 죽음을 각오해야 하는 일대 모험이었습니다. 따라서 라합은 목숨을 걸고 정탐꾼들을 숨겨 준 것입니다. 그러나 라합의 이러한 행동은 무모한 행동이 아니었습니다. 후일 신약 저자들은 야고보서 2장 25절에서 기생 라합의 이 같은 행동을 '믿음의 행위' 또는 '의로운 행동'으로 규정지었습니다.

기생 라합이 멸망과 진노의 여리고 성에서 유일하게 구원받을 수 있었던 것은 무엇 때문입니까? 그것은 목숨을 내건 용기 있는 믿음의 행위가 있었기 때문입니다. 진리와 의에 대한 확실한 소신이 있었기 때문입니다. 사실 이러한 라합의 행동은 이해될 수 없었던 것입니다. 여리고 성읍 사람들이 볼 때는 배신 행위였습니다. 이는 매국 행위였습니다. 왜냐하면 첩자를 숨겨주고 돌보아주었기 때문입니다. 왕에게 거짓말을 하였기 때문입니다.

그러나 이 사건은 단순히 국가 간의 침략 전쟁이라는 차원에서 볼 것이 결코 아닙니다. 라합은 비록 기생 신분이었지만, 그동안 이스라엘에게 이루어진 여러 일들에 대해 분명히 듣고 있었습니다. 그리고 들은 것에서 확실히 깨달은 바가 있었습니다. 그것은 이스라엘의 하나님 여호와만이 하늘과 땅에서 유일한 참 하나님이라는 사실이었습니다. 그래서 기생 라합은 목숨을 걸고 결단을 내릴 수 있었던 것입니다. 그녀는 이스라엘이 출애굽을 감행하고 홍해를 건너는 사건에 대해서 들었습니다. 감히 누가 애굽의 바로 왕에게서 벗어나 나올 수 있었겠습니까? 어떻게 홍해를 건널 수 있었겠습니까? 그리고 요단 동편의 두 아모리 왕국을 점령할 수 있었겠습니까? 이는 이스라엘을 도우시는 전능자 여호와 하나님이 계시기 때문입니다.

따라서 기생 라합은 도무지 거스를 수 없는 힘에 압도당했습니다. 하나님의 섭리의 손길을 보는 통찰력을 갖게 된 것입니다. 때문에 그는 죽음도 두려워하지 않았습니다. 자기가 들었던 이스라엘의 하나님은 하늘과 땅에서의 하나님이기 때문입니다. 죽이기도 하시고 살리기도 하시는 하나님이기 때문입니다.

그리하여 그녀는 목숨을 건 용기 있는 결단으로 정탐꾼들을 숨겨 주었던 것입니다. 그리고 그 정탐꾼들을 다른 길로 가게 하여 살려주었습니다. 목숨을 건 용기 있는 믿음입니다. 죽음을 두려워하지 않은 용감한 행동입니다. 이러한 믿음의 결단이 그로 하여금 믿음의 문을 통과하게 했던 것입니다.

오늘 우리는 기생 라합의 신앙을 본받아야 합니다. 그녀는 자신이 믿는 바를 좇아 목숨을 걸고 과감히 행동하는 결단성 있는 신앙을 보여주었습니다. 그리고 하나님의 섭리의 손길을 보는 통찰력으로 오직 여호와 하나님께만 구원이 있음을 깨닫고, 그분께 자신을 전적으로 의뢰하였습니다. 그러한 신앙이 있었기에 그녀는 한 사람도 남김없이 심판받기로 작정된 멸망과 진노의 여리고 성에서 구원의 기쁨을 누리는 귀한 여인이 되었던 것입니다.

당신의 믿음은 목숨을 건 용기 있는 믿음입니까, 아니면 세상과 타협하면서 인생을 살아갑니까? 하나님은 지금도 당신에게 이런 목숨을 건 용기 있는 믿음을 요구하십니다. 세상과 하나님 사이에서 머뭇거리지 말고 결단하기를 바라십니다. 그 결단과 행동이 당신을 살리는 길이 될 것입니다.

의뢰하는 믿음

라합의 믿음에서 볼 수 있는 특징은, 믿음은 전폭적으로 하나님께 의뢰하는 것이라는 사실입니다. 여호수아 2장 10-11절을 보면, 라합이 어떻게 해서 믿음을 갖게 되었는지, 왜 믿음을 갖게 되었는지에 대해서 말씀하고 있습니다.

"이는 너희가 애굽에서 나올 때에 여호와께서 너희 앞에서 홍해 물을 마르게 하신 일과 너희가 요단 저쪽에 있는 아모리 사람의 두 왕 시혼과 옥에게 행한 일 곧 그들을 전멸시킨 일을 우리가 들었음이니라 우리가 듣자 곧 마음이 녹았고 너희로 말미암아 사람이 정신을 잃었나니 너희의 하나님 여호와는 위로는 하늘에서도 아래로는 땅에서도 하나님이시니라."

라합에게 위로는 하늘에서, 아래로는 땅에서 오직 여호와가 하나님이시라는 이 믿음이 생긴 것은 여호와께서 이스라엘을 위하여 행하신 일을 듣고 두려운 마음이 들었기 때문이라는 것입니다.

"말하되 여호와께서 이 땅을 너희에게 주신 줄을 내가 아노라 우리가 너희를 심히 두려워하고 이 땅 주민들이 다 너희 앞에서 간담이 녹나니"(수 2:9).

라합은 여호와께서 이 땅을 이스라엘에게 주신 줄을 알았습니다. 그래서 심히 두려워하고 간담이 녹아 내렸습니다. 그때 라합은 여호와 하나님께 대한 믿음이 생겼다는 것입니다. 그래서 이제 더 이상 멸망할 여리고 성에 미련이나 소망을 두지 않았습니다. 오직 영원하신 하나님께 소망을 두고 그의 나라를 잡아야 되겠다는 마음이 생겼다는 것입니다.

롯의 아내는 멸망하는 소돔과 고모라를 놓지 못하고 그리워하다가 소금 기둥이 되어버리고 말았습니다. 그러나 라합은 영원하신 하나님의 도성을 잡기 위해 여리고 성을 내려놓았습니다. 이것이 믿음입니다.

그렇다면 라합의 믿음의 출발은 무엇입니까? 바로 '들음'입니다. 믿음은 들음에서 나게 되어 있습니다. 그래서 로마서 10장 17절을 보면, "그러므로 믿음은 들음에서 나며 들음은 그리스도의 말씀으로 말미암았느니라"라고 하였습니다.

그런데 성경을 보면, 재미있고도 두려운 부분이 있습니다. 여호수아 2장의 내용에 의하면, 여호와께서 이스라엘을 위해서 역사하신 내용은 라합만 들은 것이 아닙니다. "그들을 전멸시킨 일을 우리가 들었음이니라"라고 하였습니다. 마음이 녹고 정신을 잃은 것은 라합만이 아닙니다. 여리고 성에 있는 모든 사람들이 이스라엘을 심히 두려워하고 간담이 녹았다고 하였습니다. 그런데 이스라엘의 두 정탐꾼이 여리고에 들어왔을 때, 라합은 그들을 평안히 영접하였지만 다른 사람들은 왕에게 고하여 그들을 잡게 하였습니다.

라합이나 여리고 성의 사람들이나 다 같이 여호와에 대해서 듣고 두려운 마음이 있었습니다. 그러나 라합은 여호와를 향하여 위로는 하늘에서, 아래로는 땅에서 하나님 되신다고 고백하였지만 다른 사람들은 여호와께 순종하지 않고 오히려 대적하는 무리 속에 있었습니다. 그 이유가 무엇입니까? 라합은 들은 말씀에 자신의 삶을 전폭적으로 의지하였지만, 여리고 성의 사람들은 들은 말씀에 자신의 삶을 올려놓지 않았기 때문입니다.

믿음은 들음에서 나오는 것이 사실입니다. 그러나 들었다고 해서 모두 믿음이 생기는 것은 아니라는 사실입니다. 말씀을 들었다면 그 말씀을 전폭적으로 신뢰하고 의뢰해야 합니다. 하나님을 향한 믿음의 신뢰가 깊어져야 합니다. 그래야 믿음의 문을 통과할 수 있습니다.

오늘도 우리가 똑같이 하나님의 말씀을 듣습니다. 그러나 우리 중에는 오늘 말씀을 나에게 주신 하나님의 말씀으로 받아 믿음이 생기고 그 말씀으로 구원과 축복에 참여하는 사람이 있는가 하면, 어떤 사람은 말씀을 들어도 그것이 자신의 믿음과는 전혀 상관이 없는 사람도 있습니다. 아니, 말씀을 듣고 오히려 마음이 강퍅해져서 하나님을 대적하는 경우도 있습니다.

우리가 말씀을 들었다고 자동적으로 믿음이 생기는 것은 아닙니다. 하나님을 안다고 자동적으로 믿음이 생기는 것은 아닙니다. 들은 말씀을 전폭적으로 신뢰하고 의뢰하여 나를 맡겨야 합니다. 이것이 믿음입니다.

마태복음 8장 29절에 "이에 그들이[귀신 들린 자들이] 소리 질러 이르되 하나님의 아들이여 우리가 당신과 무슨 상관이 있나이까 때가 이르기 전에 우리를 괴롭게 하려고 여기 오셨나이까 하더니"라고 하였습니다. 귀신도 예수님이 하나님의 아들인 줄 압니다. 예수님이 다가올 때 무서워 떱니다. 그러나 귀신에게는 믿음이 없습니다. 왜 그렇습니까? 하나님을 신뢰하지 않아 자신을 맡기지 않기 때문입니다.

믿음에는 분명히 지적인 요소가 있습니다. 그러나 성경이 말하는 믿음은 지식만이 아닙니다. 믿음은 신뢰하고 맡기는 의지적인 요소가 있어야 하는 것입니다.

당신의 믿음은 어떠합니까? 하나님의 말씀을 듣고 전폭적으로 의지하고 신뢰하고 의뢰합니까? 하나님의 말씀을 들을 때 지식만 쌓는 것이 아니라, 하나님을 전폭적으로 신뢰하는 믿음이 생겨야 합니다. 그래야 인생에서 승리하며 살 수 있습니다.

가족 공동체를 살리는 믿음

기생 라합의 믿음은 가족 공동체를 살리는 믿음이었습니다.

"이 성과 그 가운데에 있는 모든 것은 여호와께 온전히 바치되 기생 라합과 그 집에 동거하는 자는 모두 살려 주라 이는 우리가 보낸 사자들을 그가 숨겨 주었음이니라"(수 6:17).

기생 라합은 목숨을 건 용기 있는 믿음으로 구원을 받았습니다.

그녀는 들은 소문을 그대로 믿었습니다. 자기가 보고 들은 것을 의심하지 않았습니다. 그리고 전능하신 하나님의 진노와 심판의 경고를 믿었습니다. 그 믿음으로 말미암아 구원에 이르게 된 것입니다. 그러나 기생 라합은 거기서 멈추지 않았습니다. 그 행동으로 말미암아 가족 전체가 구원에 이르게 되었습니다. 여호수아는 말하기를 기생 라합과 그 집에 동거하는 자는 모두 살려주라고 했습니다.

이 말씀의 배경은 이스라엘 백성들이 여리고 성을 돌기 이전의 일입니다. 여리고 성을 점령하려면 여리고 성에 대해서 샅샅이 알아야 하기 때문입니다. 우리가 믿음으로 일을 해도 알 것은 알아야 합니다. 그래서 여호수아가 두 사람의 정탐꾼을 변장시켜서 여리고 성 안에 들여보냈습니다. 그 정탐꾼들이 샅샅이 조사를 했습니다. 그런데 첩자가 나타났다고 신고가 들어갔습니다. 군병들이 정탐꾼의 뒤를 쫓습니다. 그 정탐꾼들은 도망을 하여 성벽 위에 있는 기생 라합의 집에 들어갔습니다. 기생 라합의 집으로 들어갔을 때 라합은 말합니다.

"이스라엘의 첩자인 줄 벌써 알고 우리는 당신들로 인해서 간담이 녹았습니다. 지금 겁에 질려서 야단이 났습니다. 당신들의 하나님이 홍해를 건너게 하셨고, 광야를 지나오면서 당신들을 대적한 족속들이 하나도 살아남지 못하게 하셨다는 것을 다 들어 알고 있습니다. 그 하나님이 가나안 땅을 당신들에게 주신다는 것도 나는 알고 있습니다. 당신의 그 하나님이 분명히 당신들에게 가나안 땅을 주실 것입니다. 나는 확실히 그 하나님을 믿습니다."

그때 정탐꾼이 말합니다.

"그러면 우리를 숨겨 주십시오."

라합은 정탐꾼을 지붕 꼭대기에 숨겨 주었습니다. 즉 믿는 대로 행동했습니다. 군병이 쫓아왔습니다. 라합은 정탐꾼들에게 말합니다.

"그런 사람들이 왔었는데 벌써 성문을 통해서 나갔습니다."

그 이야기를 듣고 군병들이 정탐꾼이 도망했다는 곳으로 쫓아간 다음에 저녁이 되자 성문이 닫혔습니다. 라합은 붉은 줄을 달아매어 그 성벽에서 두 정탐꾼을 내려보내면서 말합니다.

"산에 가서 숨었다가 저 사람들이 찾지 못해서 돌아가거든 그때 가십시오."

그때 정탐꾼은 라합에게 약속을 합니다.

"우리가 이 성을 점령하고 들어올 것입니다. 그때 우리를 달아 내려준 이 붉은 줄을 반드시 창문에 매어놓으십시오. 누구든지 이 집 안에 들어와 있으면 구원을 얻을 것입니다. 혹시 누가 잘못하여 당신의 생명을 해친다면 그 사람이 당신의 생명을 대신할 것입니다. 만약에 집을 벗어난다면 우리는 책임을 지지 못합니다."

그리고 정탐꾼들이 돌아가 성을 7일 동안 돌았습니다. 그리고 성을 향하여 소리를 지르고 침공하려고 할 때입니다. 그때 여호수아가 하는 말이 17절에 나오는 말씀입니다.

"너희들은 기생 라합의 집 안에 머물고 있는 사람들에게는 절대 손을 대지 말라. 그 나머지는 완전히 쓸어버리라."

그리고 여리고 성에 들어가서 진멸할 때, 기생 라합을 비롯해서 그 부모형제 친족까지 전부 구원을 얻지 않았습니까? "주 예수를 믿으라 그리하면 너와 네 집이 구원을 얻으리라"는 이 말씀은 진리 그대로입니다. 기생 라합이 어떻게 되었습니까? 그는 하나님의 말씀을 듣고, 구원을 받았습니다. 그뿐만이 아닙니다. 그녀의 가족 모두, 동거하는 사람들 모두 구원을 받았습니다. 하나님의 구원의 은혜가 라합의 집에 임했던 것입니다.

이처럼 믿음으로 하나님을 영접했고, 믿음으로 구원 얻은 기생 라합은 다윗의 고조모가 되었습니다. 다윗의 할머니의 할머니가 되었다는 말입니다. 즉 다윗의 조상이 되었습니다. 세상에 이런 축복이 어디에 있겠습니까? 돈을 준다고 그 자리를 얻을 수 있는 것입니까?

하나님께서는 자기를 철저하게 믿고 따르는 사람들에게 구원과 더불어 분에 넘치는 축복을 주시는 줄로 믿으시기 바랍니다. 믿는 것은 우리가 하는 일이요, 구원은 하나님께서 하시기 때문에 틀림이 없습니다. 구원도 나의 공로로 받는다면 우리는 자신이 없습니다. 그러나 하나님이 주시는 까닭에 확실합니다.

사도행전 16장에 나오는 간수와 가족들은 예수 믿고 잃었던 기쁨과 바라던 행복을 찾았습니다. 간수장으로 말미암아 그와 권속들이 다 세례를 받았습니다. 그리고 온 집이 하나님을 믿게 되었습니다. 그리고 크게 기뻐했습니다. 감격해하며 찬양합니다. 이전에 맛보지 못했던 기쁨을 누렸습니다. 공동체가 구원에 동참하게 된 것입니다.

라합의 목숨을 건 용기 있는 믿음으로 자신뿐만 아니라 동거하는 모든 사람이 구원을 얻었습니다. 공동체가 구원에 이른 것입니다. 하나님을 철저히 신뢰하는 믿음으로 살았기 때문입니다.

당신도 목숨을 건 용기 있는 믿음으로 가족과 공동체를 구원할 수 있어야 합니다. 가족들에게 구원의 메시지를 전해야 합니다. 구원의 감격을 알려주어야 합니다. 당신도 라합처럼 목숨까지도 내려놓고 영혼 구원에 힘쓰기를 바랍니다.

기생 라합은 목숨을 건 용기 있는 믿음으로 왕의 명령도 두려워하지 않았습니다. 그녀는 자기의 삶을 전적으로 하나님께 의뢰하는 믿음으로 결단했습니다. 그러자 그녀뿐만 아니라 가족 공동체까지 구원에 이르는 역사가 나타났습니다.

당신에게도 이런 용기 있는 믿음과 하나님을 전폭적으로 의지하고 의뢰하는 믿음이 있습니까? 만약에 그러한 믿음이 없고 인간적인 형편에 의해서 결정하고 결단한다면 결코 믿음의 문을 통과하지 못할 것입니다. 이제 기생 라합처럼 용기 있는 결단과 하나님을 전적으로 신뢰하고 의지하는 믿음으로 마침내 믿음의 문을 통과하는 용사들이 됩시다.

Faith is…

믿음은 목숨을 건 용기까지 안겨준다.
믿음은 결단의 순간에 지혜롭게 행하도록 한다.
믿음은 왕의 절대 주권 앞에서도 굴복하지 않는 용기를 준다.
믿음은 나라의 멸망과 진노의 날을 알게 한다.
믿음은 여호와만이 하늘과 땅에서 유일한 참 하나님이심을 알게 한다.
믿음은 하나님의 섭리의 손길을 보는 통찰력을 갖게 한다.
믿음은 죽음도 두려워하지 않는 용기를 준다.
믿음은 세상과 하나님 사이에서 머뭇거리지 않게 한다.
믿음은 전폭적으로 하나님께 의탁하는 것이다.
믿음은 영원하신 하나님께 소망을 두고 살아가는 것이다.
믿음은 들음에서 나오고, 들음은 하나님의 말씀이다.
믿음은 들은 말씀을 전폭적으로 삶에 나타내는 것이다.
믿음은 구원과 축복에 참여하는 다리이다.
믿음은 하나님을 이성적으로 안다고 생기는 것이 아니다.
믿음은 온전히 신뢰하고 맡기는 것이다.
믿음은 말씀을 믿고 돌고, 돌고, 도는 것이다.
믿음은 불 속에서도 노래하고 감사한다.
믿음은 초자연적이요, 종교는 자연적인 것이다.
믿음은 언제나 우리로 순종을 통과하게 한다.

목숨을 건 용기 있는 결단

1. 목숨을 건 용기 있는 믿음

기생 라합은 자신이 믿는 바를 좇아 목숨을 걸고 과감히 행동했습니다. 그리고 하나님의 섭리의 손길을 보는 통찰력으로 오직 여호와 하나님께만 구원이 있음을 깨닫고 그분께 자신을 전적으로 의뢰하였습니다.

☐ 묵상 질문

내가 알고 경험한 하나님에 대해 함께 나눠보십시오.

....
....
....

2. 의뢰하는 믿음

우리가 말씀을 들었다고 자동적으로 믿음이 생기는 것이 아닙니다. 하나님을 안다고 자동적으로 믿음이 생기는 것이 아닙니다. 들은 말씀을 전폭적으로 신뢰하여 나를 맡겨야 합니다. 이것이 믿음입니다.

☐ 묵상 질문

라합이 믿음을 갖게 된 근본적인 원인은 무엇이었습니까?

....
....

3. 가족 공동체를 살리는 믿음

라합은 그의 믿음을 통하여 하나님의 말씀을 듣고 구원을 받았습니다. 그녀의 가족 모두, 동거하는 사람들 모두 구원을 받았습니다. 우리 모두 라합처럼 목숨까지 내려놓고 영혼 구원에 힘쓰기를 바랍니다.

📋 묵상 질문

공동체의 진정한 변화는 어디로부터 어떻게 오게 됩니까?

....

....

....

세상이 감당하지 못할 자

"(이런 사람은 세상이 감당하지 못하느니라) 그들이 광야와 산과 동굴과 토굴에 유리하였느니라"(히 11:38).

이 말씀은 믿음의 선진들이 당한 믿음의 시련의 구체적인 사례들을 제시하고 있습니다. 그렇다면 도대체 하나님께서는 왜 사랑하는 당신의 자녀들이 이처럼 무서운 일을 당하도록 내버려두시는 것일까요? 하나님께서는 어째서 당신의 자녀들로 하여금 공공연히 고난과 핍박을 당하게 하시는 것일까요?

사실 우리는 이 질문에 명확한 대답을 가지고 있지는 않습니다. 그럼에도 불구하고 믿음의 시련이 가져다주는 한 가지 유익한 점은 분명히 알고 있습니다. 그것은 바로 하나님의 택한 백성들이 가지는 영적이고 초자연적인 믿음과 가짜 신자들이 가지는 관념적이고 자연적인 믿음 간에는 현격한 차이가 보다 명확하게 드러난다는 점입니다.

히브리서 11장 38절에 의하면, 이런 믿음의 거장들을 한마디로 '세상이 감당하지 못할 사람'이라고 하였습니다. 이들은 진짜 그리스도인들입니다. 진짜 믿음의 사람들은 이 세상에 발을 붙이고 살고 있지만, 결코 이 세상이 그들을 어찌할 수 없는 존재, 감당하지 못할 존재라는 것입니다. 오히려 세상이 그들을 두려워하며, 그들 앞에 굴복당하게 된다는 것입니다. 그리스도인들이 세상에 끌려 다니는 존재, 세상에 의해 흔들리는 존재가 아니라, 믿음으로 말미암아 이 세상이 감히 감당할 수 없는, 오히려 세상이 그 앞에 무릎을 꿇을 수밖에 없는 존재로 살아야 합니다.

그렇다면 왜 세상은 믿음의 사람들을 감당할 수 없습니까? 그것은 믿음에는 몇 가지 특징이 있기 때문입니다.

승리하게 하는 믿음

세상이 믿음의 사람들을 감당하지 못하는 이유는, 믿음은 우리로 하여금 어떤 상황에서도 승리케 하기 때문입니다. 히브리서 11장 33-35절을 보면, 믿음으로 살았던 자들의 삶을 아홉 가지로 표현하고 있습니다.

첫째로, 믿음은 나라를 이기게 하는 능력이 있습니다.

여호수아가 훈련되지 못한 이스라엘을 이끌고도 여리고를 무너뜨리고, 가나안의 일곱 족속을 몰아내며 그 땅을 차지할 수 있었던 것이 무엇 때문입니까? 다윗이 블레셋과 모압, 수리아와 에돔을 정복하여 그 경계가 애굽에 이르기까지 나라들을 이기고 정복하였던 비결이 무엇입니까? 그들의 탁월한 전술과 전략 때문입니까? 그들이 용맹했기 때문입니까? 아닙니다.

"내가 모세에게 말한 바와 같이 너희 발바닥으로 밟는 곳은 모두 내가 너희에게 주었노니"(수 1:3).

이 하나님의 말씀을 믿고 나아갔기에 여호수아는 감히 이스라엘보다 강한 나라들을 이길 수 있었던 것입니다. 다윗은 전쟁에 능하신 하나님을 신뢰하였기 때문에 나가는 전쟁마다 승리하였던 것입니다. 믿음은 나라를 정복하는 힘을 불어넣어 줍니다.

둘째로, 믿음은 의로 행하게 하는 능력이 있습니다.

"다윗이 온 이스라엘을 다스려 다윗이 모든 백성에게 정의와 공의를 행할새"(삼하 8:15).

다윗은 한 나라를 다스림에 있어서 불의를 행치 않고, 오직 정의와 공의를 따라 통치하였습니다. 그 이유가 그의 지혜와 인간적인 탁월함 때문입니까? 엘리야는 부패하고 악한 세대 속에서 아합 왕과 이세벨을 향하여 만일 회개하지 않으면 하나님의 진노와 멸망이 임하게 될 것이라는 하나님의 정의를 선포하였습니다. 이것이 그의 담력 때문입니까? 이는 하나님을 두려워하고 하나님께 대한 신뢰가 있었기 때문에, 그들은 정의와 공의를 행하며 왕 앞에서도 담대히 정의와 공의를 선포하였던 것입니다.

이처럼 믿음의 사람이 있는 곳에는 불의가 뿌리를 내릴 수 없습니다.

셋째로, 믿음은 하나님의 약속을 받게도 합니다.

하나님께서 주신 약속을 듣고 아는 것과 그 약속을 나의 것으로 받는 것은 전혀 다릅니다. 약속을 듣고 아는 한 그것은 우리의 삶과는 아무 상관이 없습니다. 약속의 축복이 우리 가운데 머물 수 없습니다. 그러나 약속을 나의 것으로 받을 때 약속이 내 삶을 변화시키며, 내 삶 속에서 하나님을 경험하게 합니다.

이 둘의 차이가 무엇입니까? 바로 믿음의 차이입니다. 하나님께서 수없이 말씀으로 약속을 주셔도 믿음으로 대하지 않는 한, 약속은 나와 무관합니다. 그러나 믿음으로 약속을 받을 때, 그 약속이 현재 우리의 눈에는 불가능해 보여도 끝내는 하나님의 축복이 되며, 영광이 되는 것입니다. 믿음은 하나님의 약속을 오늘 나의 것으로 만드는 능력이 있습니다.

넷째로, 믿음은 사자의 입을 막기도 합니다.

다니엘 6장을 보면, 다니엘은 사자 굴에 던짐을 받았으나 사자의 입이 결코 그를 삼키지 못했습니다. 사무엘상 17장을 보면, 다윗은 사자의 입에서 새끼 양을 구해 내기도 하였습니다. 그럴 수 있었던 이유가 무엇입니까? 그들이 용감무쌍하였기 때문입니까? 아닙니다.

다니엘 6장 23절을 보면, "왕이 심히 기뻐서 명하여 다니엘을 굴에서 올리라 하매 그들이 다니엘을 굴에서 올린즉 그의 몸이 조금도 상하지 아니하였으니 이는 그가 자기의 하나님을 믿음이었더라"라고 하였습니다. 하나님을 믿는 믿음이 사자의 입을 막았다는 것입니다.

사무엘상 17장 37절에서도 "또 다윗이 이르되 여호와께서 나를 사자의 발톱과 곰의 발톱에서 건져내셨은즉 나를 이 블레셋 사람의 손에서도 건져내시리이다"라고 하였습니다. 다윗에게는 이런 믿음이 있었기 때문에 사자의 입에서 새끼 양을 빼낼 수 있었던 것입니다. 믿음은 사자의 입과 같은 환난을 막기도 합니다.

다섯째로, 믿음은 불의 세력을 멸하는 능력도 있습니다. 사드락과 메삭과 아벳느고는 느부갓네살의 금 신상 앞에 절하지 않았다는 이유로 풀무불 속에 던져졌습니다. 그러나 불이 결코 그들을 사르지 못하고 그들의 머리털도 그을리게 못하였습니다. 심지어는 탄 냄새조차 없었습니다. 그 이유가 무엇입니까? 다니엘 3장 17절을 보면, "왕이여 우리가 섬기는 하나님이 계시다면 우리를 맹렬히 타는 풀무불 가운데에서 능히 건져내시겠고 왕의 손에서도 건져내시리이다"라고 고백하고 있습니다.

불의 세력을 멸하는 것은 물이 아닙니다. 하나님을 믿는 믿음입니다. 믿음은 불과 같은 시험도 멸하는 능력이 있습니다.

여섯째로, 믿음은 칼날을 피하게도 해줍니다.

집요하게 다윗의 목숨을 노리는 사울의 칼날을 다윗은 여러 번 피하였습니다. 이것이 다윗 자신의 민첩함과 날쌤 때문입니까? 또한 엘리야가 이세벨의 칼날을 피할 수 있었던 이유가 무엇입니까? 엘리사가 이세벨의 아들 여호람에게서 구원을 받을 수 있었던 이유가 무엇입니까? 예레미야가 여호야김의 칼날을 피하여 숨을 수 있었던 이유가 무엇입니까? 바로 믿음 때문입니다.

시편 18편 2절을 보면, 여호와 하나님을 믿는 자에게 여호와는 피할 바위시요, 방패시요, 구원의 뿔이시며, 산성이 되신다고 하였습니다. 믿음은 하나님을 붙잡기에 세상의 예리하고 치명적인 칼날을 막아도 주고, 숨게도 하며, 피하게도 해줍니다.

일곱째로, 믿음은 연약한 가운데서 강하게 하는 능력이 있습니다.

사사기 6장을 보면, 기드온은 보잘것없고 아주 유약한 존재였습니다. 므낫세 지파 중의 작은 자였습니다. 열왕기하 20장을 보면, 히스기야는 병들어 죽음을 기다리는 존재였습니다. 고린도후서 12장 7절을 보면, 바울은 육체의 가시로 인해 늘 고통을 당하는 사람이었습니다. 그러나 그들이 하나님을 믿는 믿음을 가질 때, 하나님은 기드온을 '깁보르 헤하일'(גבור החיל), 큰 용사라고 불러주셨습니다. 히스기야에게는 15년을 더 살 수 있도록 건강을 주셨습니다. 바울은 약할 때 주님이 친히 저의 능력이 되어주셨습니다. 우리의 강해짐은 무슨 보양식이나 건강관리, 혹은 최신의 무기에 달려 있는 것이 아닙니다. 하나님을 믿는 믿음에 달려 있는 것입니다. 믿음은 우리의 영혼과 육체를 강하게 해줍니다.

여덟째로, 믿음은 전쟁에 임할 때 용감하여 이방 사람들의 진을 물리치게 하는 능력이 있습니다.

창세기 14장을 보면, 그돌라오멜을 중심으로 한 북방의 강력하고 포악한 연합군이 남방의 소돔과 고모라를 침범할 때, 조카 롯이 끌려갔다는 소식을 들은 아브라함은 그의 집에서 기른 가신 318명을 데리고 그 연합군을 쫓아가 롯과 그의 소유를 다 찾아옵니다. 이런 용감함이 어디서 비롯되었습니까? 다윗이 수많은 전쟁에서 조금도 굴하거나 물러서지 않고 끝내 적들의 진을 파하고 물리칠 수 있었던 이유가 무엇입니까? 공격적인 기질이나 무기의 힘 때문이 아닙니다. 바로 하나님을 믿는 믿음 때문입니다. 사무엘상 17장 47절을 보십시오.

"또 여호와의 구원하심이 칼과 창에 있지 아니함을 이 무리에게 알게 하리라 전쟁은 여호와께 속한 것인즉 그가 너희를 우리 손에 넘기시리라."

이 믿음이 있기에 믿음의 사람들은 전쟁에 임하나 용감할 수 있었던 것입니다. 믿음은 우리 앞에 다가오는 어떤 전쟁에서도 두려워하거나 비굴하지 않고 용감하게 하며, 그 진을 물리치게 합니다.

아홉째로, 믿음은 여인들로 하여금 죽은 자를 부활로 받는 축복을 누리게 합니다.

죽음은 인간 최대, 최후의 적입니다. 인간은 이 죽음의 칼날을 피할 수도, 이길 수도 없습니다. 그래서 죽음 앞에서 절망할 수밖에 없습니다. 그러나 믿음은 죽음을 넘어 부활을 경험하게 한다는 것입니다.

열왕기상 17장을 보면, 믿음으로 사르밧 과부는 엘리야를 통하여 그의 죽은 아들을 다시 받게 되었습니다. 열왕기하 4장을 보면, 믿음으로 수넴 여인 역시 엘리사를 통하여 그의 죽은 아들을 다시 받게 되었습니다. 마리아와 마르다는 예수 그리스도를 믿었기 때문에 죽은 오라비 나사로의 부활을 경험하게 되었습니다. 믿음은 죽음조차 이기게 하는 능력이 있습니다.

믿음은 한마디로 우리로 하여금 승리하게 하는 능력이 있습니다. 우리의 상황과 환경과 대적을 정복하게 하는 능력이 있습니다. 놀라운 기적을 낳게도 해줍니다. 그러므로 믿음으로 나아가는 자를 세상은 감당할 수 없는 것입니다. 우리가 믿음으로 나아갈 때, 세상은 우리 앞에 전혀 무력한 존재가 될 것입니다. 우리가 믿음으로 나아갈 때 믿음의 문은 자동으로 열리게 되는 것입니다.

당신의 믿음은 어떠한 믿음입니까? 당신의 믿음은 세상이 감당하지 못하는 승리하는 믿음입니까, 아니면 날마다 세상의 두려움 앞에 무릎 꿇고 패배하는 삶입니까? 당신은 믿음으로 말미암아 세상이 감히 당신을 어찌할 수 없는 승리의 자리에 서야 합니다. 그럴 때 믿음의 문을 통과하는 승리자의 자리에 올라가는 것입니다.

끝까지 인내하는 믿음

　세상이 믿음의 사람들을 감당하지 못하는 이유는, 믿음이 우리로 하여금 어떤 상황에서도 끝까지 인내하게 하기 때문입니다. 때로 믿음은 우리를 승리하게도 하지만, 믿음이 있는 자에게 늘 승리만 있고 모든 환경이 좋기만 한 것은 아닙니다. 어떤 때에는 믿음으로 말미암아 더 큰 환난과 고통을 당하기도 합니다.

　"또 어떤 이들은 더 좋은 부활을 얻고자 하여 심한 고문을 받되 구차히 풀려나기를 원하지 아니하였으며 또 어떤 이들은 조롱과 채찍질뿐 아니라 결박과 옥에 갇히는 시련도 받았으며 돌로 치는 것과 톱으로 켜는 것과 시험과 칼로 죽임을 당하고 양과 염소의 가죽을 입고 유리하여 궁핍과 환난과 학대를 받았으니……그들이 광야와 산과 동굴과 토굴에 유리하였느니라"(히 11:35-38).

　그들에게 이런 시련과 환난과 학대가 온 것은 믿음이 없어서입니까? 그들의 믿음이 약해서입니까? 아닙니다. 우리는 어려운 환경 가운데 있는 성도를 함부로 판단하지 말아야 합니다. 믿음이 있는 자에게도 이런 상황과 환경이 임할 수 있습니다. 아니, 믿음으로 살려고 하기 때문에 오히려 이런 환경을 맞이하기도 합니다.
　다윗이나 느헤미야, 예레미야와 같은 믿음의 거장들도 그들의 삶 속에서 희롱과 모욕, 조롱과 경멸을 경험하였습니다. 채찍질과 결박당함, 깊고 추운 옥에 갇히는 시련을 겪었습니다.

역대하 24장을 보면, 하나님의 말씀을 대언하여 우상숭배하는 이스라엘 백성을 꾸짖던 제사장 스가랴는 여호와의 전 뜰 안에서 돌로 쳐 죽임을 당하였습니다. 사도행전 7장에서는 예수 그리스도를 전하다가 돌에 맞아 죽은 스데반의 이야기가 나옵니다.

역사에 의하면, 이사야는 므낫세 왕에 의해서 톱에 켜서 죽임을 당하였고, 여호야김 시대의 우리야(렘 26:23)나 사도시대의 야고보(행 12:2)는 칼에 맞아 죽임을 당하였습니다. 그 외에도 수많은 믿음의 사람들이 궁핍과 환난, 학대를 받았으며, 광야와 산과 동굴과 토굴에서 유리하며 살았습니다.

그럼에도 불구하고 이런 극한 상황에서도 믿음의 사람들은 그 중심에 하나님을 향한 찬양의 빛이 바라지 않았고, 기도의 호흡이 끊어지지 않았습니다. 그들은 맑은 하늘 아래에서만 아니라, 비바람과 폭풍우 속에서도 하나님을 찬양하고 신뢰하며 살아갔습니다. 왜 그렇습니까? 믿음은 모든 상황을 견디어 내는 능력이 있기 때문입니다.

믿음은 때로 우리에게 놀라운 기적과 대단한 역사를 이루게 합니다. 이런 승리하게 하는 믿음에는 찬사와 환호와 영광이 뒤따릅니다. 그러나 많은 기적 같은 일을 이루어내는 이 믿음도 귀하지만, 악한 환경과 고통스러운 상황에서도 끝까지 견디어내며 하나님을 바라게 하는 믿음은 더 귀중한 것입니다. 만사가 형통한 가운데서 믿음을 지킨다는 것은 감사할 일입니다. 그러나 고난과 박해의 상황 속에서 믿음으로 견디어낸다는 것은 참으로 어려운 일이기 때문에 더욱 보람되고 흥미진진한 일입니다.

우리가 승리하는 믿음을 가질 때 세상은 우리를 넘어뜨릴 수 없지만, 우리가 인내하는 믿음을 가질 때 세상은 우리를 두려워하게 되어 있습니다. 고린도후서 4장 8-9절을 보면, 이런 믿음을 가진 사람을 이렇게 표현하였습니다.

"우리가 사방으로 욱여쌈을 당하여도 싸이지 아니하며 답답한 일을 당하여도 낙심하지 아니하며 박해를 받아도 버린 바 되지 아니하며 거꾸러뜨림을 당하여도 망하지 아니하고."

이런 사람이 무서운 사람입니다. 지금 당신은 포기하고 싶은 마음에 사로잡혀 있지는 않습니까? 세상의 짐으로 인해 절망하고 있지는 않습니까? 그 고난과 핍박으로 일어서지 못하고 있습니까? 그러나 조금만 인내하십시오. 당신이 믿음으로 인내하며 고난을 견디면서 세상 앞에 설 때, 세상은 당신을 감히 감당하지 못하게 되는 것입니다. 당신이 믿음으로 승리하는 것만을 사모할 것이 아니라, 믿음으로 인내하는 자가 되어야 합니다. 그때 세상은 당신을 두려워하게 될 것입니다.

다른 가치관의 믿음

세상이 믿음의 사람들을 감당할 수 없는 이유는, 믿음은 이 세상과는 다른 가치관을 우리에게 제시하고 있기 때문입니다.
히브리서 11장 38절을 보면, "이런 사람은 세상이 감당하지 못하느니라"라고 하였습니다. 이 말의 원래 의미는 '세상은 그들에게 아무 가치가 없었다'(the world was not worthy of them)는 것입니다. 다시 말하면, 믿음의 사람은 세상의 가치관으로 살지 않는다는 말씀입니다. 세상의 가치관을 따르고 세상의 관점으로 살 때 세상은 우리를 마음대로 조정하고 움직이고 위협합니다. 하지만 세상의 가치관을 따르지 않는 자에게 세상은 더 이상 아무 능력도 끼칠 수 없게 되는 것입니다.

히브리서 11장 35절을 보면, "또 어떤 이들은 더 좋은 부활을 얻고자 하여 심한 고문을 받되 구차히 풀려나기를 원하지 아니하였으며"라고 말씀하고 있습니다. 또한 히브리서 11장 40절에도 "이는 하나님이 우리를 위하여 더 좋은 것을 예비하셨은즉 우리가 아니면 그들로 온전함을 이루지 못하게 하려 하심이라"고 말씀합니다.

믿음의 사람은 더 좋은 부활, 더 좋은 것을 볼 수 있는 눈이 있다는 것입니다. 왜냐하면 믿음은 더 좋은 것을 보게 하는 능력이기 때문입니다. 그것을 보는 사람은 이 세상의 것에 더 이상 눈길을 빼앗기지 않습니다. 그래서 바울은 갈라디아서 6장 14절에서 이렇게 고백합니다.

> "그러나 내게는 우리 주 예수 그리스도의 십자가 외에 결코 자랑할 것이 없으니 그리스도로 말미암아 세상이 나를 대하여 십자가에 못 박히고 내가 또한 세상을 대하여 그러하니라."

더 이상 세상은 바울에게 유혹의 대상이 아닙니다. 위협의 대상도 아닙니다. 즉 세상은 바울을 감당할 수 없게 된 것입니다. 그러므로 믿음으로 사는 사람은 세상이 더 이상 어쩔 수 없는 존재, 흔들 수 없는 존재가 되는 것입니다.

믿음은 우리의 환경을 극복하고 정복하며, 변화시키고 승리하게 하는 능력이 있습니다. 동시에 믿음은 모진 상황을 끝까지 견디어내고 인내하게 하는 능력이 있습니다. 뿐만 아니라 믿음은 더 좋은 것을 보게 하는 능력이 있습니다. 때문에 세상이 우리를 아무리 삼키려 해도 세상은 믿음의 사람을 결단코 삼킬 수 없습니다. 감당할 수 없습니다.

폴 틸리히(P. Tillich)라는 신학자는 이런 기도를 한 적이 있습니다. "나에게 환경을 변화시킬 수 있는 용기를 주십시오. 그러나 그 환경을 변화시켜서는 안 된다면 그 환경을 받아들일 수 있는 평온함을 주십시오. 그리고 이 두 가지를 구별할 줄 아는 지혜를 주십시오."

그리스도인들은 믿음으로 환경을 이겨야 합니다. 때로는 끝까지 인내해야 합니다. 그리고 더 좋은 것을 바라보면서 살기에 세상에 의해 흔들리고 넘어지고 낭패를 당하는 자가 되어서는 안 됩니다. 오히려 세상이 감당하지 못할 그런 믿음의 거장들이 되어야 합니다.

지금 당신은 세상이 감당하지 못할 자로 서 있습니까? 늘 믿음으로 승리합니까? 믿음의 가치관을 가지고 살아갑니까? 이런 세상이 감당하지 못할 믿음의 거장들이 되어야 합니다. 오히려 세상을 주도해 나가는 리더들이 되어야 합니다. 세상은 당신을 박해하고 핍박하지만 당신은 믿음으로 극복하며 인내하며 마침내 승리의 주역이 되어야 합니다.

Faith is…

믿음은 영적이고 초자연적인 믿음과 가짜 신자들이 가지는 관념적이고 자연적인 믿음을 구분하게 한다.
믿음은 세상이 감당하지 못할 자로 세워간다.
믿음은 세상이 삼켜버릴 수 없게 강하게 만든다.
믿음은 세상 앞에 두려워하며 굴복당하지 않게 한다.
믿음은 나라를 세우기도 하고 지키기도 한다.
믿음은 나라를 정복하는 힘을 불어넣어 준다.
믿음은 하나님의 약속을 이루기도 한다.
믿음은 하나님의 약속을 오늘 나의 것으로 만드는 능력이 있다.
믿음은 용맹스러운 사자들 앞에서 용감무쌍하게 만든다.
믿음은 불의의 세력 앞에서도 담대하게 만든다.
믿음은 칼날을 피하게도 하고 정복하게도 한다.
믿음은 연약한 가운데서 강하게 하는 능력이 있다.
믿음은 전쟁이 임할 때도 뒤로 물러서지 않는 용기를 준다.
믿음은 죽은 자를 부활로 받게도 한다.
믿음은 우리로 하여금 어떤 상황에서도 끝까지 인내하게 한다.
믿음은 이 세상과는 다른 가치관을 우리에게 제시한다.
믿음은 세상으로부터 박해를 받지만 오히려 세상을 리드해 가는 힘을 준다.

🔖 세상이 감당하지 못할 자

1. 승리하게 하는 믿음

믿음은 상황과 환경과 대적을 정복하게 하는 능력이 있습니다. 때문에 믿음으로 나아가는 자를 세상은 감당할 수 없는 것입니다. 우리가 믿음으로 나아갈 때 세상은 우리 앞에 전혀 무력한 존재가 될 것입니다.

📋 묵상 질문

승리의 신앙을 위해 가져야 할 삶의 태도는 무엇인가요?

....
....
....

2. 끝까지 인내하는 믿음

우리가 믿음으로 인내하며 고난을 견디면서 세상 앞에 설 때 세상은 우리를 감히 감당하지 못하게 되는 것입니다. 그리스도인들은 믿음으로 승리하는 것만을 사모할 것이 아니라, 믿음으로 인내하는 자가 되어야 합니다.

📋 묵상 질문

믿음의 사람도 고난 받을 수 있는 이유는 무엇입니까?

....

3. 다른 가치관의 믿음

믿음의 사람이 세상의 가치관을 따르고 세상의 관점으로 살 때 세상은 우리를 마음대로 조정하고 움직이고 위협합니다. 하지만 세상의 가치관을 따르지 않는 자에게 세상은 더 이상 아무 능력이 없게 되는 것입니다.

📖 묵상 질문

세상이 감당 못할 믿음을 위해 힘써야 할 것은 무엇입니까?

....

....

....

내가 무슨 말을 더 하리요

"내가 무슨 말을 더 하리요 기드온, 바락, 삼손, 입다, 다윗 및 사무엘과 선지자들의 일을 말하려면 내게 시간이 부족하리로다"(히 11:32).

지금까지 기자는 구약의 여러 족장들과 이스라엘 민족 형성의 전환기에 일획을 그은 위대한 민족 지도자 모세의 믿음에 대해 자세하게 언급하였습니다. 그러나 이런 방식으로 위대한 믿음의 인물들에 대해 그 믿음의 행적들을 소상하게 일일이 언급하는 것은 서신의 특성상 한계가 있었습니다. 그래서 히브리서 기자는 본문의 초두에서 "내가 무슨 말을 더 하리요……선지자들의 일을 말하려면 내게 시간이 부족하리로다"라고 말합니다. 우리 믿음의 선진들이 믿음으로 이루어낸 기적들, 위대한 일들에 대한 사례가 너무나 많기 때문입니다.

히브리서 기자는 우리 믿음의 선진들의 삶을 통해서 이 사실을 지금까지 우리에게 충분하고도 분명하게 설명을 했습니다. 이제 히브리서 기자는 선진들의 믿음에 대한 설명을 끝맺으면서 히브리서 11장 32절에서는 간단하게 여섯 사람의 이름만을 언급하고 있습니다.

사사시대는 참으로 영적으로 암울한 시기였습니다. 이스라엘 사회는 종교가 우선순위로 작용하는 사회였기에 신앙적 침체는 정치, 경제, 사회 전반의 침체를 수반하는 것이 보통이었습니다. 그런 전 사회적 암흑기인 사사시대에는, 이스라엘 백성들이 오랜 평화기에 하나님을 배반하는 범죄를 저지르고, 하나님은 그에 대한 징벌로 이방 나라들을 도구로 사용하여 그들을 지배하게 하셨습니다. 그리고 그 후 이스라엘 백성들이 여호와께 부르짖고 돌이키면 그때에는 사사를 보내어 그들을 구출하시고, 평화기에 이스라엘은 다시 범죄함으로 여호와의 노를 격발하는 일이 되풀이되었습니다. 우리는 그 가운데서 기드온, 바락, 삼손에 대해서 차례대로 살펴보겠습니다.

기도온의 믿음

기드온은 이스라엘의 사사 가운데 한 사람이었습니다. 사사기에는 모두 12명의 사사가 등장합니다. 그 가운데 다섯 번째 사사가 바로 기드온입니다. 기드온은 12명의 사사들 중에서 제일 길게 설명되고 있습니다. 우리가 잘 아는 대로 기드온은 300명이라는 적은 수의 용사로 13만 5천 명에 이르는 미디안 연합군을 물리치고 큰 승리를 거두었던 사람입니다. 어떻게 그가 승리할 수 있었습니까? 승리의 비결은 무엇입니까? 그에게 강한 리더십이 있었기 때문입니까? 그렇지 않으면 그가 전술에 능해 작전을 잘 짜서 그렇습니까? 그렇지 않습니다. 승리의 비결은 오직 그의 믿음에 있었습니다. 이처럼 농사꾼 출신의 사사 기드온이 300명의 군사로 메뚜기 떼와 같이 무수히 많은 가나안 군사를 물리친 사건은 그에게 능력이 있어서가 아니라 하나님의 계시와 말씀을 전폭적으로 신뢰하고 나아갔던 믿음 때문이었습니다.

기드온은 믿음의 용사였습니다. 그가 믿음의 용사가 될 수 있었던 것은 여호와의 신이 그에게 임했기 때문입니다. 기드온은 나팔을 불었습니다. 미디안의 연합군과 대항해서 싸울 이스라엘 군대를 소집하기 위해서였습니다. 그러자 모두 3만 2천 명이 모여들었습니다. 그때 하나님은 그들을 보시면서 기드온에게 이렇게 말씀하셨습니다.

"Too many! 너무 많다!"

그러면서 하나님은 기드온에게 두려워서 떠는 자들은 모두 집으로 돌려보내라고 말씀하셨습니다. 그래서 기드온은 2만 2천 명을 돌려보냈습니다. 1만 명이 남았습니다. 그런데도 하나님은 기드온을 향해서 또 이렇게 말씀하셨습니다.

"Still too many! 아직도 많도다!"

사실 인간적인 견지에서 생각한다면 수긍하기 어려운 말씀입니다. 지금 이스라엘을 대적하기 위해서 모인 미디안 연합군의 수는 13만 5천 명입니다. 그들은 메뚜기의 중다함처럼 그 수가 많았습니다. 그들이 군마로 타고 다니는 약대의 수는 해변의 모래처럼 무수했습니다. 그런 미디안 연합군의 수에 비하면 1만 명이라는 숫자는 너무나도 부족한 수임에 틀림이 없습니다. 그런데도 하나님은 많다고 말씀하셨습니다.

그러나 여호와의 신이 임했던 기드온은 하나님의 말씀에 순종했습니다. 이것이 기드온의 믿음이었습니다. 하나님의 말씀대로 순종하면 하나님께서 이기게 하실 것이라는 믿음이 그에게 있었던 것입니다. 그래서 기드온은 1만 명 가운데 9,700명을 돌려보내고 300명만 남게 했습니다.

그때 기드온은 어떤 방식으로 300명을 남게 했습니까? 덩치가 좋은 사람을 뽑은 것이 아닙니다. 힘센 사람을 뽑은 것이 아닙니다. 우리가 다 아는 것처럼 오직 물 마시는 모습만을 보면서 뽑았습니다. 전쟁은 여호와께 있습니다. 싸워주시는 분이 하나님이십니다. 그래서 하나님의 방식대로 하시는 것입니다. 하나님은 적은 수의 인원을 남기기 위해서 그런 방식을 택하신 것입니다.

왜 하나님은 300명이라는 적은 수만 남기셨습니까? 많은 수를 가지고 이스라엘이 전쟁에서 이기게 되면 자기들의 힘으로 이겼다고 과신할 수 있기 때문입니다. 전쟁의 승패는 사람의 손에 달려 있는 것이 아닙니다. 인원의 많고 적음에 달려 있는 것이 아닙니다. 전쟁의 승패는 오직 전능하신 하나님의 손에 달려 있다는 사실을 보여주시기 위함이었습니다.

기드온은 300명을 이끌고 전쟁터로 나갔습니다. 그때 하나님이 기드온과 300명의 손에 들려주신 무기가 무엇이었습니까? 빈 항아

리와 그 속에 감추어진 횃불, 그리고 나팔이 전부였습니다. 이런 것들만 가지고 싸움터로 나간다는 것은 무모하게 보일 수도 있었을 것입니다. 그러나 기드온은 하나님의 말씀에 그대로 순종했습니다. 그것이 믿음입니다.

나의 생각과 방식은 더 많은 군사와 무기가 있어야 적들을 이길 수 있을 것 같습니다. 그러나 하나님의 방식은 다릅니다. 내 생각과 의지와 다릅니다. 하나님의 방식은 더 깊고 사려가 깊습니다. 그것을 믿고 나아가야 합니다. 그것이 믿음입니다. 나의 방식과 맞지 않아도 말씀에 순종하며 나아가는 것이 믿음입니다. 그 길과 그 전쟁은 하나님이 인도하시고 이기게 하십니다. 기드온은 하나님을 믿었습니다. 그러자 하나님께서 기드온의 믿음에 응답하신 것입니다. 결국은 그 싸움에 승리하게 되었습니다.

"여호와의 구원하심이 칼과 창에 있지 아니함을 이 무리에게 알게 하리라 전쟁은 여호와께 속한 것인즉……"(삼상 17:47).

당신은 지금도 나의 생각과 방식으로 살아가려고 하지는 않습니까? 세상의 스펙으로 살아가려고 하지는 않습니까? 하나님은 그런 방법이 아니라 하나님의 방법대로 살아가라고 하십니다. 그것은 말씀을 믿고 신뢰하며 나아가는 것입니다. 인생의 삶은 하나님께 있기 때문입니다.

바락의 믿음

바락은 가나안 왕 야빈이 20년간이나 이스라엘 자손을 학대했던 시기에 하나님께 사용된 사람입니다. 그러나 아비노암의 아들인 바락은 이스라엘의 사사가 아니었습니다. 그는 여선지 드보라가 이스라엘의 사사로 있을 때, 이스라엘 군사 1만 명을 이끌고 가나안군들과 싸웠던 이스라엘의 군대장관이었습니다.

이스라엘 백성들이 하나님의 목전에서 악을 행했습니다. 그들은 우상숭배를 하며 하나님을 거역하였습니다. 그러자 하나님께서는 또 다른 적대국을 통하여 징계하셨습니다. 하나님께서는 이스라엘을 벌하시기 위해서 이스라엘을 가나안 왕 야빈의 손에 넘기셨습니다. 그러자 가나안 왕 야빈은 철병거 900승을 의지해서 이스라엘 백성들을 몹시도 학대했습니다. 이스라엘은 큰 고통 속에서 하나님께 부르짖었습니다. 그때 하나님이 이스라엘을 구원하시기 위해서 세우신 사사가 여선지 드보라였습니다. 드보라가 바락을 불렀습니다. 그리고 그에게 1만 명의 군사를 이끌고 나가서 적장 시스라가 이끄는 철병거 900승을 무찌르라고 명을 내렸습니다. 그러자 바락은 드보라의 말에 순종했습니다.

바락은 하나님께서 여선지 드보라를 세우심을 믿었습니다. 그래서 바락은 사람의 힘을 의지하지 않았습니다. 그는 전적으로 하나님을 믿고 하나님만 의지하려고 했습니다. 이것이 바로 바락의 믿음이었습니다.

바락은 드보라와 함께 1만 명의 이스라엘 군사를 이끌고 전쟁터로 나갔습니다. 그때 적장 시스라는 철병거 900승의 위용을 자랑하면서 기손 강가에 진을 치고 있었습니다. 그러나 바락은 그들을 조금도 두려워하지 않았습니다. 그는 하나님이 함께하시면 승리할 것을 믿었습니다. 하나님이 지켜주실 것을 믿었습니다. 하나님이 승리를 안겨 주실 것을 믿었습니다. 이러한 믿음이 그에게 있었습니다. 그래서 바락은 두려워하지 않았습니다.

과연 하나님은 바락의 믿음에 응답하셨습니다. 하나님은 바락보다 앞서 가셔서 시스라와 그의 군대를 치셨습니다. 하나님은 폭풍우로 그들을 치신 것입니다. 하늘에서 폭우가 쏟아지기 시작했습니다. 그 결과 시스라의 철병거 900승은 진흙탕 속에 갇혀서 무용지물이 되어버리고 말았습니다. 그리고 옆에 있는 기손 강이 폭우에 범람했습니다. 넘쳐흐르는 강물에 철병거가 떠내려가기 시작했습니다.

적장 시스라는 어쩔 수 없이 철병거를 내버리고 도보로 도망을 쳤습니다. 그는 기진맥진한 몸으로 한 여인의 장막 앞에 이르렀습니다. 그 장막의 주인은 헤벨의 아내 야엘이라는 여인이었습니다. 야엘은 지혜로운 여인이었습니다. 야엘은 시스라를 숨겨 주는 척하면서 일단 안심을 시켰습니다. 그리고 시스라가 곤히 잠들었을 때 말뚝으로 그의 몸을 박아서 죽였습니다. 그렇게 해서 적장 시스라는 드보라가 예언한 대로, 한 여인의 손에 의해서 죽임을 당하게 된 것입니다.

바락의 믿음은 여선지 드보라와 함께 전쟁에 나아가 승리하게 했습니다. 드보라의 격려에 힘입어 전쟁에 나간 바락은 대단한 승리를 거둡니다. 그러나 성경은 바락의 승리가 그의 능력에 의한 것이 아니라, 그의 믿음 때문이었다고 말하고 있습니다. 왜냐하면 바락은 하나님의 말씀을 드보라를 통하여 '들었고', '믿었고', 또한 '순종'했기 때문입니다. 따라서 큰 승리를 얻게 된 것입니다. 곧 바락이 시스라의 많은 군사들을 대적하여 나가 그들을 추방한 것은, 하나님의 약속을 믿는 믿음으로 말미암은 것이었습니다. 믿음은 승리를 부릅니다. 믿음은 곧 승리라는 공식이 뒤따릅니다.

당신은 2인자라고 실망하며 살고 있지는 않습니까? 남들이 알아주지 않는다고 생각하며 숨어 살고 있지는 않습니까? 이제 바락처럼 함께 동역하며 살아가야 합니다. 내가 아니라도 남을 위해 협력하며 선을 이루어야 합니다. 마침내 하나님께서는 당신을 통해 합력하며 하나님의 나라를 이루어 나가실 것입니다.

삼손의 믿음

삼손이 태어날 때에 이스라엘은 블레셋의 압제하에 놓여 있었고, 하나님은 한 사사를 준비하고 계셨습니다. 단 지파에 속한 마노아와 잉태하지 못하는 그의 아내에게 임하신 여호와의 사자는 장차 잉태하게 될 그들의 아들이 평생 동안 특별한 삶을 살게 될 것을 알려주었습니다. 그러나 삼손은 도덕적으로 허물이 많은 사람이었습니다. 그는 사사로서 결코 이상적인 삶을 산 사람이 아니었습니다.

하나님께서 삼손을 사사로 세우신 것은 이스라엘을 블레셋 사람들의 손에서 구원하시기 위함이었습니다. 그런데 아이러니하게도 그가 관계를 맺었던 세 여성 모두가 블레셋 사람이었습니다. 그는 자신의 부모의 반대에도 불구하고 블레셋 사람 딤나의 여인을 아내로 맞이했습니다. 심지어 그는 블레셋 사람 가사의 기생, 곧 창녀와 잠자리를 같이하기도 했습니다. 나중에 그가 눈이 멀도록 사랑에 빠졌던 여인 들릴라 역시 소렉 골짜기에 사는 블레셋 여인이었습니다. 이와 같이 그는 사사로서 성결한 삶을 살기보다는 안목의 정욕과 육체의 정욕에 사로잡혀 산 사람이었습니다.

그뿐 아니었습니다. 그는 태어나기 전부터 하나님께 헌신하도록 택정된 나실인이었습니다. 민수기 6장에 의하면, 이 나실인은 특별히 세 가지 사항을 지키도록 규정되어 있었습니다. 첫째로 시체에 손을 대어서는 안 되었습니다. 둘째로 포도주를 입에 대지 말아야 합니다. 셋째로 머리에 삭도를 대지 말아야 합니다. 그런데도 나실인이었던 삼손은 이 세 가지 사항 모두를 하나도 지키지 못했습니다. 삼손은 나실인으로서 경건하고 헌신된 삶을 살아야 했으나, 그의 삶은 그렇지 못했습니다. 그는 또한 이스라엘의 지도자로서의 품격과 신앙을 가지고 있었어야 함에도 불구하고 그것을 소유하지 못한 안타까운 인물이기도 했습니다.

이토록 삼손은 허물이 많은 사람이었습니다. 그럼에도 불구하고 그의 이름은 당당하게 성경에 기록되어 있습니다. 그 이유가 무엇입니까? 바로 그의 믿음 때문입니다. 그는 비록 이방 여인을 취한 적은 있었다 할지라도, 단 한 번도 하나님을 저버리고 이방 신들을 섬긴 적은 없습니다. 그는 끝까지 믿음을 붙들고 살았습니다. 마지막 순간에 그는 두 눈을 뽑힌 채 블레셋 사람들의 신전 두 기둥 사이에 섰습니다. 레바논의 백향목으로 세운 든든한 기둥이었을 것입니다.

그때 그는 두 기둥을 손으로 밀면서 하나님께 간절한 마음으로 기도했습니다.

"하나님이여, 나를 생각하여 주시옵소서. 하나님이여, 부디 이번만 나를 강하게 하여 주시옵소서! 내가 이 블레셋 사람들과 함께 죽기를 원하나이다."

허물 많은 삼손이었지만 하나님은 그 믿음의 기도에 응답하셨습니다. 기둥이 흔들리면서 블레셋 사람들의 신전이 무너져내렸습니다. 그렇게 해서 삼손은 그곳에 모여 있던 3천 명이나 되는 블레셋 사람들과 함께 최후를 맞이했습니다. 그래서 히브리서 11장에서는 그럼에도 불구하고 삼손을 믿음의 사람으로 말하고 있습니다.

사사기 13장 23절에서 보면, 삼손은 그 부모의 강한 믿음 속에서 교육을 받고 그 부모를 통해서 하나님에 대해 '들은 것'을 믿었습니다. 따라서 믿음의 확신 속에서 자랐고 그대로 행했습니다. 그의 마지막 행동은 가장 위대하고 가장 선한 일이었습니다. 하나님을 믿는 믿음의 가장 강한 증거였습니다. 하나님의 교회를 위해서 가장 유익한 것이었습니다. 자기 죄에 대한 지독한 징계를 그렇게 받고, 자기가 처한 상황을 깊이 생각한 나머지 하나님께 기도하고 의지하는 모습을 보게 됩니다.

삼손의 개인적인 기도는 하나님의 응답을 받았습니다. 하나님께서는 마지막으로 삼손에게 힘을 베풀어주신 것입니다. 삼손은 다곤 신전의 두 기둥을 양손으로 껴안고 구부림으로 신전을 무너뜨렸습니다. 그 결과 다수의 블레셋 방백들과 백성들이 죽임을 당했고, 삼손 자신도 죽었습니다. 이것을 히브리서 기자는 믿음으로 받아들였습니다. 삼손의 믿음을 높게 평가한 것입니다.

당신은 택함 받은 백성으로 거룩하게 살고 있습니까? 구별되게 살고 있습니까? 하나님의 자녀답게 믿음으로 살아야 합니다. 세속적 정욕에 빠져서 살면 안 됩니다. 하나님 나라의 일꾼으로 구별되며 거룩하게 살 때 하나님의 영광이 그 위에 임할 것입니다.

우리는 믿음의 용사들에 대해서 살펴보았습니다. 기드온은 하나님의 말씀에 순종했습니다. 기드온은 하나님을 믿었습니다. 그래서 하나님께서 기드온의 믿음에 응답하신 것입니다.

또한 드보라도 물론 귀합니다. 적장 시스라를 죽인 야엘도 물론 귀합니다. 그런데 오늘 히브리서 기자는 그들의 이름을 언급하지 않고 오직 바락의 이름만을 기록하고 있습니다. 왜 그렇습니까? 그만큼 바락의 믿음이 소중했기 때문입니다. 바락은 사람의 힘을 의지하지 않았습니다. 그는 오직 하나님만을 믿었습니다.

당신도 삼손처럼 세상 즐거움 때문에 하나님을 사랑하는 마음을 빼앗길 때가 많을 것입니다. 그러나 삼손이 믿음을 저버리지 아니한 것처럼, 당신도 하나님을 믿는 믿음에는 변함이 없습니다. 삼손의 부족함과 허물에도 불구하고 그의 기도에 응답하시며 그를 귀하게 쓰신 하나님께서 당신의 부족과 허물도 탓하지 아니하시고 당신이 믿음으로 기도할 때 당신의 기도에 응답하시며, 당신을 귀하게 사용해 주실 것입니다.

하나님께서는 이 시간도 당신에게 물으십니다. 당신의 믿음은 기드온처럼 자기 생각이나 논리적 판단이 아니라 하나님의 말씀에 순종하고 실천하는 믿음입니까? 그리고 바락처럼 유명하지는 않지만 하나님만을 의지하는 믿음입니까? 삼손처럼 넘어지고 쓰려졌다 할지라도 일어나 다시 한 번 하나님의 존귀한 사사로서 쓰임 받는 믿음입니까?

Faith is…

믿음은 선진들의 삶을 본받고 나아가는 것이다.
믿음은 전 사회적 암흑기인 시대에도 하나님을 바라보는 것이다.
믿음은 강한 리더십을 요구하지 않고 겸손을 요구한다.
믿음은 용사의 많고 적음에 움직이지 않는다.
믿음은 전쟁은 여호와의 손에 달려 있음을 고백하는 것이다.
믿음은 승리가 나의 생각과 방식 그리고 군사와 무기에 있다고 생각하지 않는다.
믿음은 철병거 900승 앞에서도 두려워하지 않게 한다.
믿음은 곧 승리라는 공식이며, 규칙이다.
믿음은 인간의 약함이 하나님의 강함에 기대어 있는 것이다.
믿음은 초자연적인 사실을 긍정함으로 초자연적인 결과를 얻는 것이다.
믿음은 인간의 뜻이 세계의 양심과 세계의 지혜와 일치되는 것이다.
믿음은 하나님을 기쁘시게 하는 방법 수천 가지 중에 가장 위대한 것이다.
믿음은 인생의 삶 속에서 어두울 때에 취한 가장 좋은 방법이다.
믿음은 하나님을 확신하는 신앙이요, 유일한 신앙이다.
믿음은 실제로 도래할 일을 바라는 것이다.

내가 무슨 말을 더 하리요

1. 기드온의 믿음

농사꾼 출신의 사사 기드온이 300명의 군사로 메뚜기 떼와 같이 무수히 많은 가나안 군사를 물리친 사건은 그에게 능력이 있어서가 아니라 하나님의 계시와 말씀을 전폭적으로 신뢰하고 나아갔기 때문입니다.

□ 묵상 질문

기드온이 승리할 수 있었던 두 가지 비결은 무엇인가요?

....

....

2. 바락의 믿음

바락의 믿음은 여선지 드보라와 함께 전쟁에 나가 승리하게 했습니다. 드보라의 격려에 힘입어 전쟁에 나간 바락은 대단한 승리를 거둡니다. 그러나 바락의 승리는 그의 능력에 의한 것이 아니라 그의 믿음 때문입니다.

□ 묵상 질문

바락이 드보라에게 순종하게 된 이유는 무엇입니까?

....

3. 삼손의 믿음

삼손은 인격과 행동으로 볼 때 사사로서 부족하고 연약한 부분이 많았지만, 그럼에도 불구하고 성경에 영광스럽게 기록된 이유는 어릴 적 부모로부터 받은 신앙교육을 따라 믿음을 가졌고, 믿음의 결단이 있었기 때문입니다.

☐ 묵상 질문

삼손이 가진 믿음은 어떤 것이었는지 함께 나눠보십시오.

....

....

....

내게 시간이 부족하리로다

"내가 무슨 말을 더 하리요 기드온, 바락, 삼손, 입다, 다윗 및 사무엘과 선지자들의 일을 말하려면 내게 시간이 부족하리로다"(히 11:32).

믿음의 용사들이 불굴의 용기와 담대함으로 행한 믿음의 행위들이 열거되고 있습니다. 이들은 믿음으로 여러 나라들을 이겼습니다. 농사꾼 출신의 사사 기드온이 300명의 군사로 메뚜기 떼와 같이 무수히 많은 미디안 군대를 물리쳤습니다. 바락이 하나님의 여선지자 드보라의 명에 순종하여 가나안 군대장관 시스라의 군대를 물리쳤습니다. 삼손이 하나님의 능력을 힘입어 블레셋 군사들을 물리쳤습니다. 사사 입다가 암몬 족속을 격파했습니다. 그리고 다윗이 블레셋 족속과 모압, 에돔, 아말렉 족속을 물리쳤습니다.

그런데 이상의 사례들을 살펴보면, 실제로 위의 전쟁들은 도저히 인간의 상식으로는 이스라엘이 승리할 수 없는, 거의 패색 짙은 무모한 전쟁이었습니다. 즉 이스라엘의 군사 지도자들은 하나같이 전문적 군사 지식을 갖지 못한 평범한 사람들이었습니다. 그리고 이스라엘을 침략한 적군들은 모두 군사적 전략과 전술에 뛰어나며, 막강한 화력과 조직력을 갖춘 일당백의 용사들이었습니다. 그럼에도 불구하고 이스라엘이 이방 국가들을 당당하게 물리칠 수 있었던 이유는 이스라엘의 지도자들이 하나같이 '여호와의 구원은 칼과 창에 있지 아니하며 전쟁은 여호와께 속해 있다'는 하나님의 능력을 믿는 확고한 믿음을 갖고 있었기 때문입니다. 이와 같이 믿음은 전쟁을 승리로 이끌고 국가를 안전하게 지키는 가장 큰 원동력이 됩니다. 그렇다면 믿음은 과연 주의 백성들로 하여금 어떤 엄청나고 놀라운 능력을 가져다줄까요?

입다의 믿음

입다는 길르앗이 기생에게서 낳은 아들입니다. 이렇게 입다는 그 출신이 비천하였습니다. 그럼에도 불구하고 그는 이스라엘의 사사요, 용사가 되었습니다. 이것은 비천한 자를 들어 존귀케 하시는 하나님의 은혜 덕분이었습니다. 이렇게 하나님은 비천한 자를 높이 들어 당신의 사역을 이루시기도 합니다. 또한 세상에서 높은 자를 낮추사 교만을 꺾으시기도 합니다.

우리가 이미 살펴보았듯이, 기드온은 소명을 받을 때까지 농부였습니다. 바락은 군인이었습니다. 그리고 삼손은 종교적인 나실인이었습니다. 앞으로 살펴볼 다윗은 자기 가족 중에서 가장 어렸고, 자기 형들에게 멸시를 받고 있었습니다. 사무엘은 어린아이였을 때 하나님께 쓰임을 받았습니다.

입다는 기생에게서 태어난 아들이었기에 어린 시절 배다른 형제들의 미움을 받고 불화하는 가운데 성장하였습니다. 이처럼 입다는 어려서부터 부모의 사랑을 제대로 받지 못하였습니다. 그리고 형제들과 더불어 따뜻한 우애를 나누지도 못하였습니다. 그는 미움과 질투 속에서 고통 받고 소외당하는 불우한 처지에서 자라났던 것입니다.

형제들로부터 미움 받던 입다는 결국 가정에서 추방되었습니다. 아버지의 유업을 함께 나누지 않기 위해 그 형제들이 입다를 가정에서 쫓아낸 것입니다. 그리하여 입다는 형제들을 피해 돕 땅으로 도망쳤습니다. 당시 공동체 사회에서의 추방은 곧 하나님의 언약으로부터의 추방이요, 이는 결국 영원한 죽음을 상징하였습니다. 입다는 형제들로부터 이런 가혹한 대우를 받았습니다.

세월이 흘러 이스라엘은 암몬 족속의 공격을 받게 되었습니다. 그런데 암몬의 공격을 물리칠 능력이 없으므로 길르앗 사람들은 장로들을 보내 입다를 귀국시키고, 장관으로 추대하려 하였습니다.

"입다에게 이르되 우리가 암몬 자손과 싸우려 하니 당신은 와서 우리의 장관이 되라"(삿 11:6).

옛날 입다를 추방시킬 때는 앞장서서 가(可)표를 던지던 장로들이 이제는 어려움이 닥치자 이전에 자신들이 추방시킨 입다를 다시 귀국시키려 했던 것입니다. 이는 이율배반(二律背反)적이고, 간교한 인간의 단면을 단적으로 보여주는 사례라 하겠습니다.

그러나 입다는 장로들의 제의를 수락하면서 암몬 자손과 싸울 때에 하나님께서 자기에게 암몬 자손을 붙이시면 능히 이길 것이라고 확신하였습니다. 천민의 우두머리요, 큰 용사로 용맹을 떨치던 입다이기에 자신의 용맹성만 의지하여 전쟁에 임할 것처럼 보였는데, 의외로 입다는 하나님께 전적으로 의뢰하는 믿음을 가지고 있었습니다.

"싸울 날을 위하여 마병을 예비하거니와 이김은 여호와께 있느니라"(잠 21:31).

입다는 전쟁이 여호와 하나님께 속한 것이라고 굳게 믿고 있었습니다. 이는 사무엘상 17장 47절에 나타난 다윗의 고백과 같습니다.

"또 여호와의 구원하심이 칼과 창에 있지 아니함을 이 무리에게 알게 하리라 전쟁은 여호와께 속한 것인즉 그가 너희를 우리 손에 넘기시리라."

그래서 자신이 큰 용사로 이름을 떨치고 있었음에도 불구하고 입다는 자신의 용맹성을 의뢰하지 않고 하나님을 의뢰하였습니다. 이처럼 진실한 믿음의 일꾼은 천대와 멸시를 받는다 할지라도 고독한 중에 하나님을 향한 믿음을 지켜 나갑니다. 그러면 하나님께서 그를 높여주시는 때를 만나게 됩니다.

인간적으로 볼 때 입다는 이스라엘의 지도자가 되기에 부적격자입니다. 출생 배경도 그렇고, 추방당한 두 행적을 보아도 무엇인가 부족해 보입니다. 하지만 입다와 같은 믿음을 가진 사람을 찾기란 쉽지 않을 것입니다. 그만큼 입다는 하나님을 의뢰하고, 하나님께 감사하고 헌신하는 생활을 잘 해왔습니다. 하나님 보시기에 입다는 훌륭한 지도자였던 것입니다. 믿음의 큰 용사였던 것입니다.

하나님께서는 오늘도 우리의 인간적인 조건을 보지 않으십니다.

"가난한 자를 진토에서 일으키시며 빈궁한 자를 거름더미에서 올리사 귀족들과 함께 앉게 하시며······"(삼상 2:8).

그런즉 우리가 지켜야 할 것은 오직 여호와 하나님을 전적으로 의뢰하는 믿음입니다.

당신은 버려진 삶이라고 생각합니까? 당신은 홀로 남아 있는 사람이라고 생각합니까? 그러나 하나님은 당신을 향한 거룩한 계획을 가지고 계십니다. 당신이 믿음을 소유하고 있다면 반드시 사용하실 것입니다.

다윗의 믿음

우리는 여기서 다윗의 믿음의 역사와 열매들을 다 열거할 필요가 없습니다. 또한 다른 측면에서 그의 불신앙적인 모습도 지적할 필요가 없습니다. 우리는 존 브라운(John Brown)이라는 사람과 같은 의견을 취하고자 합니다. 그는 "성령께서는 다윗이 골리앗과 싸워 이긴 것을 특별하게 언급하시는 것이다"라고 말합니다.

우리가 잘 아는 대로 다윗은 하나님의 사랑과 축복을 많이 받은 인물이었습니다. 하나님은 다윗을 가리켜 이렇게 말씀하셨습니다.

> "내가 이새의 아들 다윗을 만나니 내 마음에 맞는 사람이라 내 뜻을 다 이루리라 하시더니"(행 13:22).

다윗이 하나님의 은혜를 이토록 많이 입었던 이유가 무엇입니까? 그의 용모가 뛰어났기 때문입니까? 그렇지 않습니다. 외모로 따진다면 다윗보다는 그의 형들이 훨씬 더 나았을 것입니다. 다윗이 하나님의 총애를 많이 받았던 이유는 그의 용모가 훌륭했기 때문이 아니었습니다. 그러면 다윗이 어떻게 하나님의 은혜를 많이 받았습니까? 그가 흠이 없고 도덕적으로 완벽한 삶을 살았기 때문입니까? 그 것도 아닙니다. 우리가 잘 아는 대로 다윗은 우리아의 아내 밧세바를 범했습니다. 그는 안목의 정욕, 육신의 정욕을 이기지 못하고 간음죄를 저질렀습니다.

이와 같이 다윗은 안목의 정욕과 육신의 정욕, 그리고 이생의 자랑에 다 넘어갔던 흠이 많은 사람이었습니다. 그럼에도 불구하고 하나님이 다윗을 지극히 사랑하시고 많은 은혜와 축복을 베푸셨던 이유는 무엇입니까? 하나님은 다윗의 마음 중심에 자리 잡고 있는 순수한 믿음을 보셨던 것입니다.

다윗은 어린 시절부터 신실한 믿음을 가지고 살았습니다. 그가 블레셋의 거인 골리앗을 넘어뜨렸을 때를 한번 생각해 보십시오. 다윗은 하나님이 골리앗을 자기 손에 붙여주실 것이라는 믿음이 있었습니다. 과연 하나님은 다윗의 믿음에 응답하셨습니다. 다윗은 매끄러운 돌 다섯 개를 준비했습니다. 그러나 골리앗을 넘어뜨리는 데는 다섯 개의 돌이 다 필요하지 않았습니다. 단 한 개로 충분했습니다. 다윗이 물매로 던진 돌은 정확하게 골리앗의 이마에 박혔습니다. 그 큰 덩치가 그 자리에서 힘없이 넘어졌습니다. 다윗은 믿음으로 골리앗에게 나아갔던 것입니다. 믿음으로 이긴 것입니다.

다윗의 손에는 단지 물맷돌 다섯 개만이 들려 있었습니다. 상식적으로 이것으로는 골리앗을 무너뜨릴 수 없었습니다. 하지만 다윗은 담대히 나아갔습니다. 이것이 바로 믿음입니다. 이것이 바로 신앙입니다. 나는 약하지만 하나님은 강하시다는 확실한 믿음입니다. 이것이 우리를 담대하게 해줄 것입니다. 그렇기에 히브리서 저자는 이러한 다윗의 믿음을 높게 평가한 것이 아니겠습니까?

당신은 어떤 은혜를 체험하였습니까? 그리고 당신의 손에는 지금 무엇이 들려 있습니까? 재능입니까? 권력입니까? 재물입니까? 인생의 경험입니까? 그것들보다 더욱 확실한 것은, 하나님은 강하시다는 확실한 믿음입니다. 믿음이 이기게 하는 것입니다.

사무엘의 믿음

사무엘은 그의 출생부터 어머니 한나의 기도와 나실인에 대한 서원으로 인해 하나님이 은혜를 주셔서 가능했던 믿음의 삶을 살았습니다. 그리고 서원대로 어려서부터 성전에서 자라면서 하나님의 말씀과 기도로 양육 받았을 것입니다. 또한 그는 어머니의 서원대로 평생 나실인이었으므로 하나님께 헌신한다는 의미를 지닌 나실인의 삶을 살아갔습니다. 그러한 삶이 그의 믿음을 설명해 주는 것입니다.

또한 그는 자기 백성들을 위하여 기도를 쉬는 죄를 범치 않았습니다. 그리고 그는 백성들에게 뇌물을 받거나 판결을 굽게 한 일이 없다고 선언합니다. 그리고 백성들이 그것을 인정하였습니다. 사무엘은 백성들을 다스리는 일에 있어서도 믿음으로 행했음을 알 수 있습니다. 사무엘은 이스라엘 백성들의 존경받는 지도자가 되었습니다. 또한 시편 기자는 그의 기도가 응답받는 기도였다고 기록하고 있습니다. 이처럼 사무엘은 모든 삶에서 믿음의 모습을 보인 사람이었습니다.

사무엘은 한마디로 기도의 선지자였습니다. 사실 그가 태어난 것도 그의 어머니 한나의 기도에 하나님께서 응답하신 것입니다. 그래서 그의 이름도 사무엘로 지어졌습니다. '하나님이 들으셨다'는 뜻입니다.

엘리 제사장이 죽고 난 뒤에 그는 이스라엘의 지도자가 되었습니다. 그는 이스라엘 백성들을 향해서 외쳤습니다. "너희는 다 미스바로 모여라. 내가 너희를 위하여 여호와께 기도하리라." 이스라엘 백성들이 미스바로 모였습니다. 그들은 금식하며 하나님 앞에서 자기들의 죄를 자복하며 회개했습니다. 영적 대각성 운동이 일어난 것입니다. 이스라엘 백성들이 미스바에 모였다는 사실을 알고서 블레셋 사람들이 공격해 왔습니다. 이스라엘 백성들은 두려움에 떨기 시작했습니다. 그때 사무엘이 어떻게 했습니까? 이스라엘 백성들과 더불어서 칼과 창을 들고서 블레셋과 맞서 싸웠습니까? 아닙니다. 그는 젖 먹는 어린 양을 취했습니다. 그리고 하나님께 온전한 번제를 드렸습니다. 그러고 난 뒤에 그는 이스라엘을 위해 간절히 부르짖으며 하나님께 기도했습니다. 말하자면 사무엘은 칼과 창을 의지하지 않고, 오직 전능하신 하나님 한 분만을 힘있게 의지했던 것입니다. 그것이 바로 사무엘의 믿음이었습니다.

하나님은 사무엘의 믿음에 응답하셨습니다. 하나님은 블레셋 사람들에게 큰 우레를 발하여 어지럽게 하셨습니다. 갑작스럽게 벼락을 맞은 블레셋 사람들은 혼비백산하여 달아나기 시작했습니다. 사무엘과 이스라엘 백성들은 그들을 추격해서 큰 승리를 거두었습니다. 사무엘은 하나님의 은혜를 생각하며 하나의 기념비를 세웠습니다. '에벤에셀', '도움의 돌' 곧 '여호와께서 여기까지 우리를 도우셨다'는 뜻입니다. 이와 같이 사무엘은 돈독한 믿음의 인물이자 기도의 사람이었습니다.

"나는 너희를 위하여 기도하기를 쉬는 죄를 여호와 앞에 결단코 범하지 아니하고 선하고 의로운 길을 너희에게 가르칠 것인즉 너희는 여호와께서 너희를 위하여 행하신 그 큰 일을 생각하여 오직 그를 경외하며 너희의 마음을 다하여 진실히 섬기라"(삼상 12:23-24).

사무엘은 하나님과 아주 가까운 믿음의 사람이었습니다. 그는 언제나 하나님과 교제하는 사람이었습니다. 그는 전능하신 하나님의 말씀에 귀를 기울일 자세가 되어 있는 사람이었습니다. 그렇기 때문에 그가 기도하자 하나님은 우레와 비로 즉각 응답하셨고, 이스라엘 백성들은 그가 하나님의 대리자인 것을 확실히 깨닫고 두려워했던 것입니다.

이처럼 사무엘은 하나님과 가까운 사람이었기 때문에 능력 있는 기도를 할 수 있었습니다. 기도는 그의 최고의 무기와 방편이었습니다. 그리고 그의 힘과 기쁨의 원천이었습니다. 사무엘의 모든 외적인 노력은 그의 내적인 믿음의 기도의 뒷받침을 받고 있었던 것입니다. 참된 기도는 언제나 큰 능력을 나타내기 마련입니다. 특히 영혼을 구하고자 할 때에 더욱 큰 능력을 나타냅니다. 그러기에 히브리서 저자는 사무엘을 '믿음의 사람'이라고 증거하고 있는 것입니다.

당신은 사무엘처럼 기도의 사람입니까? 하나님은 기도하는 사람을 도우십니다. 기도하는 사람을 통해 역사하십니다. 기도는 최고의 무기입니다. 기도는 최고의 방편입니다.

우리는 믿음의 사람들인 입다와 다윗과 사무엘에 대해서 살펴보았습니다. 그들은 모두 믿음의 사람들이었습니다. 믿음으로 싸웠고, 믿음으로 나아갔습니다. 그러자 마침내 승리하였습니다. 이처럼 우리도 믿음의 사람이 될 때 하늘로부터 오는 지혜를 얻을 수 있습니다. 하나님이 주시는 능력을 덧입게 됩니다. 그 결과 우리는 세상을 이기며 승리하는 삶을 살게 되는 것입니다.

> "무릇 하나님께로부터 난 자마다 세상을 이기느니라 세상을 이기는 승리는 이것이니 우리의 믿음이니라"(요일 5:4).

이 악한 세상을 무엇으로 이길 수 있습니까? 당신 힘으로 이기는 것이 아닙니다. 믿음으로 이기는 것입니다. 믿음은 하나님이 주시는 지혜, 하나님이 허락하시는 능력을 덧입는 것입니다. 하나님의 은혜로 당신의 믿음이 더욱더 굳건해져서 날마다 세상을 이기며, 예수 그리스도 안에서 승리의 삶을 살기를 바랍니다.

Faith is…

믿음은 인간의 상식으로 도저히 이길 수 없는 전쟁을 이기게 한다.
믿음은 전쟁을 승리로 이끌고, 국가를 안전하게 지키는 가장 큰 원동력이다.
믿음은 비천한 자를 들어 존귀케 하시는 하나님의 은혜이다.
믿음은 자신의 용맹성을 의뢰하지 않고 하나님을 의뢰하는 것이다.
믿음은 천대와 멸시를 받는다 해도 묵묵히 하나님을 바라보며 나아간다.
믿음은 출신 성분을 따지지 않고 하나님을 전적으로 의뢰하는 삶을 따진다.
믿음은 순수한 마음속에서 역사한다.
믿음은 단지 물맷돌 다섯 개만을 필요로 한다.
믿음은 기도를 멈추지 않고 계속적으로 간구하게 한다.
믿음은 큰 우레와 벼락이 내리게도 한다.
믿음은 인생 최고의 무기요 방패다.
믿음은 바라는 일이 실제로 도래하리라는 것을 믿는 것이다.
믿음은 하나님을 두려워하지만, 그를 무서워하지 않는 것이다.

내게 시간이 부족하리로다

1. 입다의 믿음

입다는 길르앗이 기생에게서 낳은 아들입니다. 이렇게 입다는 그 출신이 비천하였습니다. 그럼에도 불구하고 그는 이스라엘의 사사요, 용사가 되었습니다. 이것은 비천한 자를 들어 존귀케 하시는 하나님의 은혜 덕분이었습니다.

📖 묵상 질문

입다의 믿음은 어떤 것이었나요?

....
....
....

2. 다윗의 믿음

다윗은 안목의 정욕과 육신의 정욕과 이생의 자랑에 다 넘어갔던 흠이 많은 사람이었습니다. 그럼에도 다윗을 지극히 사랑하신 이유는 하나님이 다윗의 마음 중심에 자리 잡고 있는 순수한 믿음을 보셨기 때문입니다.

📖 묵상 질문

하나님께서 다윗을 기뻐하신 이유는 무엇인가요?

....

3. 사무엘의 믿음

사무엘은 언제나 하나님과 교제하는 사람이었습니다. 그리고 그는 전능하신 하나님의 말씀에 귀를 기울일 자세가 되어 있는 믿음의 사람이었습니다. 그래서 그가 기도하자 하나님은 우레와 비로 즉각 응답하셨습니다.

☐ 묵상 질문

사무엘이 가진 믿음은 어떤 믿음이었나요?

....

....

....

아빠, 믿음이 뭐예요?

1판 1쇄 인쇄 _ 2015년 10월 5일
1판 1쇄 발행 _ 2015년 10월 10일

지은이 _ 최명일
펴낸이 _ 이형규
펴낸곳 _ 쿰란출판사

주소 _ 서울특별시 종로구 이화장길 6
편집부 _ 745-1007, 745-1301~2, 747-1212, 743-1300
영업부 _ 747-1004, FAX 745-8490
본사평생전화번호 _ 0502-756-1004
홈페이지 _ http://www.qumran.co.kr
E-mail _ qrbooks@gmail.com / qrbooks@daum.net
한글인터넷주소 _ 쿰란, 쿰란출판사
등록 _ 제1-670호(1988.2.27)
책임교열 _ 김영미·박신영

ⓒ 최명일 2015   ISBN 978-89-6562-799-9 03230

책값은 뒤표지에 있습니다.
이 출판물은 저작권법에 의해 보호를 받는 저작물이므로 무단 복제할 수 없습니다.
파본(破本)은 구입처에서 교환해 드립니다.